Karl Lüönd

Wehrhafte Schweiz

Die Truppengattungen unserer Armee

Mit Beiträgen von
Oberst i Gst Gustav Däniker, Zürich, und
Dr. Hans Rudolf Kurz, Bern

sowie Fotos von
Ernst Baumann, Hinterkappelen

RINGIER

Dank

Autor und Verlag danken folgenden Persönlichkeiten und
Institutionen, die – nebst vielen anderen – das Zustande-
kommen dieses Buches mit Informationen, Unterlagen,
Hinweisen, Illustrationsmaterial usw. unterstützt haben:

Bundesrat Rudolf Gnägi, Vorsteher des Eidgenössischen
    Militärdepartementes;
Dr. Hans Rudolf Kurz, Militärhistoriker, Stv. Direktor der
    Eidgenössischen Militärverwaltung, Bern;
der Eidgenössischen Militärbibliothek, Bern;
der Schweizerischen Landesbibliothek, Bern;
der Zentralbibliothek Zürich;
Dr. Karl Wälchli, Liebefeld/Bern;
den Waffenchefs und ihren Fachmitarbeitern in allen
Truppengattungen sowie den Verantwortlichen in den
Dienststellen für ihre vielfältige Beratung und Hilfe.

Redaktion: Max Rutishauser
Gestaltung: Walter Voser
Umschlagfotos: Ernst Baumann

© by Ringier & Co AG, Zürich/München
Alle Rechte vorbehalten
Ohne ausdrückliche schriftliche Genehmigung des Verlages
ist es nicht gestattet, das Buch oder Teile daraus
zu kopieren oder zu vervielfältigen
Gedruckt in der Schweiz bei C. J. Bucher AG, Luzern
ISBN 3 85859 123-8

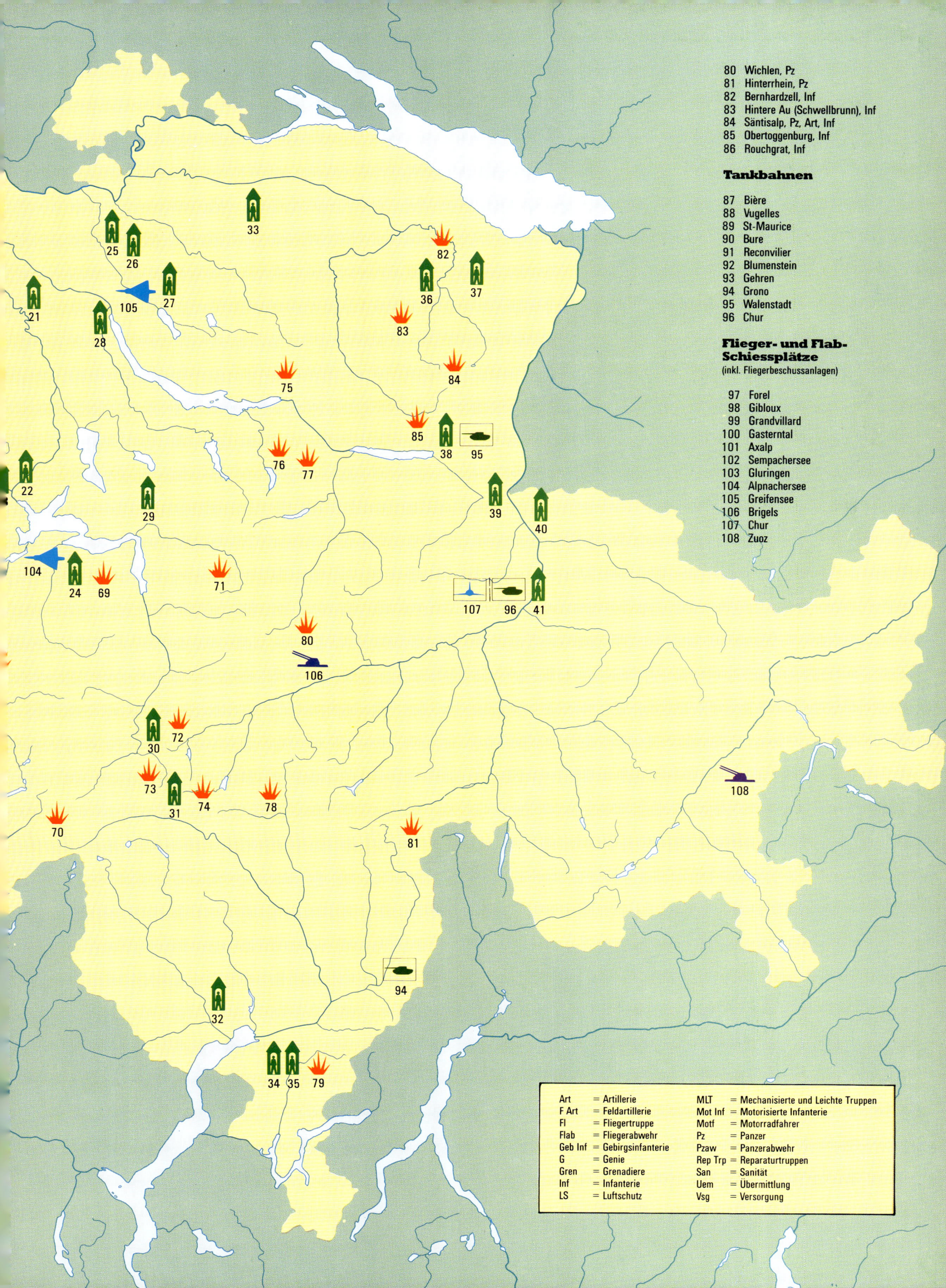

Inhalt

6	**Vom Infanterieheer zur Armee der modernen Waffe**
12	**Infanterie – das Rückgrat der Armee** Die neuen Aufgaben der ältesten Truppengattung
36	**Kraft aus der Bewegung** Die Mechanisierten und Leichten Truppen
48	**Entscheidung aus allen Rohren** Die Schweizer Artillerie – was sie kann und was sie anstrebt
54	**Unser Schild nach oben** Die Schweizer Flugwaffe und ihre Piloten
70	**Feuer in den Himmel** Vom Stiefkind zur modernen Waffe – die Fliegerabwehr
80	**Wege bahnen – Brücken bauen** Die Genietruppen, Baumeister der Armee
84	**Besuch im Reduit** Festungen und Festungstruppen
100	**Dienen und schweigen** Das Festungswachtkorps – eine wenig bekannte Truppe der Schweizer Armee
104	**Verbindung um jeden Preis** Die Übermittlungstruppen – das Nervensystem der Armee
107	**Der Mensch zählt, nicht die Uniform** Die neue Konzeption der Sanität – praktizierte Gesamtverteidigung
110	**Tiere in der Armee** Das Pferd bleibt, die Veterinärtruppe auch
112	**Mehr als nur Spatz im Topf** Versorgung und Verpflegung in der Armee
115	**Löschen – retten – bergen** Luftschutztruppen im Umbruch
119	**Handwerker in Uniform** Die Vielfalt der Materialtruppen
129	**Dienst auf 100 000 Rädern** Die Transporttruppen in Krieg und Frieden
132	**Praktizierte Partnerschaft** Der Frauenhilfsdienst in der Schweizer Armee
135	**Bereitschaft auf allen Ebenen** Die Dienstzweige der Armee
138	**Die Schweizer Armee im Jahre 2000**

Wir wissen, warum!

Jedes Land hat eine Armee. Die eigene – oder eine fremde! Wir Schweizer wissen das, aber wir geben uns viel Mühe, uns nicht anmerken zu lassen, daß wir es wissen. Militär, der letzte Wiederholungskurs! Viele lachen, andere spotten und schimpfen. Aber merkwürdig: Jeder weiß Unvergeßliches zu berichten. Von der Manövernacht im Emmental, als die Nässe durch alle Fasern des Kampfanzuges kroch. Vom unnachgiebigen Kadi, der die ganze Kompanie jeden Morgen über die Kampfbahn jagte und jedem drei Tage Urlaub versprach, der schneller war als er. Vom Gefechtsschießen bei 20 Grad unter Null am Albula, bei Luziensteig, im Jura...

Die Schweiz hat keine Armee. Sie ist eine Armee.

Stimmt das? Vielleicht! Dieser Satz würde erklären, weshalb die große Mehrheit der 600 000 eingeteilten schweizerischen Wehrmänner keineswegs hell begeistert ist vom Kriegshandwerk und von der vernichtenden Wucht der Waffen. Daß aber die meisten dieser 600 000 trotzdem ihren Dienst versehen – wortkarg, manchmal murrend, aber mit jener Hingabe, die aus der Überzeugung kommt –, mag darin liegen, daß es nicht die schweizerische Art ist, von sich selbst begeistert zu sein.

Lieben wir die Armee? Wahrscheinlich nicht. Liebt man denn die Feuerwehr? Oder die Polizei oder die Ambulanz? Es genügt, daß wir wissen: Die Armee ist nötig. Für viele, vielleicht die Mehrheit der 600 000, ist sie ein notwendiges Übel, aber eben doch notwendig. Wir leisten unseren Dienst, weil diese Welt nun einmal keine friedliche Welt ist, sondern eine turbulente Arena der gegenläufigen Interessen, ein Kampfplatz von Macht und Gegenmacht, von List und Gier. Als Realisten müssen wir uns eingestehen, daß wir diese Welt nicht ändern können. Also verteidigen wir das kleine, schöne Stück, das uns gehört. Wir machen wenig Worte dabei, wir tun unsere Arbeit. Wer zahlt schon gerne Versicherungsprämien? Aber wer möchte auf die Police verzichten?

Wo immer sich die Armee in der Öffentlichkeit zeigt, defilierend oder an der Arbeit, sind die Zuschauerzahlen viel größer als bei den meisten Fußballspielen dieses Landes. 300 000 Menschen haben an zwei nicht sonder-

lich schönen Tagen im Frühjahr 1979 die große Wehrschau mitten in der Stadt Zürich miterlebt. Zwischen 5000 und 10 000 haben zur gleichen Zeit gegen diese geballte feldgraue Präsenz in der größten Stadt der Schweiz protestiert, lautstark und unübersehbar. Zusammenstöße sind ausgeblieben. Die friedvolle Utopie einer Welt ohne Waffen ist etwas Schönes und Achtenswertes, aber eben eine Utopie. Was sollen sich Realisten mit Utopisten, so respektabel deren Beweggründe sein mögen, prügeln? Die Frage, ob Armee oder nicht, ist hierzulande kein Thema. Bertolt Brecht hat in der Dreigroschenoper gesagt, warum:

...Doch leider sind auf diesem Sterne eben
Die Mittel kärglich und die Menschen roh.
Wer möchte nicht in Fried und Eintracht leben?
Doch die Verhältnisse, sie sind nicht so!

Seit Marignano ist europäische Großmachtpolitik für die Schweiz vorbei; wir wollen nicht einmal das Veltlin zurück, und Vorarlberg haben wir verschmäht, obwohl es uns nach dem Ersten Weltkrieg gratis zugefallen wäre. Die Schweiz unterhält unter beträchtlichen und in Zukunft nicht geringer werdenden Opfern eine reine Verteidigungsarmee, die nicht nur aus ihren wehrfähigen Bürgern gebildet, sondern auch von ihnen bezahlt wird.

Dieses Buch zeigt, wie 600 000 Wehrmänner ihr Land verteidigen. Die staunenswerte Vielfalt dieses Heeres führt immer wieder auf einen entscheidenden Punkt zurück: auf die überaus enge Verflechtung zwischen zivilen und militärischen Bereichen. Von einem knappen Tausend Berufsinstruktoren und dem unentbehrlichen Beamtenstab abgesehen, wird diese Armee von Menschen in Gang gehalten, die mitten im Zivilleben stehen und die ihre zivilen Kenntnisse und Fertigkeiten in das Wehrwesen einbringen.

Auf diesem Miliz-Prinzip beruhen Schlagkraft und Tüchtigkeit der Schweizer Armee, und dieses Prinzip macht manche Mängel in Ausrüstung, Bewaffnung und Ausbildung wett. Nicht wenige andere Länder mit Berufsarmeen beneiden uns darum: um 600 000 Männer und etwa 2000 freiwillig dienstleistende Frauen sowie um die Mehrheit eines Sechsmillionenvolkes, das schon aus seiner Geschichte zur Landesverteidigung motiviert ist und täglich aus der Tagesschau, dem Radio und der Presse erfährt, wie wenig sicher man sich auf dieser Erde fühlen kann und wie nötig es deshalb ist, wachsam zu sein.

Wir wissen, warum wir eine Armee haben und warum wir Dienst leisten.

Sicher ist sicher...

Vom Infanterieheer zur Armee der modernen Waffe

Von Dr. Hans Rudolf Kurz, Bern

Seit dem Einsetzen des Zeitalters, das man das technische nennt, hat handwerklicher und industrieller Fortschritt auch in den Heeren Einzug gehalten. Das Streben der Nationen, aus den Errungenschaften der technischen Entwicklung für die Kriegführung Nutzen zu ziehen, läßt sich durch die ganze Heeresgeschichte hindurch verfolgen. Immer wieder haben sich die Völker die Technik zu militärischen Zwecken dienstbar gemacht, und zu allen Zeiten waren die Heere das Spiegelbild des technischen Standes der Nationen. Die militärische Entwicklung lief stets mit der zivilen technischen Entwicklung einher.

Hier zeigt sich eine interessante Wechselwirkung: In ruhigen Friedenszeiten haben der zivile Bedarf und der zivile Ausbau normalerweise den Vorrang; die zivile Entwicklung geht voran, und die Armeen übernehmen, was ihnen der zivile Bereich an technischen Errungenschaften bietet. Es gibt aber in der jüngeren Geschichte eindrückliche Beispiele für den umgekehrten Ablauf, bei dem eine deutliche Verschiebung der technischen Schwergewichte vom zivilen auf den militärischen Bedarf eintritt. Dies ist der Fall in Zeiten großer und anspruchsvoller Kriege, in denen sich die gesamten Anstrengungen der betroffenen Nationen auf das Bestehen im Krieg konzentrieren. In solchen Lagen tritt eine Verlagerung des technischen Einsatzes vom zivilen Bereich auf die Bedürfnisse der Kriegführung ein. Die Deckung des militärtechnischen Bedarfs erhält damit den Vorrang gegenüber den zivilen technischen Ansprüchen.

Erste eindrucksvolle Ansätze zu einer solchen Entwicklung zeigen sich im Ersten Weltkrieg 1914–18. Aus dem Kampf auf Leben und Tod der im Krieg stehenden Mächte sind damals starke Kräfte erwachsen, die zu bedeutenden militärtechnischen Fortschritten geführt haben. Diese Erscheinung erfuhr im Zweiten Weltkrieg eine weitere Steigerung. In den Jahren 1939–45 stand praktisch das Schwergewicht des ganzen industriellen Potentials der Welt unter dem Imperativ des Kriegs. Aus diesem entscheidenden Vorrang der militärischen Nutzanwendung aller technischen Arbeit sind nicht nur der Kriegführung tiefgreifende Änderungen erwachsen; darüber hinaus hat auch der zivile Bereich aus dieser kriegsbedingten Rüstungsarbeit bedeutenden Nutzen gezogen. Die zivile Luftfahrt oder die Anwendung der Elektronik – um nur diese Beispiele zu nennen – hätte längst nicht ihren hohen Entwicklungsstand erreicht, wenn nicht der Zwang des militärischen Vorrangs während des Krieges außerordentliche Vorspanndienste geleistet hätte.

Dieses enge Zusammenwirken von militärischer und ziviler Nutzanwendung der Technik ist nach dem Krieg nicht zu Ende gegangen, sondern hat sogar noch einen weiteren Ausbau erfahren. Ein großer Teil der industriell-wissenschaftlichen Errungenschaften unserer Zeit, von der Auswertung der Kernenergie bis zur Weltraumfahrt, hat regelmäßig auch seine militärische Bedeutung gehabt. Die Kriegführung hat sich in die höchsten technischen Dimensionen verlagert. Sie hat damit von Grund auf neue Formen gefunden.

Dennoch sind wesentliche Grundelemente des Krieges unverändert geblieben. Dies ist überall dort der Fall, wo der Mensch mit seinen Stärken und Schwächen im Brennpunkt steht. Der Mensch hat neue Mittel des Kriegs erhalten – den Kampf muß aber auch in Zukunft der Mensch selber bestehen.

Unsere Armee – fest in der Geschichte verankert

Die Entwicklung vom einfachen Infanterieheer zum Heer der modernen Waffen läßt sich auch in der schweizerischen Armee auf eindrückliche Weise erkennen,

Stolz zieht eine Kavallerieschwadron vorbei. Dieses zur Zeit des Ersten Weltkrieges noch in allen Heeren geläufige Bild gilt heute nicht mehr.

Defilee vor General Ulrich Wille in Bern zur Zeit der Grenzbesetzung 1914–18: das Schweizer Infanterieheer alter Prägung. Ihm stehen gewaltige technische Neuerungen bevor.

wenngleich die Dimensionen dieses Ausbaus naturgemäß bescheidener und einfacher sind als bei den Großmächten. Der Ausbau der schweizerischen Armee in den letzten 150 Jahren zeigt ein eindrückliches Bild der schrittweisen Vorwärtsentwicklung und der Angleichung an den internationalen Stand des Kriegswesens. Dabei kann immer wieder festgestellt werden, daß sich die Schweiz keineswegs damit begnügt hat, einfach das Ausland zu kopieren und sich an die ausländischen Vorbilder anzulehnen; sehr oft ist unser Land in seiner militärischen Entwicklung selbständige, eigene Wege gegangen. Zum Beispiel darf die heute gültige Konzeption der militärischen Landesverteidigung aus dem Jahr 1966 als eine höchst originelle Eigenschöpfung der Schweiz betrachtet werden, die der Eigenart unseres Landes und seinem Bestehen in einem modernen Konflikt Rechnung trägt.

Die Betrachtung der Entwicklungsgeschichte unserer Armee in der modernen Zeit – etwa seit ihrer Neuschaffung im Jahr 1815 – eröffnet weit über den militärischen Bereich hinaus interessante Einblicke in das Wachsen und Erstarken des eidgenössischen Staates. Immer wieder fällt uns dabei auf, wie sehr die schweizerische Armee in der Geschichte verankert ist – sie lebt in einer starken geschichtlichen Tradition, die viele Jahrhunderte zurückreicht, aber in ihrer Wirkung bis heute fühlbar ist. Die schweizerische Armee ist nicht in einem einmaligen Schöpfungsakt geschaffen worden; sie ist langsam, Schritt für Schritt, bis auf den heutigen Tag gewachsen.

In dieser Verhaftung in der Geschichte liegt Hemmendes und Förderndes zugleich. Die Hemmung liegt in der starken Bindung an das Hergebrachte, in einer gewissen Starrheit und in der bisweilen erschwerenden Gegnerschaft gegenüber dem Neuen. Die Gefahr, sich auf den «Krieg von gestern» vorzubereiten, am bisher Bewährten festzuhalten, in starrer Routine weiterhin eingefahrene Gleise zu benützen, «weil man es immer so gemacht hat», ist nicht gering. Solchen falschen Konservativismus – er ist bis zu einem gewissen Grad allen Armeen eigen – müssen wir vermeiden.

Auf der andern Seite liegt in der Verwurzelung in der Geschichte viel Tragendes. Sie gibt uns festen Boden unter die Füße und läßt keine gefährlichen Experimente zu. Das Vorhandene ist vertraut und bewährt. Daraus erwachsen eine innere Stetigkeit und Sicherheit, die wir nicht geringachten dürfen.

Von den beiden Elementen müssen wir das Beste nehmen. Wir dürfen auf Bewährtes nicht verzichten – vor allem im geistig-moralischen Bereich – und die Zeit nicht verschlafen, sondern müssen auf der Höhe der Anforderungen bleiben, die nicht von uns selbst bestimmt werden. Sicher würde in unserer Armee manches anders gemacht, wenn wir sie heute von Grund auf neu schaffen müßten. Manches würde wohl rationeller, einfacher und vielleicht auch zweckmäßiger gestaltet, als es im Verlauf der Geschichte gewachsen ist. Aber damit würden wir auf Werte verzichten, die tragend und erhaltend sind. Gerade unsere Wehrform der Miliz erträgt keine radikalen Experimente. Die Miliz ist nur lebensfähig in einer ruhigen und maßvollen Vorwärtsentwicklung.

Ohne die Werte des Herkommens und der Tradition preiszugeben, müssen wir danach trachten, einen schrittweisen und systemgerechten Weiterausbau der Armee zu pflegen, mit dem wir mit dem weltweiten Stand bestmöglich Schritt zu halten vermögen. Den Anschluß an die internationale Entwicklung dürfen wir nicht verlieren; bei der heutigen Gangart der Entwicklung wäre es kaum möglich, zu groß gewordene Rückstände wieder aufzuholen. Die moderne Entwicklung schreitet so rasch voran, daß nur eine unablässige Weiterentwicklung den Anschluß gewährleistet.

Diese Synthese zwischen Tradition und Fortschritt ist unserer Armee im großen und ganzen gelungen. Ihre Entwicklungsgeschichte in den jüngsten Zeitläufen und ihr heutiger Stand zeigen, daß uns die schrittweise Umgestaltung von einer Armee des 19. Jahrhunderts zur hochtechnisierten modernen Armee – im Rahmen der schweizerischen Möglichkeiten – im wesentlichen geglückt ist. Wir müssen uns bemühen, allen Schwierigkeiten zum Trotz, diesen Stand auch in den kommenden Jahren zu wahren.

Eindrückliche Steigerung der infanteristischen Feuerkraft

Die schweizerische Armee war zu allen Zeiten ein ausgesprochenes Infanterieheer. Hier liegt die große schweizerische Wehrtradition. Die Eidgenossen waren es, die zu Beginn des 14. Jahrhunderts den seit der Antike untergegangenen Gedanken des Infanteriekampfs neu belebt haben. Die Eidgenossen hoben die Ritter aus ihren Sätteln und beherrschten während zweier Jahrhunderte mit ihren Gevierthaufen die Schlachtfelder Europas. Dann aber scheiterte das sich selbst genügende eidgenössische Fußvolk an der Überlegenheit der beginnenden Technik: an der Kombination der Infanterie mit den Hilfswaffen der Artillerie und einer geführten Schlachtenkavallerie. Doch auch in der nun folgenden Zeit der fremden Dienste blieben die Schweizer vornehmlich Infanteristen.

Auch mit dem Neuaufbau des vorerst kantonal und später eidgenössisch bestimmten Heeres nach der Napoleonischen Zeit blieb das infanteristische Schwergewicht gewahrt. Dieses entspricht nicht nur schweizerischer Tradition und Neigung, sondern ist auch der weitgehend von unserem Gelände bestimmten schweizerischen Kampfführung angemessen.

Die Entwicklung der schweizerischen Infanterie vom einheitlich und einfach bewaffneten Fußvolk zu einer mit vielfältigen Kampfmitteln, moderner Traktion und Übermittlung ausgestatteten neuzeitlichen Kampftruppe bietet ein eindrückliches Bild. Noch im Jahr 1914 bestand die Feuerkraft der Infanterie ausschließlich aus dem Gewehr; seither ist die Infanterie Schritt für Schritt mit einem umfangreichen System moderner automatischer Waffen, von Panzerabwehrwaffen, Bogenschußwaffen und Nahkampfmitteln ausgestattet worden. Dieser Ausbau zeigt sich am deutlichsten in der Steigerung der infanteristischen Feuerkraft. Die Feuerleistung eines Infanteriebataillons 1914 betrug – gesamthaft betrachtet – 10 000 Schuß pro Minute; diese Feuerkraft wurde mit der Truppenordnung von 1951 auf 100 000 Schuß gesteigert, wozu noch die Leistungen der Minenwerfer und der Panzerabwehrwaffen hinzukamen. Mit der Truppenordnung 61 wurde diese Feuerleistung verdoppelt, d. h., sie wurde auf 200 000 Schuß pro Minute und die zweifache Leistung der übrigen Waffen gestei-

gert. Seit 1914 ist somit die Feuerleistung des Bataillons um das Zwanzigfache gestiegen; ein heutiges Bataillon hat die Feuerkraft von sieben Regimentern in der Zeit zu Beginn des Ersten Weltkriegs.

Aufschlußreiche Zahlen zeigen sich auch im Bereich der Motorisierung der Infanterie. Die Anzahl der Motorfahrzeuge des Infanterieregiments hat von 11 im Jahr 1926 auf 159 im Jahr 1970 zugenommen. Während 1926 in der Division auf je 60 Mann ein Motorfahrzeug kam, ist die Motorfahrzeugdichte der Felddivision 1970 auf ein Fahrzeug auf je sechs Mann gestiegen.

Die Epoche der Rüstungsprogramme

Neben dem gezielten Ausbau des Infanterieheeres gingen die Einführung und Verstärkung der übrigen Waffen langsamer vor sich. Finanzielle Engnisse und technische Beschränkungen machten sich hier schon früh geltend – sie sind das große Problem bis auf unsere Tage geblieben.

Der eigentliche technische Ausbau unserer Armee setzte in den Jahren vor dem Zweiten Weltkrieg ein. Aber die Zeit, die uns nach der allzu langen Rüstungspause nach 1918 noch zur Verfügung stand, war zu kurz, um die Rückstände vollständig aufzuholen. Schon im Ersten Weltkrieg gab es erhebliche Lücken bei der Artillerie und der Artilleriemunition sowie den Maschinengewehren. Generalstabschef von Sprecher legt im Aktivdienstbericht 1914–18 dieses technische Ungenügen deutlich dar, das bis 1939 nicht überwunden werden konnte. Im Aktivdienstbericht 1939–45 schreibt Generalstabschef Huber sogar den bittern Satz: «Bei der Mobilmachung im Jahr 1939 war die Bewaffnung im allgemeinen ungenügend und rückständig.»

Die durch Mangel an Rohstoffen bedingte Unmöglichkeit, die Rückstände aufzuholen, und die mit dem Kriegsbeginn im kriegführenden Ausland einsetzende gewaltige technische Weiterentwicklung hinderten uns während der Kriegsjahre daran, die Lücken zu schließen und uns auf der

Links: An der Landesausstellung von 1939 rückten die Schweizer näher zusammen. Die Leistungsschau wurde zum großen nationalen Gemeinschaftserlebnis und schloß die Armee mit ein.

Rechts: Das neue Gesicht der Armee wird bestimmt von hochtechnisierten Waffensystemen. Dazu gehören die Mirage-Kampfflugzeuge. Sie sind unentbehrlich, wenn sie auch Milliarden von Franken kosten.

Höhe der voranschreitenden Entwicklung zu halten. Trotz großer Anstrengungen wies unsere Armee nach dem Krieg erhebliche technische Rückstände auf.

Die Aufgabe der im Jahr 1951 – unter dem Schock des Kriegs von Korea – einsetzenden Rüstungsprogramme war es, einerseits die bestehenden Lücken zu schließen und anderseits die inzwischen eingetretenen weitern Mängel zu beheben. Seit dem Jahr 1951 wurde eine lange Kette solcher Rüstungsprogramme verwirklicht, mit denen die materielle Rüstung unserer Armee verbessert und versucht wurde, mit der gewaltig voranschreitenden weltweiten Rüstungsentwicklung nach Möglichkeit Schritt zu halten. Wir haben in den letzten Jahren außerordentliche Anstrengungen unternommen. Während dieser Zeit sind von den eidgenössischen Räten Verpflichtungskredite von annähernd 20 Milliarden Franken bewilligt worden, wovon mehr als drei Viertel für Beschaffungen bereits ausgegeben worden sind. Dazu ist festzustellen, daß zu den Krediten für eigentliche «Rüstungsbeschaffungen» auch umfangreiche weitere Mittel für Investitionen aller Art hinzugekommen sind, die für Kriegsmaterial, Munition und militärische Bauten sowie für Forschungs- und Entwicklungsarbeiten aufgewendet werden.

Neben der intensiven Förderung der materiellen Rüstung der Truppe ist auch auf den Ausbau im Bereich unserer Infrastruktur hinzuweisen. Der Verstärkung unseres Geländes in den wichtigen Kampfzonen wurde große Aufmerksamkeit geschenkt. Dadurch wurden für die Truppen wertvolle Hilfen und ein wertvoller Rückhalt in ihrer Kampfführung geschaffen.

Die sechs Truppenordnungen seit 1911

Den organisatorischen Ausdruck dieser materiellen Verstärkung bilden die Truppenordnungen unserer Armee, die zeitlich meist mit den großen Rüstungsbeschaffungen zusammenfallen. Mit den Truppenordnungen wurde der Armee von Zeit zu Zeit eine neue organisatorische Struktur gegeben, mit welcher den Änderungen in der Abwehrkonzeption Rechnung getragen wurde; gleichzeitig wurde damit das neubeschaffte Kriegsmaterial organisatorisch in die Armee eingegliedert.

Die Geschichte unserer Truppenordnungen begann am Vorabend des Ersten Weltkriegs, als mit der Truppenordnung 1911 der Armee erstmals eine in die Einzelheiten gehende Organisation gegeben wurde. Zusammen mit dieser Truppenordnung 1911 hat unsere Armee seither insgesamt sechs Truppenordnungen erlebt. Diese waren durchweg ein Ausdruck ihrer Epoche und zeigen die äußern wehrpolitischen Verhältnisse, unter denen sie entstanden sind. Die Truppenordnungen sind nicht nur Marksteine unserer organisatorischen Heeresentwicklung – in ihnen spiegeln sich auch die Gefahren der Zeit:
– Die Truppenordnung (TO) 1911 war auf den Einsatz der Armee im Ersten Weltkrieg ausgerichtet;
– die TO 1925 diente der Verwirklichung der Erfahrungen des Ersten Weltkriegs;
– die TO 1938 war eine organisatorische Vorbereitung der Armee auf den Zweiten Weltkrieg;
– mit der TO 1947 wurde eine erste Serie der Erfahrungen aus dem Zweiten Weltkrieg ausgewertet und ins ordentliche Recht übergeführt;
– die TO 1951 verwertete die zweite Gruppe der Erfahrungen des Zweiten Weltkriegs und stand bereits unter den Einflüssen des Krieges in Korea;
– die TO 1961 sollte der seitherigen technischen Entwicklung, insbesondere dem Erscheinen der taktischen Atomwaffe auf dem Gefechtsfeld, und dem kalten Krieg in der Organisation des Heeres Rechnung tragen.

Seit 1961 sind keine Totalrevisionen der Truppenordnung mehr vorgenommen worden. Vielmehr erfolgten die Anpassungen seither nur noch als einzelne Maßnahmengruppen. Dieses Vorgehen ist darum geboten, weil jede Gesamtrevision die Armee in einen vorübergehenden Zustand der Aktionsunfähigkeit versetzt, den wir uns in der heutigen Lage nicht leisten können. Dazu kommt, daß entsprechend der voranschreitenden technischen Entwicklung das Bedürfnis nach organisatorischer Anpassung zurzeit immer größer wird, weil die bestehenden Organisationen heute viel rascher revisionsbedürftig werden als früher.

Links: Gemeinsam bedienen eine FHD und ein Telefonist der Übermittlungstruppen eine Telefonzentrale. Unsere Armee kann sich nicht alles leisten und muß alle Reserven des Landes ausschöpfen.

Rechts: «Bloodhound»-Lenkwaffenstellungen für die Fliegerabwehr in großen Höhen gehören zum modernsten Kriegsgerät der Schweizer Armee.

In dieser Lage ist die schrittweise Anpassung der Heeresorganisation das sicherste und rationellste Vorgehen.

Keine «mildernden Umstände» für die Miliz

Maßgebend für die materielle Rüstung und die Organisation der Armee sind in erster Linie der internationale Rüstungsstand und die Kriegsmethoden, die in einem künftigen Krieg voraussichtlich angewendet würden. Wir müssen uns darauf vorbereiten, entweder durch eine als glaubwürdig erachtete Kriegsvorbereitung einen Krieg zu verhindern oder aber die Anforderungen eines denkbaren Krieges zu bestehen. Dabei müssen wir uns auf den möglichen Angreifer einstellen, der mit aller Sicherheit eine Großmacht sein dürfte. Jeder Angreifer wird uns nach seinen eigenen, d. h. für eine Großmacht maßgebenden Kriterien beurteilen. Wir werden, sei es in unserer Dissuasionswirkung oder sei es im Kampf der Waffen, nach Maßstäben gemessen, die für starke Heere gelten. Auf «mildernde Umstände» als neutraler, demokratischer Kleinstaat dürfen wir nicht hoffen. Ein Krieg würde uns mit seiner ganzen Härte treffen. Darum müssen wir uns auf den Krieg in seiner absoluten Form einstellen und vorbereiten.

Dennoch können wir nie alles unternehmen und haben, was die Großen tun und besitzen. Unsere militärischen Möglichkeiten werden naturgemäß immer begrenzt sein. Für uns geht es nicht darum, eine «Kleinausgabe» einer Großarmee aufzustellen. Aus verschiedenen Gründen sind wir zu Beschränkungen auf das Wesentliche und das Mögliche gezwungen. Es kann für uns nicht darum gehen, alles zu beschaffen, was wir gerne hätten; wir müssen uns bescheiden mit dem, was wir können. Das nur Wünschenswerte hat zurückzutreten vor dem Unerläßlichen.

Unter den beschränkenden Elementen, denen wir mit unseren militärischen Anstrengungen unterworfen sind, stehen die finanziellen Gesichtspunkte obenan. In der Finanzfrage liegt eine imperative Größe. Die finanziellen Mittel, die wir für militärische Zwecke einsetzen, müssen sich in angemessener Weise in den Gesamtrahmen unserer staatlichen Ausgaben einfügen.

Ein weiteres Kriterium für Rüstung und Organisation liegt in der besondern Kampfführung der Schweiz. Unser Land besteht zu 60% aus Gebirge, 30% Mittelland und 10% Jura. Rund 25% unseres Landes ist bewaldet. Auch unser Mittelland ist keine «Ebene» im ausländischen Sinn, sondern ein vielfach durchfurchtes, waldreiches und stark überbautes, enges Gebiet. Dieses schweizerische Kampfgelände verlangt eine sehr spezifische Kampfführung. Insbesondere setzt es der Mechanisierung und Motorisierung gewisse Grenzen. Die Aufnahmefähigkeit unseres Territoriums für technische Geräte ist nicht unbeschränkt; es besteht hier eine Sättigungsgrenze, die nicht überschritten werden darf – dies gilt nicht nur für den Kriegseinsatz, sondern auch für die Ausbildung!

Zu berücksichtigen sind schließlich unsere ausbildungstechnischen Möglichkeiten. Die Schulungszeiten in der Miliz sind kurz und die Intervalle zwischen den einzelnen Ausbildungsperioden groß. Auch wenn wir die technische Begabung des Schweizer Soldaten und sein aus dem Zivilleben mitgebrachtes hohes Können in Rechnung stellen, müssen wir eine gewisse Grenze der Technisierung in Kauf nehmen. Bei jedem neuen Material dürfen wir seine «Miliztauglichkeit» nicht aus den Augen verlieren.

All diese Überlegungen – es wurden nur die hauptsächlichsten genannt – zwingen uns zu einer gewissen Beschränkung. Für uns geht es darum, eine unsern Verhältnissen angemessene Mitte zu finden, in der neben der Kostenfrage auch die Fragen der ausbildungstechnischen, infrastrukturellen, logistischen und geländemäßigen Bewältigung gelöst werden müssen. Nötig ist ebenfalls ein angemessener Ausgleich zwischen den verschiedenen Truppenteilen. Die Armee muß ein harmonisches Ganzes bilden, das in allen Teilen unsern Möglichkeiten entspricht und dessen Einzelteile möglichst effektvoll zusammenwirken. Entscheidend ist für uns nicht ein höchstmöglicher Grad der technischen Perfektion, sondern eine in sich geschlossene, den Bedürfnissen unserer Kampfführung entsprechende Organisation, in der weder Abwehrlücken offenstehen noch Überschneidungen eintreten.

Wandlungen der Heeresstruktur

Abschließend soll die Entwicklung der Armee in den letzten 100 Jahren anhand einiger Zahlen gezeigt werden. Die untenstehende Tabelle legt die Personalzuteilung zu den einzelnen Truppengattungen und Dienstzweigen seit dem Jahr 1866 dar.

Interessant an dieser Übersicht ist vor allem die Entwicklung des Personalanteils der Infanterie, der von 87,6% im Jahr 1866 auf 38% im Jahr 1974 gesunken ist. Dieser Rückgang wurde allerdings weitgehend kompensiert durch den geschilderten Ausbau von Bewaffnung und Ausrüstung der reinen Infanterie. Der Rückgang des Personalbestands dieser Waffe erfolgte vor allem zugunsten der neuen Truppengattungen, während die übrigen Truppengattungen, besonders die Artillerie, nur geringe Änderungen erfuhren. Auch diese Statistik gibt die Technisierung der Armee wieder.

Heeresstrukturen sind lebendige Organismen, die nie «fertig» sind, sondern ständig neu überdacht und den wechselnden Verhältnissen angepaßt werden müssen. Die Gangart dieser Entwicklung ist heute außerordentlich rasch und verlangt nie nachlassende Aufmerksamkeit. Was früher Jahrhunderte dauerte, erfolgt heute in sehr wenigen Jahren. Die Ältern unter uns kennen die heutige Armee kaum mehr, und schon morgen wird sie wieder ein neues Gesicht haben.

Trotz aller technischen und organisatorischen Wandlungen gilt es für uns, die große Konstante jeder militärischen Arbeit zu bewahren und immer wieder zu stärken: die Bereitschaft des ganzen Volkes, zu seiner Armee zu stehen, und den Willen und die Kraft der Armee, unserem Volk Frieden und Freiheit zu erhalten.

Auf diesem Willen beruht schließlich die Fähigkeit des neutralen Kleinstaates, sich in einer gefährlichen Umwelt zu behaupten.

	1866	1913	1939	1962	1974
Armee- und Kommandostäbe (inkl. Stabstruppen)	—	—	—	1,8%	6,0%
Infanterie	87,6%	75,4%	62,6%	45,0%	38,0%
Artillerie (inkl. Festungsartillerie)	8,6%	11,4%	12,8%	9,6%	9,5%
Flieger und Fliegerabwehr	—	—	1,7%	6,9%	7,8%
Mechanisierte und Leichte Truppen (inkl. Kavallerie)	2,2%	4,3%	6,2%	6,3%	6,9%
Genie	1,4%	4,0%	5,2%	6,5%	6,3%
Übermittlungstruppen	—	—	—	3,8%	5,1%
Sanitätstruppen	0,2%	3,3%	5,0%	3,6%	4,1%
Versorgungstruppen	—	1,3%	2,0%	2,7%	2,7%
Luftschutz	—	—	—	5,0%	4,8%
Transporttruppen	—	—	2,7%	2,0%	2,1%
Übrige	—	0,3%	1,8%	6,8%	6,7%
Total	100,0%	100,0%	100,0%	100,0%	100,0%

Infanterie – das Rückgrat der Armee

Die neuen Aufgaben der ältesten Truppengattung

Trupp links – vorwärts! Sechs Männer im gesprenkelten Kampfanzug schnellen aus der Deckung und stürzen in geducktem Sturmschritt über den schmalen Wiesenstreifen. Trupp rechts feuert pausenlos, um den Vorstoß der Kameraden zu decken. Der Truppführer rechts hebt die Hand: «Halt!» Keuchend verharren die Männer in der neuen Deckung. Einer von ihnen nestelt aus einer der 17 Taschen des Kampfanzugs eine kleine graue Keule hervor und schleudert sie vorwärts. Achtung, eine Handgranate! Dem dumpfen Donner der Detonation folgt ein schmutziger, grauschwarzer Rauch. Eine heisere Stimme schreit: «Feuer!» Jetzt geht Trupp rechts vor, und Trupp links gibt Feuerschutz. Das Sturmgewehrfeuer zwingt den Feind in seine Deckung, die Handgranate lockt ihn wieder hervor: das tödliche Katz-und-Maus-Spiel der Grenadiere!

Was würden Sie mit einem Feind anstellen, den Sie auf dem Tschierva-Gletscher gefangen haben? Die Frage des Fachreferenten in einem zentralen Hochgebirgswiederholungskurs löste heftige Diskussionen aus. Als der Referent sein Rezept verriet, ging ein Sturm der Empörung durch die Reihen der Zuhörer. «Ziehen Sie ihn bis auf die Unterhosen aus, und vergessen Sie ihn!» Kampf in der Gebirgsinfanterie ist eine radikale Herausforderung an jeden einzelnen Mann und eine beispiellose Schule der Härte. Marschieren und tragen, klettern und sichern, nach Erreichen des Zieles nicht ausruhen, sondern kämpfen, zusätzlich zur alpinistischen Ausrüstung Waffen und Munition mitschleppen – im Gebirge wird der Krieg, von allen mechanischen Mitteln entblößt, zum barbarischen Urbild seiner selbst: Kampf von Mann gegen Mann! Du oder ich!

Im hastig ausgehobenen Schützengraben am Waldrand herrscht gespannte Stille. Aus der Lichtung am Hang gegenüber, knapp einen Kilometer entfernt, schiebt sich die graue Silhouette des ersten feindlichen Panzers. Der Schütze nimmt ihn ins Fadenkreuz, zielt lange und drückt ab. Ein gelber Blitz zischt mit dem dumpf dröhnenden Knall der Gasladung aus dem Rohr. In rasender Eile spult sich ein feiner Draht von der Rolle ab. Aber der Schütze tut etwas, das sonst kein Schütze tut: Auch nach dem Schuß behält er sein Ziel im Visier. Solange er den Panzer, genau zwischen Wanne und Turm, im Fadenkreuz hat, stabilisieren hastig detonierende Steuerraketen das Geschoß auf der idealen Flugbahn. Der Panzer bewegt sich, aber der Schütze folgt ihm optisch, und mit der Unerbittlichkeit moderner Elektronik korrigieren neue Steuerraketen die Bahn des Geschosses. Nach etwa vier Sekunden ist die Geisterfahrt des tödlichen Blitzes vorbei. Die Panzerabwehrrakete Dragon hat ihr Ziel erreicht. Volltreffer!

Härte und Vielfalt

Grenadiere, Gebirgsfüsiliere, Panzerabwehrlenkwaffen: drei von vielen Erscheinungsbildern der modernen Schweizer Infanterie! Sie ist das Rückgrat der Armee; alle Mechanisierung und Spezialisierung hat daran nichts geändert. 41 Prozent der Schweizer Wehrmänner sind in der Infanterie eingeteilt – in einer Waffengattung, die in der Nachfolge des alten eidgenössischen Fußvolkes steht und die die Urform jedes Krieges in seiner ganzen Menschenfeindlichkeit und Unerbittlichkeit verkörpert: das Messen der eigenen Kräfte an denen des Feindes. «Der alte Urstand der Natur kehrt wieder, wo Mensch dem Menschen gegenübertritt, zum letzten, wenn kein andres Mittel mehr verfangen will» (Schiller, Wilhelm Tell).

Körperliche Tüchtigkeit, Willenskraft, Beherrschung der Waffen auch in Extremsituationen, kämpferische Motivation und

Links: Ein Füsilier nimmt den Gegner ins Visier. Auf diesem einzelnen Mann, auf seinem Willen, seiner Zähigkeit und seinem Können beruht die Schlagkraft der Schweizer Armee.

Rechts: Marschieren, Tragen und Kämpfen – das sind die Aufgaben, die der Infanterie gestellt sind. Dienst in der Infanterie ist eine Herausforderung an die körperliche Leistungskraft.

Ausdauer – die Anforderungen an den Infanteristen von heute sind die gleichen geblieben wie seit Jahrhunderten, auch wenn die Mechanisierung längst die endlosen Märsche aus Aktivdienstzeiten entbehrlich gemacht hat und eine große Zahl moderner Waffen und Kampftechniken mehr den Kopf als die Beine der Infanteristen fordert.

Im stark gegliederten schweizerischen Gelände trägt die Infanterie überall dort die Hauptlast des Abwehrkampfes, wo ein allfälliger Feind seine Panzerüberlegenheit nicht voll zur Geltung bringen kann. Die Infanterie führt ihren Kampf in zerschnittenem, bewaldetem und überbautem Gebiet. Ihre Geländegängigkeit muß dort, wo das Gelände nicht verstrahlt oder vergiftet ist, fast unbegrenzt sein.

Infanterie damals...

Welch ein Unterschied zu der Infanterie, wie sie ältere Wehrmänner in den beiden Aktivdiensten dieses Jahrhunderts kennengelernt haben!

Infanterie während der Grenzbesetzung 1914–1918: Keiner hat ihren Alltag trefflicher geschildert als der große Schweizer Dichter Meinrad Inglin in seinem «Schweizerspiegel»:

«Fred hatte die Karte studiert und rechnete eben aus, daß die Höhe bald erreicht sein müßte, als sein Blick auf die geisterhaft erhellten Schneefelder einer unregelmäßigen Hochebene fiel und die Züge vor ihm sich eiliger ausschreitend lockerten. Er sah die lange graue Kolonne mit gesenkten Köpfen wider den bissigen Wind über die Ebene hasten, während das Gewölk zu ihren Häupten am rauchfahlen Mond vorbei in entgegengesetzter Richtung jagte. (...) Der Paßweg begann allmählich zu fallen und führte durch eine Waldschlucht, wo es wieder dunkler wurde, dann durch ein mit Truppen belegtes halbwaches Bauerndörfchen und weiter durch Wald und Schluchten hinab. In der fünften Stunde nach dem Aufbruch gehörte kein Marschierender mehr sich selber, sondern nur noch einer müden, schläfrigen Masse, die sich wie durch einen schmutzigen dunklen Tunnel gleichmäßig fortbewegte. Es begann zu tropfen, zu regnen und quoll zuletzt in dichten Strähnen aus dem Finstern herab, aber auch dieser heftige Regen weckte die rasch durchnäßte Kolonne nicht aus der stumpfen Geschlossenheit.»

Ähnlich tönt's in einem Erlebnisbericht aus dem Aktivdienst 1939–1945:

«Das Bataillon marschiert. Seit den ersten Nachtstunden ist es unterwegs. Seit Stunden hat ein feiner, unerbittlicher Sprühregen eingesetzt. Das Marschgeräusch ist begleitet vom Hufklappern und von dem mahlenden Geräusch der Karren und Fourgons. Die Nacht ist schwarz, der Himmel sternenlos. Die Gespräche sind verstummt. An der Spitze läßt der Hauptmann kurz die abgeblendete Taschenlampe aufblitzen und wirft einen Blick auf die Karte. Die Kolonne biegt nach rechts in den Wald; die Bäume tropfen, es ist dunkel wie in einer Kuh.

Beim Morgengrauen kommt sie über uns, die große Müdigkeit. Es regnet nicht mehr. Der aufkommende Wind hat die nassen Waffenröcke äußerlich getrocknet, doch Schweiß feuchtet von innen. Die Ausrüstung beginnt zu drücken. Man fühlt plötzlich, was alles zu tragen ist, was alles unbequem ist. Der Karabiner wechselt häufig die Schulter. Der schmale Brotsackriemen schneidet ein, die Zeltbahn ist regenschwer und unbequem.»

Unten: Im Feuerschutz der Kameraden (vorne) rücken Infanteristen gegen die feindliche Stellung vor. Im Kampf entscheiden Kaltblütigkeit, Leistungsvermögen und Treffsicherheit.

Rechts: Zischend verläßt die Panzerwurfgranate den Lauf.

Rechts außen: Achtung, eine Handgranate! Mit Kraft und Konzentration schleudert der Grenadier die gefürchtete Nahkampfwaffe ins Ziel.

Rechts unten: Aus der gut getarnten Stellung heraus feuern die Infanteristen mit dem Raketenrohr auf die feindlichen Panzer. Panzerabwehr ist für die Infanterie zur Hauptaufgabe geworden.

...und heute

Was ist das Neue an der heutigen Infanterie im Vergleich zur Infanterie der Aktivdienstzeiten? Max Waibel, ein ehemaliger Waffenchef der Infanterie, antwortet:

«Die abstoßende Kraft des feindlichen Feuers macht es heute der Infanterie schwer, an den Gegner heranzukommen und ihn zu fassen. Vorbei ist die Zeit, da die geschlossenen Reihen der Infanterie mit Langspieß oder gefälltem Gewehr dem Feinde entgegenschritten, bis er, noch um eine Spießlänge getrennt, den Kampf aufnehmen konnte. Deshalb drehte sich das ganze Problem der Modernisierung der Infanterie im Grunde nur um die Kernfrage des Heranführens und Einbrechens der Sturmtruppe in die feindlichen Reihen. Feuer und Bewegung, bisher vereint, ja versinnbildlicht durch den vorwärts schreitenden Füsilier, mußten getrennt und verschiedenen Leuten und Waffen zugewiesen werden. (...) Damit erfolgte die Spaltung der bisher geschlossenen Einheit in Aufgaben und Kampfverfahren; die Spezialisierung hielt Einzug in die Reihen der Infanterie, und an die Stelle der Einheitsbewaffnung trat die Vielfalt der Waffen.»

Hauptaufgabe: Panzerabwehr

Vielfalt der Waffen: Das von mächtigen Panzermassen geprägte neue Bedrohungsbild hat sie herbeigeführt. Zusätzlich zur persönlichen Waffe des Füsiliers, dem Sturmgewehr, und zu den traditionellen Mitteln des Orts- und Jagdkampfs (Handgranaten, Flammenwerfer, Minen), den artilleristischen Infanteriemitteln (Minenwerfer) und den direkten Unterstützungswaffen (Maschinengewehre) sind die Panzerabwehrwaffen hinzugetreten: anfangs die Tankbüchse, später die Panzerwurfgranate, die Sturmgewehr-Hohlpanzergranate, schließlich das Raketenrohr sowie als schwere Waffen in der Hand des Regimentskommandanten die Panzerabwehrkanonen und in der Hand des Divisionskommandanten die Panzerabwehrlenkwaffen, zuerst die Bantam, neuerdings die Dragon.

Die Panzerabwehr ist eine wichtige Aufgabe der modernen Infanterie. Sie beteiligt sich maßgebend am Abwehrkampf, einer aus Angriff und Verteidigung gemischten Gefechtsform.

Oben: Kriechend schiebt sich diese Füsiliergruppe an ihr Ziel heran. Ausnützung des Geländes und Vertrautheit mit ihm sind wichtigste Anforderungen an die Infanterie.

Mitte: Die 10,6-cm-, rückstoßfreie Panzerabwehrkanone (BAT). Sie dient der Bekämpfung von gepanzerten Verbänden auf mittlere Distanz.

Unten: Das Maschinengewehr ist eine wichtige infanteristische Unterstützungswaffe. Es ist in der Armee in großer Zahl als unmittelbare Kampfhilfe im Feuergefecht der Füsiliere vorhanden.

Die Infanterie hält Verteidigungsstellungen und führt überraschende, manchmal handstreichartige Gegenschläge. Infanterie deckt das eigene Gebiet und ermöglicht den mechanisierten Verbänden den Vorstoß; sie verstärkt das eigene Gelände, nützt dessen Eigenheiten für sich aus und sucht den Entscheid im Gefecht. Insofern kehrt auch sie wieder zur uralten Funktion des Fußvolks zurück, zum Kampf Mann gegen Mann.

Eine echte Herausforderung

Eins der Hauptprobleme der modernen, vielseitig bewaffneten und mit vielfältigen Aufgaben betrauten Infanterie ist die Tatsache, daß ihr wahrer Stellenwert und ihr Erscheinungsbild in der Öffentlichkeit weit auseinanderklaffen. Bei jeder Aushebung gibt es enttäuschte Gesichter; die Einteilung zu den Füsilieren oder zu den Mitrailleuren wird von vielen als unverdiente Sanktion betrachtet. Noch immer ist der (Aber-)Glaube weit verbreitet, der Dienst in der Infanterie sei für jene gerade noch gut genug, die man anderswo nicht brauchen könne, und er bestehe im Marschieren und Rennen sowie im Graben von Schützenlöchern und Unterständen.

Dieses Bild orientiert sich in der Tat an den von Generationen überlieferten Aktivdiensterfahrungen, an den Erinnerungen an scharfen Drill, eintönigen Dienstalltag und ebenso strapaziöse wie fragwürdige Marschleistungen.

Wahr daran ist nur noch, daß der Dienst in der Infanterie nicht gleich viel zusätzliche Erfahrungen und Kenntnisse für das zivile berufliche Leben vermittelt wie zum Beispiel eine Spezialfunktion bei den Materialtruppen oder im Genie. Daß man allerdings als Füsilier oder Schütze «den Kopf zu Hause lassen kann», wie es manchmal heißt, ist ein Märchen.

Die moderne Einsatzdoktrin der Schweizer Armee sieht den Infanteristen als besonnenen, körperlich starken und mit seinen Waffen geradezu reflexhaft vertrauten Einzelkämpfer, der sich auch in schwierigsten Situationen durchschlägt und der seinen Auftrag notfalls selbständig, ohne den Befehl höherer Führer, auszuführen vermag.

Gerade in dieses Anforderungsprofil fließen Elemente ein, die die von Technik und Mechanisierung geprägte moderne Zivilisation erst neuerdings wieder als lebenswichtig und sinnvoll entdeckt hat: Fitneß, Widerstandsfähigkeit, Ausdauer, körperliche Beweglichkeit, Improvisationsgabe, Genügsamkeit, Naturverbundenheit. So gesehen wird gerade der harte Dienst in der Infanterie – und hart ist er, das darf nicht verschwiegen werden – zur Wiederentdeckung einer verlorengegangenen, betont männlichen Dimension des Lebens und zudem zu einer lohnenden Herausforderung an Leistungswillen, Teamfähigkeit

Eins ist bei allen Neuerungen gleichgeblieben bei der Infanterie: Jeder einzelne Kämpfer wird körperlich auf das härteste gefordert, wie zum Beispiel hier beim Angriff auf eine erhöhte Stellung im anstrengenden Voralpengelände.

Dragon – das «denkende Feuer»

Versuchsschießen mit der neuesten Panzerabwehrwaffe der Schweizer Armee

Als innert weniger denn einer Stunde der Gegenwert eines fabrikneuen Rolls-Royce verschossen war, meinte ein Instruktionshauptmann nachdenklich:

«Das ist ein Vorgeschmack auf den Krieg der Zukunft. Du hockst in einem Bunker und tippst ein Steuergerät an, nicht viel anders als zu Hause für den Fernsehempfänger. Dann gehen ferngesteuerte Panzer und Lenkwaffen aufeinander los – und gewinnen wird, wer das Wetter machen kann.»

Die Waffe, die selbst bei Experten solche Visionen heraufbeschwört, ist bloß 14,5 Kilo schwer. Auf Distanzen zwischen 65 und 1000 Metern trifft sie fast jedes bewegliche Bodenziel mit größter Sicherheit beim ersten Schuß. Der Feind mag Haken schlagen wie ein Hase – das Auge des Schützen und die elektronischen Steuergeräte folgen ihm und bringen die zerstörerische Hohlladung, die sogar 90 Zentimeter dicke Eisenbetonklötze zu durchschlagen vermag, ins Ziel. Nur eine unverhoffte Erddeckung kann den gegnerischen Panzer retten. Ein Versuchsschießen auf dem Waffenplatz Les Rochats im Neuenburger Jura vom Frühsommer 1979 bewies die Treffsicherheit dieser neuen Waffe, die ab 1980 bei der Infanterie und den Radfahrertruppen eingeführt wird: Von elf abgegebenen Schüssen lagen zehn genau im Ziel; der elfte schlug wenige Zentimeter vor dem speziell gepanzerten Zielfahrzeug in die Piste ein. Die Splitter saßen aber ebenfalls im Panzer.

PAL Syst BB 79 lautet die militärische Bezeichnung dieser «denkenden Waffe»: Panzerabwehrlenkwaffensystem Boden-Boden, besser bekannt unter dem Namen «Dragon». Ein einziger Schütze kann sie selbständig bedienen. Indem er auch nach Abfeuern des Schusses das Ziel unerbittlich im Fadenkreuz der Richtoptik seines Zielgeräts behält, folgt das Geschoß dem sich bewegenden Ziel automatisch. Ein Rechner ermittelt laufend die nötigen Korrekturen und leitet sie innert Sekundenbruchteilen über den sich abspulenden Draht an die Lenkwaffe. Dort werden selbsttätig im richtigen Augenblick kleine Steuerraketen gezündet, die das Geschoß auf der gewünschten Bahn halten. Mit einer Geschwindigkeit von 100 Metern pro Sekunde fliegt die Lenkwaffe ihrem Ziel entgegen. Das Auge kann dem Schuß ohne weiteres folgen, und die kleinen gelben Detonationsblitze der Steuerraketen verraten, wie gut die Nerven des Schützen sind.

Besonders verblüffend war dieser Effekt beim zehnten der elf Schüsse. Der Mündungsknall hatte eine Fontäne von Erde und Laub aufgewirbelt und sie dem in einer gedeckten Stellung am Waldrand liegenden Schützen direkt ins Gesicht gespritzt. Für etwa zwei Sekunden war der Mann blind. Das Geschoß führte in der Luft einen wilden Tanz auf, stieg in den Himmel – und kehrte plötzlich brav auf die vorgesehene Flugbahn zurück; der Schütze hatte das Auge wieder klar am Okular, sah sein Ziel wieder im Fadenkreuz – und der verloren geglaubte Schuß traf sein Ziel perfekt!

In Friedenszeiten werden für Übungsschießen dieser Art statt der zerstörerischen Kriegsladungen Übungsköpfe aus Gips verwendet. Dennoch kostet jeder Dragon-Schuß rund 10 000 Franken, denn außer dem Zielgerät geht die gesamte teure Elektronik im abgefeuerten Geschoß verloren. Um Kosten zu sparen, werden die Dragon-Schützen deshalb vorwiegend an Simulatoren ausgebildet. Pro Rekrutenschule und Schütze steht ein einziger scharfer Schuß zur Verfügung, außerdem kommt der Dragon-Schütze in jedem zweiten Wiederholungskurs zu einem Ernsteinsatz.

Nur 14 Kilo schwer ist die Panzerabwehr-Lenkwaffe Dragon, eine der neuesten und zielsichersten Errungenschaften der Infanterie.

Der Dragon gehört zu den Panzerabwehrlenkwaffen der zweiten Generation. Die erste Generation ist in der Schweizer Armee mit der Bantam vertreten. Der wichtigste Unterschied zwischen Bantam und Dragon besteht darin, daß beim Bantam der Schütze den Flugkörper während des ganzen Fluges mit einer Art von kleinem Steuerknüppel selbst lenken muß. Beim Dragon besorgt dies die Elektronik, die ihre Befehle direkt vom Auge des Schützen bezieht. Dafür reicht die Einsatzdistanz der Bantam von 300 bis 2000 Meter.

Rechts: Für die Panzerabwehr auf größere Distanz wurde 1965 die Panzerabwehr-Lenkwaffe BB 65 (Typ Bantam) eingeführt. Vorne der Kanonier, im Hintergrund, dezentralisiert, die Abschußeinheit.

Rechts unten: Auch mit konventionellen Panzerabwehrkanonen rückt die Infanterie den feindlichen Panzern zu Leibe, wie dieses Bild beweist: Panzerabwehrkanone Pak 57.

und Kameradschaftssinn. Das Erlebnis der eigenen Leistungsfähigkeit nach drei schlaflosen Manövernächten im selbstgebauten Unterstand schweißt Kader und Truppe in unvergeßlicher Weise zusammen. Wohl nirgends findet man so viel Gemeinschaftssinn und Kameradschaft wie in einer gut geführten und hart geforderten infanteristischen Einheit. Auch der Offizier, der im gleichen Kampfanzug steckt wie der letzte Soldat, wird hier nicht in erster Linie als Ausbilder oder Techniker geprüft, sondern als kämpfender Mann und als überzeugender Führer, der an der Spitze der ihm anvertrauten Truppe geht.

Die Funktionen in der Infanterie

Entsprechend der Vielfalt ihrer Aufgaben und ihrer Waffen weist die Infanterie eine große Zahl von verschiedenen Funktionsträgern auf. Ihnen allen ist das gemeinsam, was man als infanteristische Grundausbildung bezeichnet: Schießen mit dem Sturmgewehr, Handhabung von Handgranaten, Nahkampf, Erste Hilfe, AC-Schutzdienst, Panzer- und Flugzeugerkennung; sodann taktisch richtige Bewegung im Gelände und Sport, wobei Ausdauer und Beweglichkeit gleich wichtig sind.

– **Füsiliere und Schützen** bilden den Hauptharst der Infanterie und werden speziell für das Gefecht ausgebildet, was auch den Orts- und den Nahkampf einschließt. Je nach Spezialisierung innerhalb der Kompanie werden sie zusätzlich in Panzerabwehr mit der Hohlpanzergranate («Panzerrunkel») und im Bogenschuß mit Stahl- und Nebelgranaten geschult. Dazu kommt die Einzelausbildung im Minenverlegen und Entminen, für andere ein besonderes Training im Spreng- oder im Nachrichtendienst.

– **Mitrailleure** sind Spezialisten am Maschinengewehr, der wichtigsten direkten Unterstützungswaffe der Kompanie, die bis zu 1000 Schuß pro Minute verfeuert und dank Infrarotsichtgeräten auch nachts eingesetzt werden kann.

– **Minenwerferkanoniere und Schwere Minenwerferkanoniere** sind die «Artilleristen» der Füsilierbataillone und schießen primär im Rahmen der Verteidigung zugunsten von Sperren und Stützpunkten. Die Feldinfanterie unterstützt die vorrückenden Füsiliere mit dem 8,1-cm-Minenwerfer, der bis auf eine Distanz von vier Kilometern wirkt; die Gebirgsinfanterie verwendet zusätzlich den schweren 12-cm-Minenwerfer mit einer Wirkdistanz bis 7,5

Grenadiere – mehr als eine Legende

Härte und Leistungen einer Elitetruppe

«Grenadier Fäßler!»
«Hier!»
«Sie laufen herum wie eine lebende Scheibe. Sie sind ja schon lange tot; Sie haben es nur noch nicht gemerkt!»
«Verstanden!»
«Zurück!»

Der baumlange junge Kerl im Kampfanzug verschwindet mit einem einzigen Sprung hinter dem Erdwall auf der steinigen Alpweide ob Isone im Tessin. Dann läßt er sich fallen, krallt die Fäuste einen Augenblick lang tief in die nasse Erde und robbt nochmals vorwärts. Die Ellenbogen schieben sich vor und ziehen den flachen Körper nach. Auf ein Zeichen des Gruppenführers klappt Grenadier Fäßler im Schutz eines Ginsterbusches Visier und Zweibeinstützen hoch. Feuer!

Aus einem Dutzend Läufen bellen die ersten Schüsse wie ein einziger. Überraschung ist das erste Gebot der Grenadier; die Kraft ihres Feuers muß den Feind treffen wie ein Peitschenhieb aus dem Hinterhalt. Schräg gegenüber, am Hang, torkelt eine graue Mannscheibe um die andere in die struppigen Grasflechten. Grenadier Fäßler hat seinen Fehler gutgemacht. Außerdem hat er wieder ein Stück von dem gelernt, was man sich nur im täglichen Üben aneignen kann, damit es sekundenschnell und reflexhaft klappt, wenn es gefordert wird: die richtige Mischung von Draufgängertum und Selbstschutz sowie die sichere Handhabung der Waffe in jeder Situation.

Unteroffiziersschule der Grenadiere in Isone, zuhinterst im steilen, infanteriegrünen Gebirgstal am Monte Ceneri. Am Nachmittag übt die Gruppe mit Grenadier Fäßler den Häuserkampf. Die jungen Wehrmänner lernen eine Aufgabe erfassen, ihre Entschlüsse in klare, einfache und schnelle Befehle umsetzen und stürmen, stürmen wie der Teufel! Vorrücken nach dem guten alten Scherenprinzip: Der Trupp links hält den Feind mit geballtem Feuer nieder, während der Trupp rechts in die nächste Deckung vorrückt und die nunmehr nachfolgenden Kameraden mit seinem Feuer deckt. Zwei Männer schleppen ein Brett mit und legen es an die geschwärzte Betonwand des zehn Meter hohen Bunkers, der ein Haus markiert. Einer hält unten fest, zwei andere sichern links und rechts, der Rest klettert auf allen vieren das Brett hoch, erklimmt die Fensteröffnung, dringt in das Haus ein, wirft eine Handgranate ins Erdgeschoß und stürzt hinein in den stinkenden schwarzen Rauch.

Grenadiere, häufig als die Elitetruppe der Infanterie bezeichnet, können im Gebirge klettern und kämpfen, überqueren an Seilzügen gefährliche Abgründe, sprengen feindliche Kommandoposten und blockierte Panzer im Schutz des Niederhaltefeuers ihrer Kameraden und der Nebelwände aus den eigenen Petarden. Sie stürmen geduckt über das Gefechtsfeld, während das Unterstützungsfeuer von hinten über ihre Köpfe pfeift, räuchern gegnerische Stellungen mit Flammenwerfern aus und ringen den letzten Widerstand mit der blanken Waffe oder im Nahkampf nieder.

Schweizerische «Green Berets»? Supermänner in Uniform? Guerillas mit Killerinstinkt? Das mag die Vorstellung jener sein, die selbst keine Grenadiere sind. Aber was sind die Grenadiere denn wirklich? «Der aggressive Teil der Infanterie», meint der Schulkommandant. «Die taktische Reserve in der Hand des Regimentskommandanten für Gegenschläge, Gegenangriffe, für die Bereinigung von Krisen und den Jagdkampf im gegnerisch besetzten Gebiet.»

Also doch eine Guerillatruppe?

«Meinetwegen, wenn Sie damit das Prinzip des Kampfs im besetzten Gebiet meinen: im Versteck überleben, schnell und schmerzhaft zuschlagen, sofort wieder verschwinden und sich erneut formieren. Grenadiere gibt es in erster Linie, weil die Infanterie schließlich nicht in ihren Löchern auf die feindlichen Panzer warten kann. Wir könnten den Grundsatz formulieren: Der Füsilier hält die Stellung oder den Raum – der Grenadier schlägt zu, wo es dem Feind am stärksten weh tut, und das immer im Infanteriegelände, wo der andere seine Überlegenheit nicht voll ausspielen kann. Also im Engpaß von Morgarten und nicht auf der Ebene von Rothenthurm...»

Seine Grenadiere seien im übrigen Männer, die Freude an Spitzenleistungen hätten und für ihren Dienst besonders motiviert seien, sagt der Kommandant. Am Abend, beim Bier, erfahren wir, wie es die Männer selbst sehen.

«Wir sind nichts Besonderes. Wir machen einfach einen speziellen Job.»
«Einer muß es ja tun.»
«Wir sind wahrscheinlich etwas besser ‹zwäg›, körperlich und sportlich, als der Durchschnitt.»
«Aber der ‹Schlauch› hier macht mich nudelfertig, ehrlich!»
«Hast dann auch mehr davon, wenn's vorbei ist...»

Tatsache ist: Grenadier wird nur, wer es freiwillig werden will und dies bei der Aushebung sagt. Voraussetzung dafür sind überdurchschnittliche körperliche Kondition und sportliche Leistungen, d.h. Bestnoten in den sportlichen Aushebungsfächern. In der Sommerrekrutenschule 1978 in Isone waren 89 Prozent der Rekruten aktive Sportler, fast die Hälfte davon Wettkampfsportler. Brillenträger haben in der Regel keine Chance, Grenadiere zu werden.

Die Freude an der eigenen überdurchschnittlichen Leistung und der Drang, seine Grenzen kennenzulernen, motivieren die meisten Grenadiere stark, erklärt der Adjutant-Unteroffizier, der den Grenadier Fäßler so forsch zusammengestaucht hat.

«Man muß sie bremsen, nicht antreiben», sagt er. «Die gehen eindeutig stärker ran als andere. Wir haben denn auch etwas mehr typische Kampf- und Sportverletzungen, zum Beispiel Verstauchungen, als die Füsiliere oder die Panzergrenadiere. Das größte Problem ist, den Männern die Sicherheitsbestimmungen beizubringen.»

Oder, wie es in der blumigen Sprache des forschen Adjutanten eben heißt:

«Grenadier Bretscher, wenn Sie das noch einmal machen, werfe ich sie fünf Tage in die Kiste. Das ist Ihnen doch lieber als lebenslänglich im Sarg, oder?»

Prompt kommt die Quittung:
«Verstanden!»
Bis zum nächstenmal...

Großes Bild: Tiefes Wasser, steile Felsen; aber für die Grenadiere, das aggressive Element der Infanterie, heißt der Befehl: Durchkommen!

Unten links: Stürmen, stürmen wie der Teufel! Im Feuerschutz der Kameraden geht ein Grenadiertrupp gegen den Feind vor, zuletzt im Nahkampf.

Unten rechts: Übungsbesprechung in der Grenadierschule Isone: Draufgängertum und Köpfchen machen den guten Grenadier.

Ganz oben: Aus einer getarnten Stellung feuern Infanteristen mit dem 8,1-cm-Minenwerfer 33, einer schweren Waffe der Fußtruppe.

Oben: Entladekontrolle ist mehr als nur Routine. Peinlich genaue Beachtung der Sicherheitsvorschriften ist bei der Ausbildung unerläßlich.

Rechts: Felsausbildung bei der Gebirgsinfanterie. Stemmen im Kamin sieht gefährlich aus, ist aber bei guter Sicherung von oben harmlos.

Unten links: Auf einer Seilbahn bringt der Retter (links) einen verschnürten Verletzten zu Tal. Der Dienst in der Gebirgsinfanterie stellt höchste Anforderungen an Kraft, Ausdauer und Geschick.

Unten rechts: Abseilen am Doppelseil im Dülfersitz mit der vorgeschriebenen Sicherung von oben. Gespreizte Beine und der Körper fast im rechten Winkel zum Fels – so geht's sicher und bequem.

Ganz unten: Was hier wie eine aus Granit gehauene Monumentalskulptur aussieht, ist eine Gebirgsinfanteriekompanie, die in einem gewaltigen Schneesturm eine Rettungsübung beobachtet.

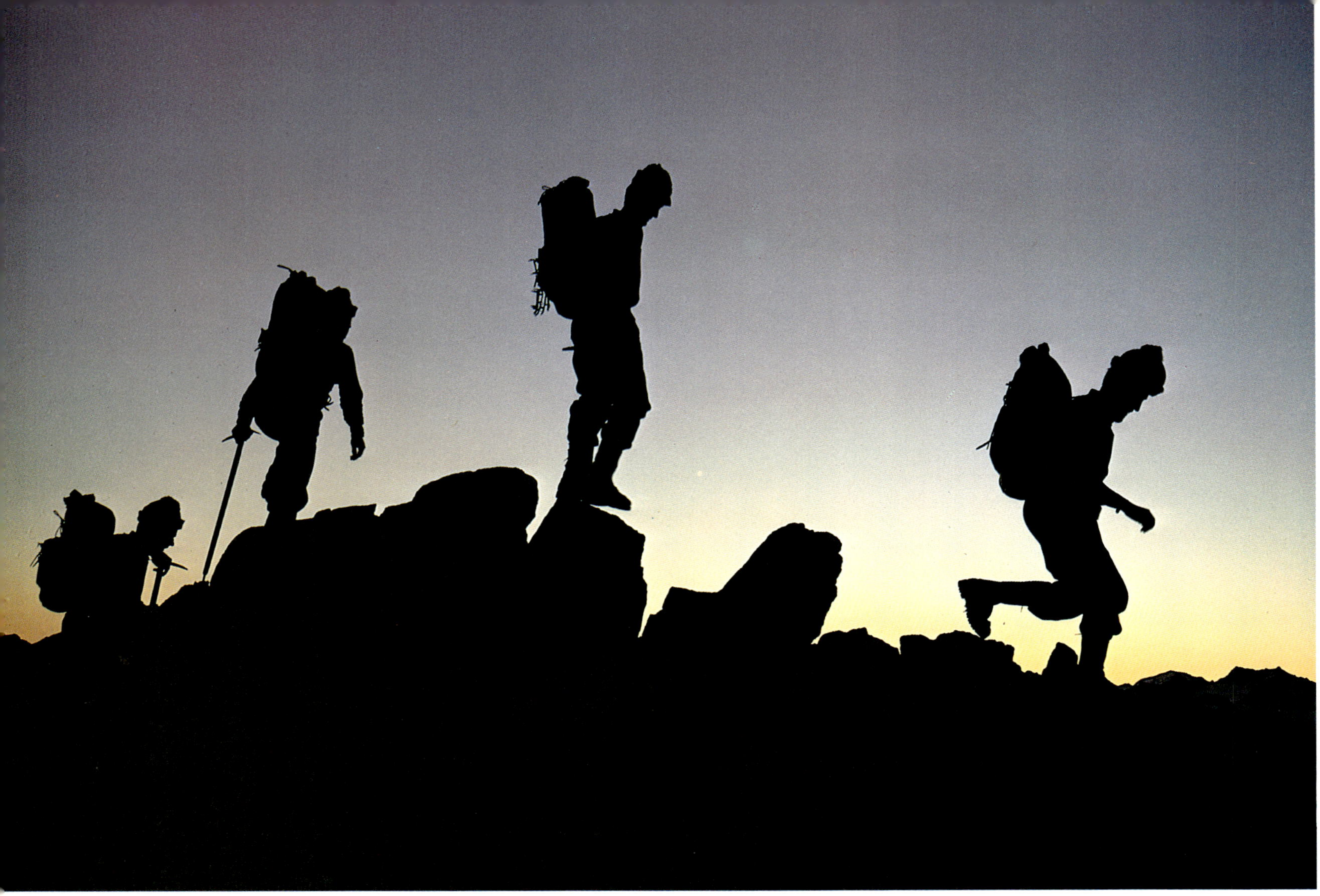

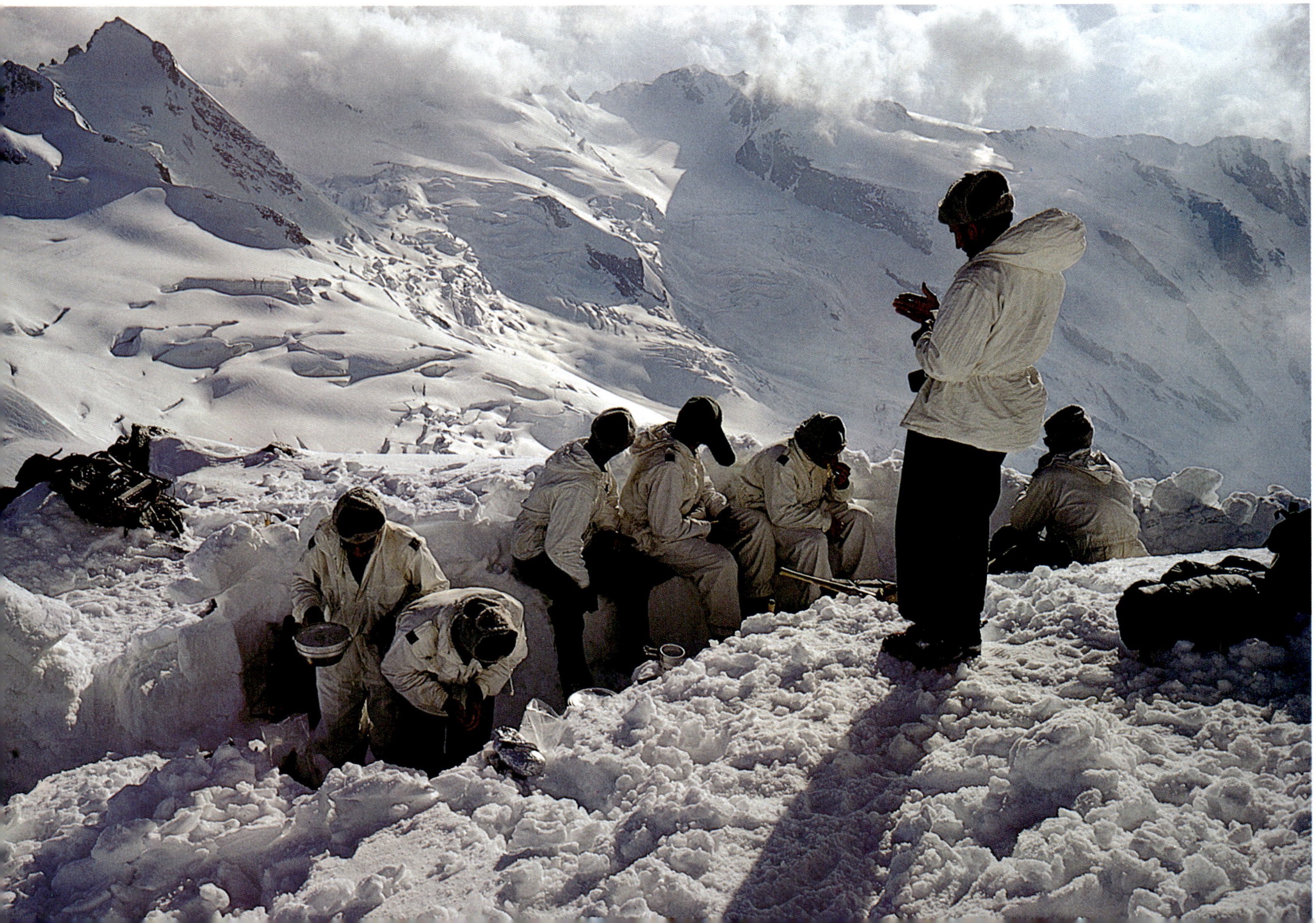

Oben: Mit dem Raketenrohr, der in der Schweiz entwickelten Panzerabwehrwaffe für kurze Distanzen, und dem vielseitig verwendbaren Sturmgewehr rücken zwei Infanteristen in gefechtsmäßiger Bewegung gegen den Feind vor.

Rechts: An dieser Ruine auf dem Waffenplatz Isone üben die Grenadiere den Häuserkampf. Der Vorkämpfer (links) sichert das Umgelände, während sein Kamerad auf der «Hühnerleiter» das Dach erklimmt. Beide stürmen nachher ins Erdgeschoß.

Vorhergehende Seite: Patrouille der Gebirgsinfanterie im Aufstieg zum Piz Roseg.

Links oben: Über der Diavolezza erwacht der Tag. Eine Patrouille der Gebirgsinfanterie bricht auf zur Traversierung von Piz Palü und Piz Bernina. Solche Augenblicke reinsten Naturerlebnisses sind Sternstunden des Gebirgsdienstes.

Links unten: Das Wechselspiel von Hell und Dunkel, von Licht und Schatten umfängt die Patrouille in den Engadiner Bergen. Aber bei aller Naturschönheit: Dienst im Gebirge bedeutet Kampf in seiner urtümlichsten, barbarischsten Form.

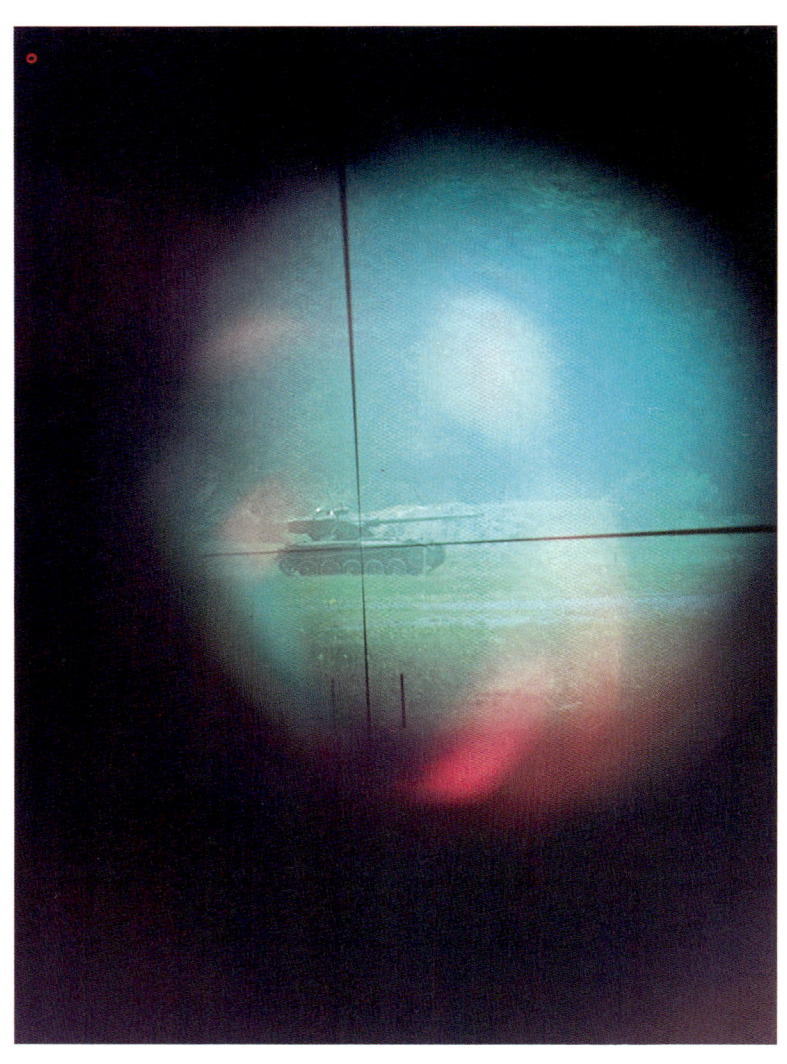

Linke Seite: Die Panzerabwehr-Lenkwaffe «Dragon» ist «denkendes Feuer». Im Fadenkreuz der Richtoptik seines Zielgeräts sieht der Schütze *(Bild oben rechts)* das feindliche Ziel (fotografiert durch die Optik, Bild oben links). Mit einem gelben Feuerblitz verläßt die Rakete das Rohr *(großes Bild unten).* Solange der Schütze den Panzer im Fadenkreuz behält, steuert eine unerbittliche Elektronik, welche die optischen Signale laufend in Flugbahn-Informationen umwandelt, das Geschoß mit tödlicher Sicherheit ins Ziel.

Rechts: Panzer 55/60 (Centurion) beim Vorrücken durch coupiertes Gelände.

Unten: Durch knietiefen Morast watet der Schweizer Panzer 68/75 in Marschfahrt vorwärts. Besatzung und Gerät werden in solchen Situationen auf echte Zerreißproben gestellt.

Oben: Mit der 15,5-cm-Panzerhaubitze M-109 (Panzerhaubitze 66) tat die schweizerische Artillerie den Schritt zur selbstfahrenden Waffe. Diese Geschütze verstärken die Feuerkraft der Mechanisierten Divisionen.

Rechts: Die Panzerhaubitze 66 im Feuerkampf. Dieses Bild vermittelt eine Idee von der Feuerkraft der Artillerie, die sich nicht nur materiell, sondern auch als Element der psychologischen Zermürbung des Gegners auszuwirken hat.

Linke Seite

Oben links: Panzergrenadiere stürmen aus dem Schützenpanzer, der gemeinsam mit dem Panzer 68/75 vorgerückt ist, um die Umgebung zu säubern.

Oben rechts: In einer getarnten Stellung lauert das rückstoßfreie Panzerabwehrgeschütz rsf Pak 58 (BAT) auf die Angreifer.

Mitte: Der Schützenpanzer 63/73 (M-113) ist eine schwimmtaugliche, für vielerlei Waffen geeignete Plattform. Verschiedenartige Sonderanfertigungen machen dieses Gerät besonders vielseitig.

Unten links: Lautlos, schnell und außergewöhnlich billig sind die Radfahrertruppen, die in den Mechanisierten und Leichten Truppen das schnelle Element verkörpern.

Unten rechts: Wo die Motoren versagen, springen die Saumtiere des Trains ein. Zäh und geduldig transportieren sie auch schwerste Güter an unwegsame Stellen. Das Pferd bleibt unentbehrlich!

Links: Ein einmaliges Bild, das die Wirkung der Nebelgranaten zeigt, mit welcher der Gegner z. B. geblendet werden soll.

Unten: Ein Regimentsspiel konzertiert. Marschmusik war früher eine wichtige Bewegungshilfe. Heute fördert sie die Verbundenheit zwischen dem Volk und seiner Armee.

Ganz unten: Trommelklang, gedämpft oder wirbelnd, ist alte Landsknechtmusik und gehört zum akustischen Erscheinungsbild der Armee.

Wo die Motoren versagen

Ein Blick auf die Traintruppe

Irgendwann ist jeder Motor einmal am Ende. Nebel fesselt die Helikopter – von denen es in der Armee ohnehin zu wenige gibt, um alle Transportbedürfnisse im Gebirge zu erfüllen – an den Boden. Schlamm, Schnee und Eis lassen selbst die geländegängigen Haflinger und Pinzgauer stehenbleiben. Steile Gebirgspfade und Felskämme sind unüberwindliche Hindernisse für schwere Lastwagen, von den Problemen der Treibstoffversorgung ganz zu schweigen.

Aber die Truppe muß auch im Gebirge und bei schlechtem Wetter leben und kämpfen. Dafür braucht sie Nachschub: täglich, zuverlässig, in ausreichenden Mengen. Dafür sorgt auch in der modernen Armee wie seit Jahrtausenden das Tier, das oft als der treueste Freund des Menschen bezeichnet wird: das Pferd.

Seit der Abschaffung der Kavallerie ist das Pferd nur noch in der Traintruppe der Infanterie anzutreffen. Sie ist jener Teil des rückwärtigen Dienstes, der als Transportorganisation der Truppe in allen ihren Bewegungen folgt. Gegenwärtig zählt die Schweizer Armee noch etwa 10 000 diensttaugliche Trainpferde und Maultiere.

Trainsoldaten und ihre vierbeinigen Kameraden sind bekannt für ihre Zähigkeit und ihre fast unglaublich anmutende Ausdauer auf Gewaltmärschen im Gebirge und bei schlechtesten Wetterverhältnissen. Weniger bekannt, aber nicht weniger erstaunlich sind die Transportleistungen des Trains. Selbst bei erschwerten Weg- und Wetterverhältnissen befördert eine Trainkolonne in 24 Stunden respektable Mengen; beim Einsatz von 100 Tragtieren acht Tonnen; mit 75 Tragtieren und 25 Karren 13,5 Tonnen und bei je 50 Tragtieren und Karren sogar 19 Tonnen. Wenn die Transportkette richtig organisiert ist und die einzelnen Wegstrecken nicht zu lang sind, kann die Kapazität ein Mehrfaches erreichen.

Seit 1947 gehört der Train zur Infanterie; seither wird der Trainsoldat vermehrt in infanteristischen Kampftechniken ausgebildet. Er kennt sich auch in der Panzerabwehr aus und kann Raketenrohr sowie Handgranaten handhaben.

Maultier des Trains mit Gasmaske: Auch das althergebrachte Transportmittel muß sich schützen.

Kilometer. Minenwerferkanoniere erhalten in den Bereichen Feuerleitung, Beobachtungs- und Nachrichtendienst auch artilleristische Grundbegriffe vermittelt; außerdem müssen sie sich mit Motorfahrzeugen auskennen.

– **Grenadiere**, oft als Speerspitze und Elitetruppe der Infanterie bezeichnet, sind körperlich besonders leistungsfähige und sportlich überdurchschnittlich trainierte Wehrmänner, die für den Orts-, Jagd- und Häuserkampf eingesetzt werden – vorwiegend für Handstreichaktionen und als Wegbereiter für das Gros der Füsiliere. Sie verfügen zusätzlich über Flammenwerfer.

– **Panzerabwehrkanoniere und Panzerabwehrlenkwaffensoldaten** erlangen in der Infanterie immer größere Bedeutung. Nebst an den herkömmlichen Panzerabwehrkanonen (Pak 50 und 57, rückstoßfreie Pak 58) werden sie an den Panzerabwehrlenkwaffen (Bantam, Dragon) ausgebildet – Waffen, die in gleicher Weise Schießtüchtigkeit, technisches Verständnis, Geistesgegenwart und Körperkraft erfordern.

– **Trainsoldaten** sind die letzten Wehrmänner der Schweizer Armee, die noch mit Pferden zu tun haben. Besonders im Gebirge und in den Voralpen sowie zur Winterszeit sind die Trainkolonnen für Transporte in unwegsamem Gelände unentbehrlich. Im Gegensatz zur abgeschafften Kavallerie wird der Wert des Trains auch in der hochtechnisierten Armee von keiner Seite bestritten.

– **Gebirgsinfanterie**. In ihr vereinigen sich Infanteristen aller Art: Füsiliere, Schützen, Mitrailleure, Minenwerferkanoniere, Grenadiere, Panzerabwehrkanoniere und Trainsoldaten. Zusätzlich werden sie für den Kampf und für das Leben im Hochgebirge trainiert sowie – teilweise in speziellen Winter- und Sommergebirgskursen – mit anspruchsvollen alpinistischen Techniken vertraut gemacht.

– **Trompeter und Tamboure**n sind Infanteristen, die Dienst in den Regiments- und Bataillonsspielen leisten. Als die Infanterie noch nicht motorisiert war, bedeutete die Militärmusik in Streßsituationen eine willkommene Marschhilfe. Sie wirkte oft wie «moralisches Doping» und ist deshalb in der Erinnerung ganzer Soldatengenerationen mit tiefer Sympathie verankert. Heute verschönert die Militärmusik militärische Feiern und Anlässe; überdies ist sie mit ihren Konzerten und Ständchen ein gerngesehenes Bindeglied zwischen Armee und Zivilbevölkerung. Die Spielleute verstärken außerdem den Truppensanitätsdienst.

– **Telefonisten, Funker und Motorfahrer** gehören zur Infanterie wie zu jeder anderen Truppengattung auch; sie stellen Verbindungen und Nachschub sicher. Besonders anforderungsreich und attraktiv ist der Motorwagendienst auf geländegängigen Spezialfahrzeugen der Infanterie (Haflinger, Pinzgauer).

Die Kopfweh-Gamelle

Kein anderer persönlicher Ausrüstungsgegenstand war mehreren Generationen schweizerischer Wehrmänner so vertraut und zugleich so verhaßt wie der Stahlhelm. Seine Geschichte ist nicht nur amüsant zu lesen, sondern auch in einem scheinbar nebensächlichen Bereich ein Zeugnis dafür, wie sehr das Kriegsgeschehen im Ausland die schweizerische Rüstung beeinflußt und wie eng das Rüstungsgeschehen mit dem jeweiligen Zustand der Wirtschaft zusammenhängt.

«Überall an den Kriegsfronten ist der Stahlhelm nun eingeführt, und wir brauchen uns nun nicht mehr lange den Kopf zu zerbrechen, was wir anstelle des Käppis einführen wollen. Die anderen Heere haben für uns die Probe gemacht, und lange eigene Versuche sind gar nicht mehr nötig.»

Die «Erprobung», die Divisionär Friedrich Brügger, Generaladjutant der Armee, in seinem vom Sommer 1916 datierten Bericht an den Chef des EMD erwähnte, war der Erste Weltkrieg. Die Schweiz hatte gerade die neue feldgraue Uniform eingeführt, und das schwarze Käppi war als letzter Fremdkörper zurückgeblieben. Alle kriegführenden Armeen verfügten über den Stahlhelm, denn er verringerte die Zahl der Kopfwundungen durch Splitter, Streifschüsse und Sprengstücke um mindestens 20 Prozent. Divisionär Brügger gab zu bedenken: «Gegen alles schützt ja der neue Helm selbstverständlich nicht, namentlich nicht gegen direkte Gewehrschüsse. Aber wenn die anderen Armeen den Stahlhelm haben und damit etwelchen Kopfschutz, so müssen wir den gleichen Schutz auch unserem Soldaten geben, schon um ihm selbst nicht seine Ausrüstung als minderwertig erscheinen zu lassen. Es ist das ein Imponderabile aus dem psychischen Gebiet, das auch gewürdigt sein will.»

Aus zahlreichen Entwürfen (Brügger: «Die verschiedenen Armeen haben verschiedene Typen, schön ist keiner.») wurde das Modell des Kunstmalers Charles L'Eplattenier aus La Chaux-de-Fonds gewählt. Es sollte sogar ein abklappbares Visier aufweisen. Ausgeführt wurde der Entwurf freilich nie, denn die Fabrikation bot damals unüberwindliche Schwierigkeiten, als anstelle des gewöhnlichen Eisenblechs ein vergütetes Stahlblech verwendet werden sollte. Der enttäuschte Künstler hängte dem Bund einen Prozeß an und holte in einem Vergleich die stattliche Entschädigung von 22 000 Franken heraus.

Ausgeführt wurde dann ein Entwurf des Landesmuseumsdirektors Dr. Eduard Achilles Geßler. Der für die nächsten 58 Jahre unverändert gebliebene Schweizer Stahlhelm erhielt so auch den Spitznamen «Geßler-Hut». Der Entwurf Geßlers war einem deutschen Modell stark nachempfunden; dies führte 1927 zur Klage einer Berliner Firma wegen Patentverletzung. Das Bundesgericht wies jedoch die Forderung von 1,2 Millionen Franken zurück.

In den Krisenjahren war der Stahlhelm für die Metallwerke Zug ein willkommener Rückhalt, zumal auch die brasilianische Armee 10 000 Stück bestellte und die schweizerischen Feuerwehren den Armeehelm beschafften.

Dem legendären «Helm 18» blieb die Bewährungsprobe auf dem Schlachtfeld erspart – zum Glück für seine Träger! Denn dieser Helm saß nicht nur schlecht, er schränkte auch die Hörfähigkeit ein, und das Visier hinderte den schießenden Wehrmann beim Zielen. Der Helm rutschte zu leicht über das Gesicht, was sich schon die Streikenden von 1918 zunutze machten, als sie sich von hinten an die Ordnungstruppen heranschlichen und ihnen den Helm mit einem einzigen Griff ins Gesicht drückten. In umgekehrter Richtung hätte der seit der Landi immer wieder zum Symbol des schweizerischen Widerstands emporstilisierte «Geßler-Hut» wahrscheinlich sogar zu Genickbrüchen geführt.

Als das Sturmgewehr mit seinem aufklappbaren Visier eingeführt wurde, schlug die letzte Stunde der vertrauten «Kopfweh-Gamelle». Seit 1976 wird in den Rekrutenschulen ein neuer Helm abgegeben, der zwar nach der Meinung scharfzüngiger Kritiker «ein neutrales Mittelding zwischen den Helmen der Amerikaner und jenen der Roten Armee» ist, dafür aber den Vorteil hat, daß der Wehrmann damit marschieren, rennen, sehen, hören und schießen kann.

Die Zukunft der grünen Truppe

Das Schwergewicht der Zukunftsaufgaben der Infanterie liegt nach der übereinstimmenden Auffassung von Armeeführern und Militärpolitikern auf der Verstärkung der Panzerabwehr und ihrer Ausrüstung mit modernsten Waffen, darunter auch einem eigentlichen Panzerjäger. Auf der Pendenzenliste stehen aber auch ein neues Raketenrohr, ein neuer Flammenwerfer, Grabenwerfer und bessere Beleuchtungsmittel. Um die Infanterie noch beweglicher zu machen, wird die Mechanisierung stark vorangetrieben; sie müßte eigentlich durch die vermehrte Zuteilung von Transporthelikoptern vor allem auch für den Einsatz im Gebirge ergänzt werden. Hier wie überall stößt das Wünschbare an die Grenzen des finanziell Möglichen, doch wird der Weiterausbau der Infanterie nie aus der öffentlichen wehrpolitischen Diskussion verschwinden, denn:

«Obschon die Infanterie nicht mehr uneingeschränkt das Gefechtsfeld beherrscht und den Kampf nicht mehr in jedem Gelände führen kann, ist sie doch der entscheidende Faktor unserer Landesverteidigung geblieben. Wenn der Gegner Massenzerstörungsmittel einsetzen sollte, womit Ortschaften, Brücken und Straßen zerstört, jede motorisierte Bewegung lahmgelegt und eine koordinierte Kampfführung verunmöglicht werden, hat die große Stunde der Infanterie geschlagen, die in der Lage ist, in kleinsten Verbänden selbständig zu kämpfen. Die Infanteristen werden aus ihren Schutzlöchern und Unterständen, aus den Ruinen herauskriechen, dank einfachster Bewaffnung, großer Geländegängigkeit und hoher Kampfmoral sich überall zu Kampfgemeinschaften zusammenschließen, um den Widerstand aufzunehmen oder fortzusetzen» (Divisionär Hans Roost, ehemaliger Waffenchef der Infanterie).

Kraft aus der Bewegung

Die Mechanisierten und Leichten Truppen

Die Raupen rasseln. Der Motor dröhnt. Turm und Wanne schaukeln federnd über Geländebuckel, durch Flußbette und tiefen Morast. Panzer im Angriff! Mit Innerortsgeschwindigkeit knacken sie das feindliche Gelände. Sie erklettern 60prozentige Steigungen, überwinden Geländestufen, waten durch mehr als meterhohes Wasser, feuern aus ihren Kanonen bis acht Schuß pro Minute ab und doppeln mit Maschinengewehren und Nebelwerfern nach.

Panzer prägen das moderne Kriegsbild. Zu den packendsten und schicksalhaftesten Augenblicken im Zweiten Weltkrieg gehörten die mörderischen Panzerduelle zwischen Rommel und Montgomery in Nordafrika. Der Blitzkrieg gegen Holland, Belgien und Frankreich wurde von Panzern und Jagdbombern gemeinsam geführt; in den Sümpfen Rußlands versank die Panzerwalze des Dritten Reichs. Israels Panzerwaffe entschied den Sechstagekrieg von 1967 und den Jom-Kippur-Krieg von 1973. Selbst in Vietnam, zumindest in der ersten Phase des Dschungelkriegs, trugen Panzer die Hauptlast der Angriffe.

Der Panzer ist ja der Inbegriff einer Angriffswaffe. Was hat er aber in unserer Verteidigungsarmee zu suchen? Die Antwort liegt in der alten Weisheit, wonach Angriff manchmal die beste Verteidigung ist. Der moderne Kampf gebietet auch unserer Armee, wenigstens Teile ihres Waffenverbunds im offenen Bewegungskampf einzusetzen. Panzer sind sozusagen der Fahrzeug gewordene Versuch, Feuerkraft, psychologische Schockwirkung, Beweglichkeit und Unverletzlichkeit zu vereinen. Die Erfolgsformel der Panzerwaffe lautet: Stoßkraft = Masse + Beweglichkeit + Schutz.

Unten: Panzer prägen das Bild des modernen Krieges. Sie sind der Inbegriff der schnellen Angriffswaffe. Im planmäßigen Vorrücken erobern sie tiefe feindliche Räume mit rasanter Gewalt.

Nächste Doppelseite: Ein Panzerzug ergreift Besitz von einem weitläufigen Gelände. Seine Stoßkraft resultiert aus Masse, Beweglichkeit und Schutz, seine besonderen Trümpfe sind Feuerkraft und verheerende psychologische Wirkung.

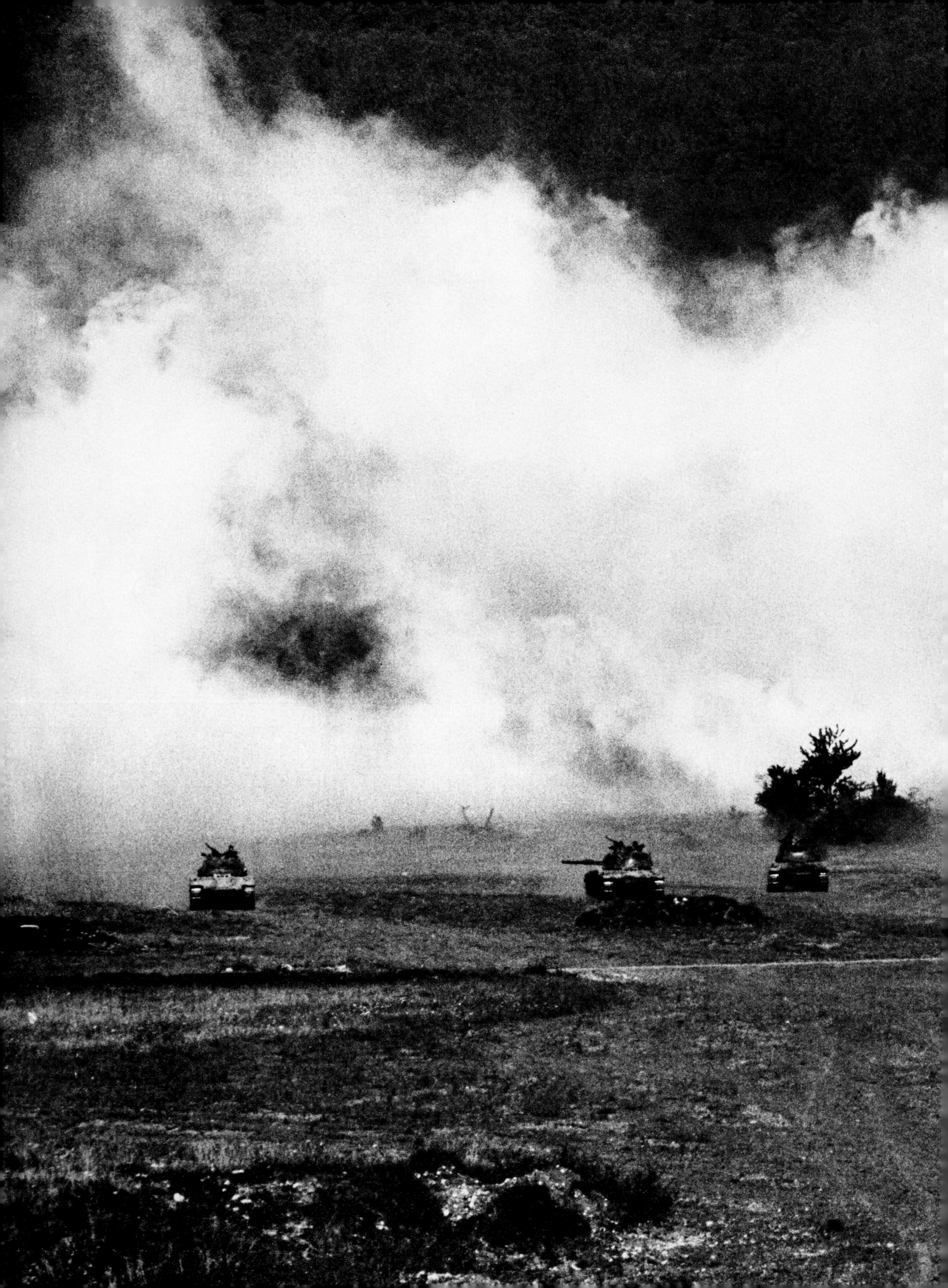

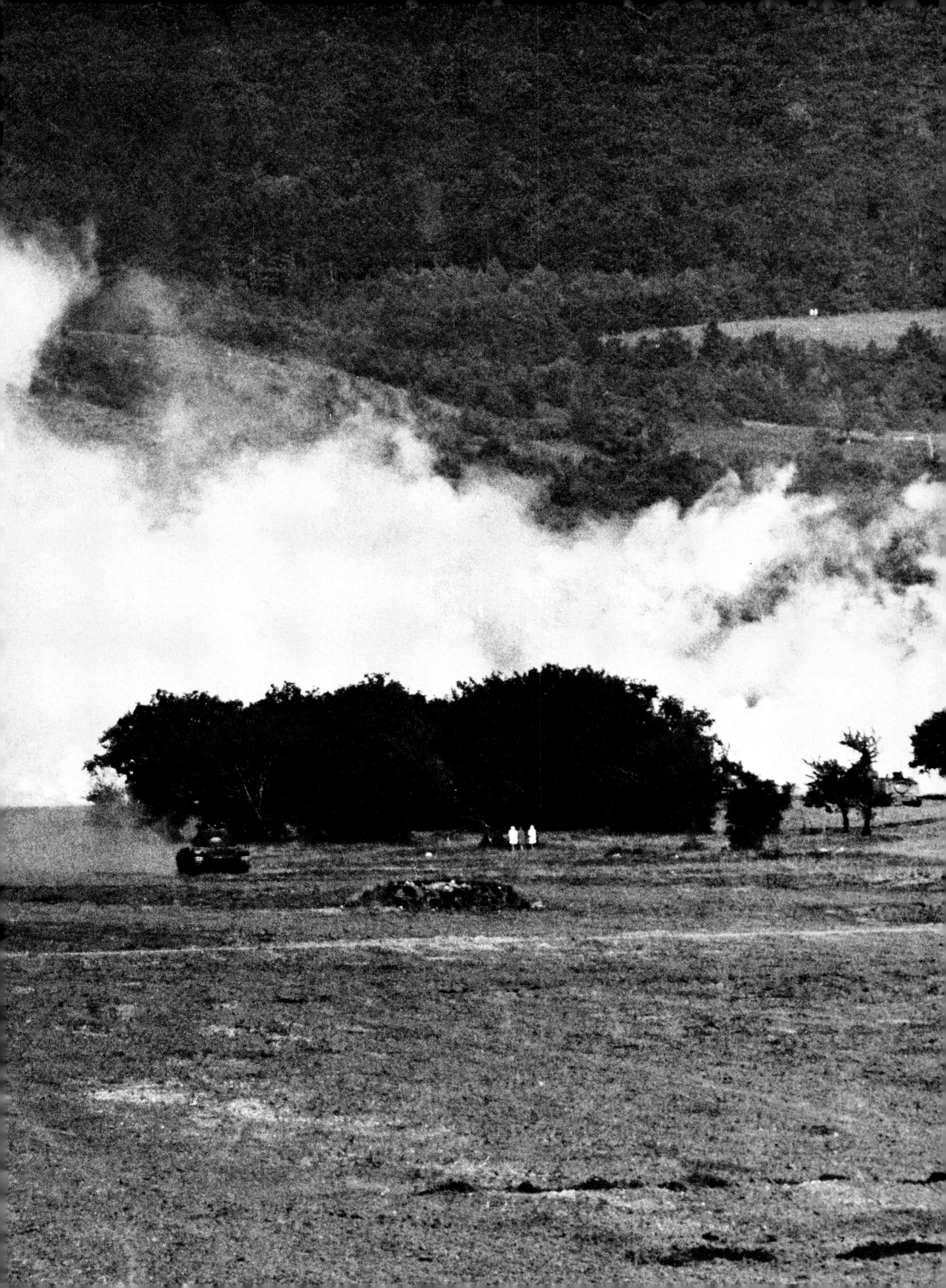

Hauptstoß und Gegenschlag

Die Panzerverbände der Schweizer Armee haben die Aufgabe, im Angriff den Hauptstoß und in der Abwehr den Gegenschlag zu führen. Die mechanisierten Kampfverbände sind dazu bestimmt, in offenem Gelände die Panzertruppen des Feindes anzugreifen. Entscheidend ist, daß es ihnen gelingt, mit Hilfe ihrer Feuerkraft und Schnelligkeit diesen Gegner möglichst rasch zu überwältigen. Im Konzept einer Verteidigungsarmee wie der schweizerischen bedeutet dies, daß Panzertruppen vor allem gegen durchgebrochene feindliche mechanisierte Kräfte sowie gegen Luftlandeköpfe eingesetzt werden.

In diesen gnadenlosen Duellsituationen entscheidet zweierlei: der Mensch, will heißen die Kaltblütigkeit, die gute Ausbildung und die Ausdauer der Besatzung und ihrer Führung, sowie die Überlegenheit des technisch überaus komplizierten Waffensystems. Ein Panzer ist zugleich Geländefahrzeug, Geschütz, Unterstand und Kampfplattform. Wenn er siegen soll, muß er von höchster technischer Zuverlässigkeit und Vielseitigkeit sein. Die Truppe, die sich ihm für eine der gefährlichsten und rücksichtslosesten Formen des kriegerischen Kampfes anvertraut, muß an ihr Gerät die höchsten Anforderungen stellen. Die Konstrukteure wiederum haben ungewöhnlich knifflige Probleme zu lösen, weil die verschiedenen Funktionen des Panzers einander zum Teil direkt zu widersprechen scheinen. Die extremen Anforderungsprofile der Benutzer wie der Konstrukteure führen zwangsläufig zu harten Auseinandersetzungen. In der Schweiz ist dieser schon bei allen Panzerwaffen der Welt in irgendeiner Form ausgetragene Konflikt zwischen den Anforderungen der Truppe und den Möglichkeiten der Konstrukteure zuletzt im Sommer 1979 mit aller Härte wieder ausgebrochen, als die Kriegstauglichkeit des Schweizer Panzers 68 von Truppenseite in Frage gestellt wurde. Panzer sind eine extrem anforderungsreiche Waffe, Panzersoldaten als kompromißlose Kämpfer berühmt und gefürchtet. Auseinandersetzungen dieser Art werden, wenn nicht alles trügt, weiterhin die Panzerwaffe begleiten, solange es sie gibt.

Fünf Grundsätze

entscheiden über den Erfolg eines Panzerschlags:
- Panzer müssen im offensiven Einsatz verwendet werden.
- Panzer wirken nur in der Masse. Masse bedeutet immer das Maximum der verfügbaren Kampfwagen, die in einem bestimmten Raum auf das zu bekämpfende Ziel eingesetzt werden können.
- Konzentration der geballten Mittel auf ein Ziel ist unerläßlich. Um die Feuerkraft der Panzer im mechanisierten Verband voll ausnützen zu können, muß das Feuer in die Tiefe des Kampffeldes getragen werden. Insofern erfüllt der Panzerverband in seiner beweglichen Art ähnliche Aufgaben wie die eher statische Artillerie.
- Panzer dürfen nie stillstehen, den Gegner nie in Ruhe lassen. Man nennt das «Aufrechterhaltung des Angriffsflusses».
- Panzer müssen die Feuerüberlegenheit behalten und ihr Gelände optimal ausnützen.

Leicht gesagt – schwer getan

Einsatzgrundsätze dieser Art sind schnell formuliert und befohlen. Wie aber kann pen nützen sich schnell ab, der Munitionsverbrauch ist enorm, die Wartung teuer und kompliziert, die Umweltbelastung unbestreitbar und der Schaden an Straßen und Kulturen oft unvermeidlich, aber immer kostspielig. Übungsplätze sind nur beschränkt verfügbar, das Ausbildungspersonal knapp. Damit jedoch die Besatzung eines Panzers ihr Gerät bis an die Grenzen seiner Leistungsfähigkeit fordern und es auch im Streß eines Ernstkampfs reflexartig, gewissermaßen «im Schlaf», bedienen kann, müßten Panzersoldaten unausgesetzt fahren und schießen können.

Keine andere Truppengattung der Armee – die Flieger ausgenommen – macht deshalb so intensiven Gebrauch von den

Oben: Grün-braune Tarnnetze werden über den Panzer 68 gezogen. Panzerkampf ist ein Wechsel von geduldigem Lauern und schnellem Zupacken, das von der Mannschaft Beweglichkeit erfordert.

Links: An einen Waldrand geschmiegt, lauert eine Besatzung mit ihrem Panzer 68 in Bereitschaft. Optimale Ausnützung des Geländes gehört zu den Hauptgeboten der Panzerwaffe.

vielfältigen elektronischen Ausbildungshilfen, insbesondere von Simulatoren, deren Rechner ein raffiniertes mechanisches System so steuern, daß die Truppe möglichst wirklichkeitsgetreu trainieren kann, ohne wirklich fahren und schießen zu müssen.

Fahren mit Film...

Fahrlärm foltert die Ohren. Drehen – die Kabine neigt sich. Bremsen – der Ruck kommt unvermittelt. Bodenwelle – Turm und Wanne schaukeln. Im Sehschlitz erscheint ein Flußübergang. Der Fahrer steuert die Uferböschung an. Der Panzer gerät in Schräglage. Verdammt, jetzt greift nur noch die linke Bremse! Oder ist's ein Raupendefekt? Nur keine falsche Bewegung, sonst liegen 39 Tonnen Kampfkraft im Gefechtsfeld, hilflos wie ein Käfer in Rückenlage...

Gelassen tippt der Instruktor am Schaltpult ein paar Knöpfe an. Die Krise ist vorbei. Der Film erlischt und wird zurückgespult. Der nächste, schnell!

die Panzertruppe eines Milizheeres mit ihren vergleichsweise kurzen Dienstzeiten in einem hochindustrialisierten und dichtbesiedelten Kleinstaat so effektiv und so ausgiebig üben, daß sie – die Ebenbürtigkeit des Kampfgeräts immer vorausgesetzt – eine faire Chance hat, einen zahlenmäßig wahrscheinlich überlegenen Gegner hinzuhalten oder gar zu schlagen?

In der Tat ist die Ausbildung neben der Ausrüstung das wichtigste Problem der modernen schweizerischen Panzerwaffe.

Panzer sind teuer im Betrieb. Ein Schweizer Panzer 68 braucht im Gelände 160 Liter Treibstoff pro Stunde, auf der Straße drei Liter pro Kilometer. Die Rau-

Links: Der Schweizer Panzer 68. Über seine Leistungsfähigkeit entbrannte Mitte 1979 eine leidenschaftliche öffentliche Diskussion.

Mitte: Auf dem Turm dieses Pz 61 erkennt man die Simulator-Anlage Solartron (SIM 74).

Panzerfahrer üben im computergesteuerten Fahrsimulator der Mechanisierten und Leichten Truppen. Dieser Simulator, der im Spätherbst 1979 der Truppe übergeben wurde, ist das modernste Ausbildungsgerät der schweizerischen Panzerwaffe.

Von seinem Pult aus kann der Fahrlehrer beliebige Programme eintippen. Dann beginnt die Videokamera das Modell des Übungsgeländes (1:300) abzutasten. Der Fahrer erlebt das Geschehen wie eine echte Panzerfahrt im Gelände. Ein Rechner setzt jede Bewegung – Bremsen, Beschleunigung, Schrägfahren – über hydraulische Antriebe in die entsprechenden Neigungen und Erschütterungen der Fahrerkabine um. Sensoren tasten an dem Modell die Unebenheiten des durchfahrenden Geländes ab und übertragen sie getreu den wirklichen Fahr- und Trägheitseigenschaften des simulierten Kampfpanzers als realistische, sinnlich wahrnehmbare Erschütterungen auf das Cockpit. Der Instruktor kann Pannen, Defekte, unvermutete Hindernisse und Störanzeigen aller Art künstlich herbeiführen. Er kann Außentemperaturen sowie den Fahrbahn- und Bodenzustand verändern – kurz: fast alles simulieren, was einem wirklichen Panzer in echtem Gelände zustoßen könnte. Auswertegeräte halten die Reaktionen des trainierenden Fahrers fest. Die Kameraden, die nicht gerade im Simulator dran sind, können über einen kleinen Monitor mit Instrumententafel die fiktive Fahrt mitverfolgen.

...und Schießen ohne Munition

Ein anderer Simulator-Typ, der 1978 eingeführte Schießsimulator ELSAP, dient in ähnlicher Weise der Schießausbildung. Die Kamera weist den Schützen Tag- und Nachtziele bei verschiedenstem Wetter, in einer fiktiven Schußdistanz zwischen 700 und 4000 Metern sowie bei den unterschiedlichsten Gefechtsfeld- und Bedrohungsverhältnissen zu. Hier lernen die Turmbesatzungen Ziele erkennen und bekämpfen, aber auch miteinander und im Zugsverband zusammenarbeiten; denn im ELSAP-Zentrum in Thun stehen vier originalgetreue Panzerturmmodelle nebeneinander, so daß auch die Befehlsgebung und die Organisation des Feuers geübt werden können.

Links: Gesamtansicht der elektronischen Schießsimulation ELSAP zur Ausbildung der Panzertruppen; Rechner- und Videoanlagen gehören dazu.

Rechts: Panzer im Hinterhalt. Gut getarnt wartet in einem Wald ein Panzer 68 auf den Einsatz.

Die Truppe lernt auch auf bewegliche, d. h. bis 70 km/h schnelle Ziele schießen. Selbst Wind- und Luftverhältnisse, die den Flug der Granate beeinflussen können, sind beliebig simulierbar. Ein Rechner und ein angeschlossener Drucker liefern die Schießresultate laufend schriftlich, so daß eine einwandfreie Leistungskontrolle und ein Vergleich zwischen den einzelnen Besatzungen möglich sind.

Die Panzer der Schweizer Armee

Kehren wir zurück ins Gelände und zu den wirklichen, unsimulierten Panzern!

Die Ursprünge der schweizerischen Panzerwaffe reichen zurück in die Jahre vor dem Zweiten Weltkrieg. Die Kriegsmüdigkeit nach der Grenzbesetzung 1914–18 und die Wirtschaftskrise hatten einen alarmierenden Rückstand in Ausrüstung, Bewaffnung und Ausbildung der gesamten Armee zur Folge gehabt. Erst die Machtergreifung durch Hitler im Jahre 1933 führte zu einem systematischen Ausbau. Ab 1935 gab die Sozialdemokratische Partei ihren grundsätzlichen Antimilitarismus auf und bekannte sich zur militärischen Landesverteidigung. Der legendäre Bauern-Bundesrat Rudolf Minger vermochte das Volk von der Notwendigkeit großer Opfer zugunsten der Armee zu überzeugen.

1934 wurden zu Versuchszwecken die vier Tonnen schweren und nur mit einem Maschinengewehr ausgerüsteten Leichtpanzer vom Typ Vickers angeschafft. Vier Jahre später begann mit einem günstigen Gelegenheitskauf die eigentliche Geschichte der Schweizer Panzerwaffe: In der Tschechoslowakei konnten 24 Stück des 8,5 Tonnen schweren Leichtpanzers «Praga» beschafft werden, der als Aufklärungsfahrzeug eingesetzt wurde und mit einer 24-mm-Panzerkanone, der späteren Tankbüchse, sowie mit zwei schweizerischen Flab-Maschinengewehren bestückt war.

Diese «Praga», in der Schweiz unter der Bezeichnung «Panzerwagen 39» bekannt, blieben während des Aktivdienstes die einzigen Panzermittel der Schweiz. Die Erfahrungen der im Krieg stehenden Parteien und die Waffentaten von Panzergenerälen wie Guderian und Patton führten dem Schweizervolk vor Augen, wie weit die Schweizer Armee noch hinter den Kriegführenden herhinkte. 1946/47 beschaffte sich die Schweiz abermals mit einem Gelegenheitskauf in der Tschechoslowakei 158 Stück des 1974 ausgemusterten Panzerjägers G-13, der keinen Turm besaß und sich jedesmal drehen mußte, wenn das Rohr zu richten war. Bessere Beweglichkeit und Schußeigenschaften brachte der französische Leichtpanzer AMX-13, der 1951 in einer Stückzahl von 200 beschafft wurde und der bis 1980 ausgemustert sein wird.

Der erste mittelschwere Panzer der Schweizer Armee war der Centurion Mk III. Von ihm und seinen Nachfolgetypen

Waffenplatz Thun – das Mekka der Panzertruppen

Von René E. Gygax

Tausende und aber Tausende von Schweizer Wehrmännern kennen ihn, haben auf seiner Allmend im Schweiße ihres Angesichts und im Schatten des Stockhorns die Schweizer Militärdoktrin «Warte – pressiere» gelernt und abends in seinen Beizen den dürren Sold verpraßt: Waffenplatz Thun.

Seit 1819 gibt es ihn, seit Jahrzehnten ist er der größte des Landes. Arbeitgeber, Steuerzahler und vaterländischer Stolz ist er für die einen Bewohner des romantischen Kyburger Städtchens; bodenfressender und Probleme bringender Blinddarm für die andern. Profitiert Thun von seinem Waffenplatz? Oder leidet es darunter? Eine schlüssige Antwort gibt es nicht. Der Waffenplatz ist für viele Thuner wie eine Frau: Man möchte sich von ihr scheiden lassen, weil man ihrer überdrüssig geworden ist, tut es aber dennoch nicht, weil sie eben da ist, weil man sie braucht und sie auch ein Stück weit liebt.

«Meine WK-Ausgaben würden glatt eine Ferienreise mit Frau und Kind nach Mallorca finanzieren.» Dieser Ausspruch eines «Pänzelers» mag andeuten, wie Thun vom Waffenplatz profitieren kann. Über eine halbe Million Übernachtungen werden jährlich in den Thuner Kasernen gezählt. Davon haben zwar die Hoteliers nichts, aber doch zahlreiche Restaurateure und Detaillisten. Allein die privaten Ausgaben der Militärpersonen lassen aufhorchen: In einer Dissertation hat Albert Hofmeister versucht, die wirtschaftliche Bedeutung des Militärs in Thun zu erfassen. Er hat errechnet, daß jeder Wehrmann täglich zwölf Franken und 99 Rappen privat in Thun ausgibt. Darin ist aber noch nicht alles enthalten. Nimmt man Ausgaben von 15 Franken an und multipliziert sie mit der Übernachtungszahl, kommt man auf gegen zehn Millionen Franken, die jährlich in Thuns 50 Wirtschaften und anderswo ausgegeben werden.

Der Waffenplatz ist aber auch der größte Arbeitgeber der Region: Gegen 3500 Arbeitsplätze bietet er in den Rüstungsbetrieben, Zeughäusern, Motorfahrzeugparks und Militärschulen an. Das Einkommen, das er vermittelt, und die Steuereinnahmen, die er produziert, kann man sich vorstellen. Abgesehen von der zahlenmäßigen Betrachtung gibt es auch viele Thuner, die der Meinung sind, man müsse der Armee Übungs- und Fabrikationsraum zur Verfügung stellen: Sie sind nicht wenig stolz, daß gerade Thun dabei am meisten bietet.

Die Kehrseite der Waffenplatzmedaille: Mancher Thuner ärgert sich grün und blau – vor allem grün –, wenn seine Beiz, in der er das Feierabendbier trinken will, voller – mitunter recht lauter – «Grünschnäbel» ist. Staub, Dreck und Lärm, die von einem großen Waffenplatz ausgehen, sind beträchtlich, auch wenn in letzter Zeit das EMD und die Stadtbehörden große Anstrengungen unternommen haben, sie zu verringern. Wesentlichster Negativaspekt ist aber zweifellos die große Ausdehnung, die der Thuner Waffenplatz aufweist: Gegen Westen ist Thun blockiert. Die Stadt kann sich nicht ausdehnen. Dort liegen der Waffenplatz, die riesigen Gebäude, die Allmend – mit rein ziviler Optik betrachtet ein einziger Blinddarm, der sich nicht wegoperieren läßt. Er erschwert die Planung einer Stadt ungemein, die auf den anderen Seiten vom See und von Hügelzügen markiert wird. Dabei könnte Thun, von der Lage am Ausfluß eines herrlich gelegenen Sees her betrachtet, durchaus mit Touristenstädten wie Luzern oder Zürich verglichen werden. Für viele ist das Militär einer der Gründe dafür, daß Thun touristisch noch unterentwickelt ist.

Soweit einige Streiflichter pro und kontra Waffenplatz Thun. Eine schlüssige Antwort, ob der Waffenplatz der Stadt Thun mehr bringt oder schadet, gibt es, wie gesagt, nicht. Klar ist jedoch, daß er nicht mehr wegzudenken ist. Die zivilen und die militärischen Behörden haben sich längst arrangiert. Man lebt nebeneinander und versucht, die oft entgegengesetzten Interessen im Gespräch zu harmonisieren. Ein Zückerchen für Thun ist, daß viele Einrichtungen des Waffenplatzes auch der Zivilbevölkerung zur Verfügung stehen: die Sportanlagen etwa oder die große Allmend an Abenden und am Wochenende. Für viele, von den Hundefreunden bis zu den Sportfliegern, ist sie eine offene Abenteuerarena.

Dabei ist es gar nicht selbstverständlich, daß es in Thun einen Waffenplatz gibt. An der Tagsatzung vom 17. August 1818 mußte sich der Stand Bern heftig gegen Luzern, Aargau und Zürich wehren, die ebenfalls Sitz der neu zu gründenden Zentralmilitärschule sein wollten. Der damalige Streit mutet bei den heutigen Schwierigkeiten, einen neuen Waffenplatz in der Schweiz zu errichten, geradezu nostalgisch an...

Oben: Panzermontage in den K+W Thun.
Unten: Brückenpanzer auf der Thuner Allmend.

Unten: Ein Schützenpanzer versucht einen umgestürzten Panzer 68 mit Hilfe der Seilwinde wieder aufzurichten.

Ganz unten: Panzergrenadiere stürmen aus dem Schützenpanzer, um bewaldetes und unübersichtliches Gelände zu säubern.

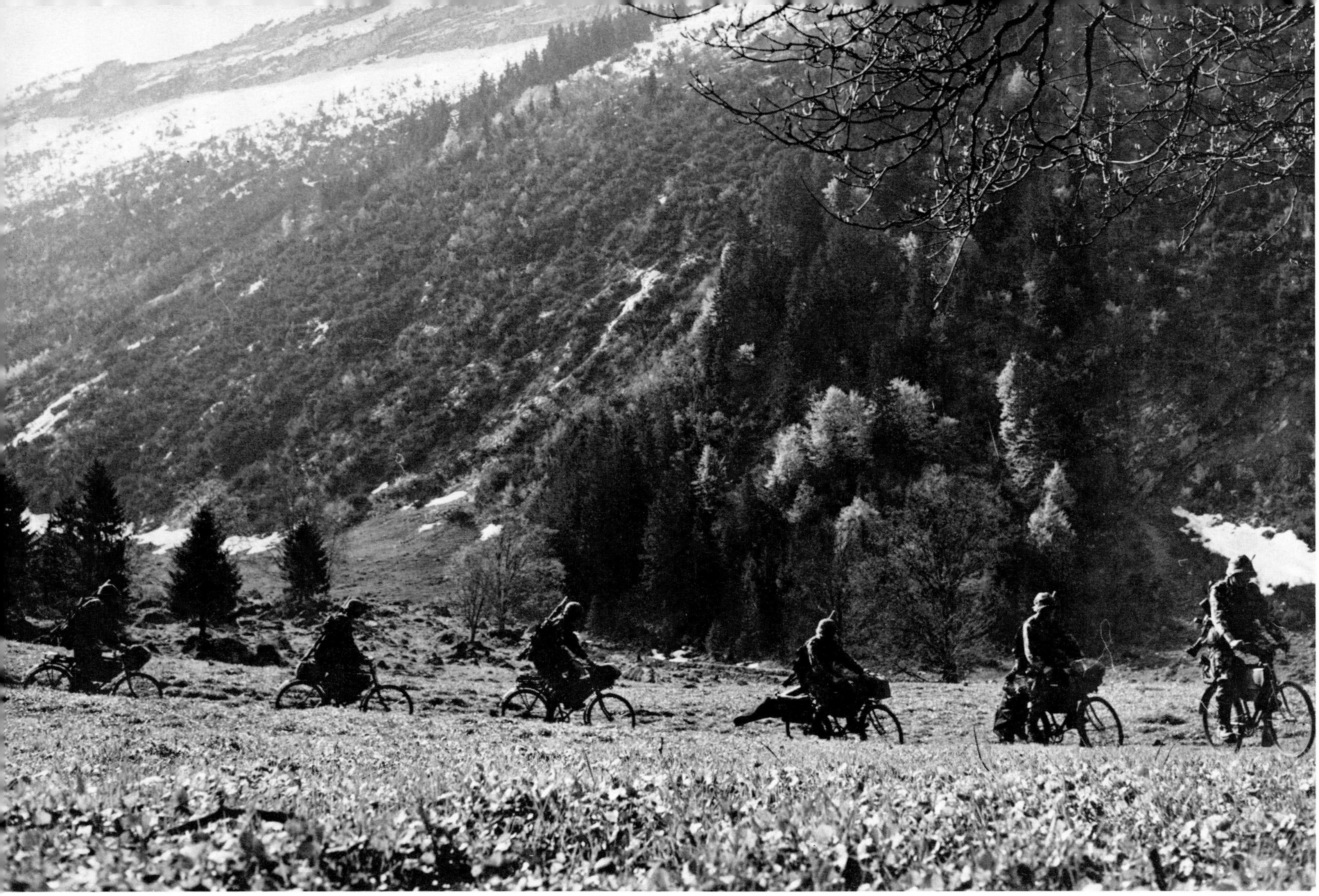

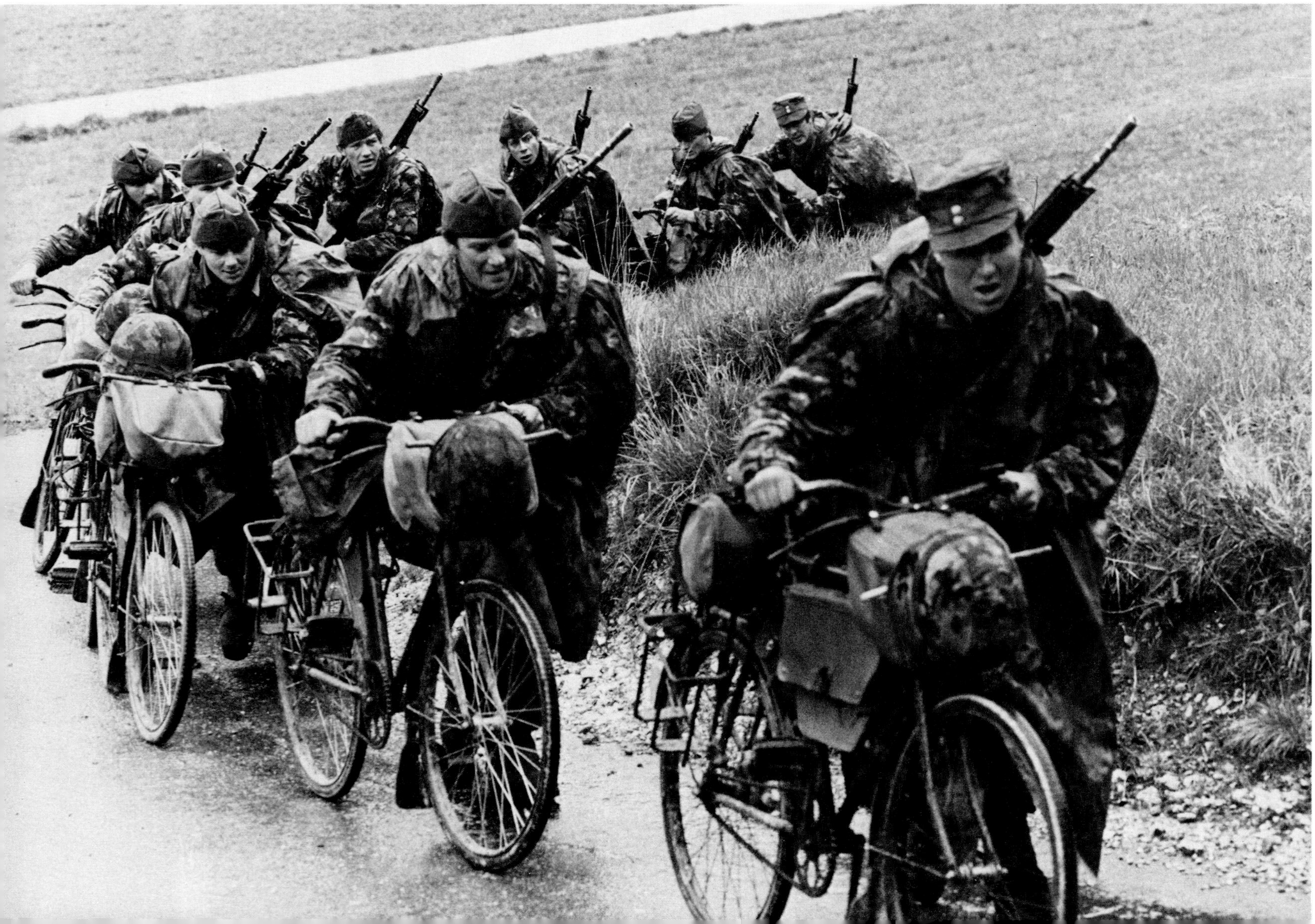

wurden bis 1960 insgesamt 300 Stück gekauft, die letzten hundert als guterhaltene Occasionen aus Südafrika.

Der «Panzer 61», eine Eigenentwicklung der Eidgenössischen Konstruktionswerkstätten Thun, wurde zum Stammvater der «Schweizer Panzerfamilie» (150 Stück). Ihm folgte der umstrittene «Panzer 68», von dem bis 1978 insgesamt 330 Stück in verschiedenen, laufend verbesserten Detailversionen an die Truppe abgegeben wurden. Brücken- und Entpannungspanzer ergänzen die «Schweizer Panzerfamilie». In den Jahren 1964/65 waren außerdem mehrere hundert Schützenpanzer vom amerikanischen Typ M-113 für die Panzergrenadiere beschafft worden, auch in einer Minenwerfer-Version.

Die Männer in den Panzern

Panzersoldaten bilden das Gros der mechanisierten Verbände. Sie werden als Fahrer und als Schützen an den Bordwaffen (Kanone, Maschinengewehr) ausgebildet. Die Panzergrenadiere sind die Nahkampftruppen, die mit ihren Schützenpanzern die Kampfpanzer ins Gefecht begleiten. Die Panzerminenwerferkanoniere schließlich werden oft auch als «gelbe Artillerie» bezeichnet. Sie setzen ihre Minenwerfer direkt vom Fahrzeug aus ein.

Die «Schnellen Truppen»

Die Leichten oder – wie sie in manchen fremden Armeen auch genannt werden – die Schnellen Truppen werden vor allem zur Aufklärung und als wichtige Hilfswaffen der Hauptkampfverbände eingesetzt. Seit die Kavallerie abgeschafft ist, wird ein Teil ihrer Aufgaben, insbesondere die Feindaufklärung, von den Motordragonern übernommen, die in kleinen Gruppen selbständig operieren und sich nicht nur auf das Beobachten und Melden ihrer Feindbeobachtungen, sondern auch auf das Auswerten verstehen. Ein Teil von ihnen hat eine zusätzliche Gebirgsausbildung. Die Panzerabwehrkanoniere nehmen eine immer wichtiger werdende Aufgabe wahr: die Bekämpfung feindlicher Tanks mit Hilfe modernster Boden-Boden-Lenkwaffen, des «Dragon», der im Kapitel «Infanterie» näher beschrieben wird.

Die Staaten des Warschauer Pakts haben allein in Mitteleuropa zurzeit etwa 25 000 Panzer stehen; innert fünf Jahren hat die Zahl ihrer Panzer um 40 Prozent zugenommen, was ihre Bedeutung unterstreicht.

Links oben: Radfahrer sind der Inbegriff der «Schnellen Truppen» und kosten außerdem wenig.

Links unten: Selbst wenn's bergauf geht, erreichen die Radfahrertruppen zumindest Infanterietempo.

Rechts: Schnell und unkompliziert wie alles bei den Radfahrertruppen geht auch die Reparatur an einem Reifen vor sich.

Lautlos und schnell: die Radfahrer

Die Versuchung ist groß, über die Tatsache zu lächeln, daß die Leichten Truppen der Schweizer Armee im Zeitalter der Vollmotorisierung nach wie vor eine starke Radfahrertruppe unterhalten. Ihnen fallen im wesentlichen infanteristische Aufgaben zu, wobei sich ihre Wendigkeit wie auch die Geräuschlosigkeit im besonderen bei Überfällen und Handstreichen günstig auswirkt. Kein Geringerer als Korpskommandant Hans Wildbolz, Ausbildungschef der Armee, singt den Radfahrertruppen ein Loblied:

«Ihre moderne Bewaffnung entspricht derjenigen der Infanterie: Sturmgewehre, Maschinengewehre, Raketenrohre, Minenwerfer und rückstoßfreie Panzerabwehrgeschütze, dazu Handgranaten, Sprengmittel, Minen-, Nebel- und Leuchtmittel. Die Radfahrer sind eine Truppe von besonderer schweizerischer Prägung. Ihr hoher Kampfwert darf in unserem Gelände mit seinen ungezählten deckungsreichen Wegen und Pfaden und seinem dichten Straßennetz nicht unterschätzt werden. Die Schnelligkeit, für kleinere Verbände auf kürzeren Distanzen über 20 Kilometer pro Stunde, die unübertroffene Wendigkeit und die hohe Gefechtsbereitschaft in der Bewegung lassen die Radfahrer zu einem der leistungsfähigsten Kampfelemente unserer Armee werden.»

Man muß das gesehen haben: Der Radfahrerzug schlendert auf seinen leise sirrenden schweren schwarzen Rädern durch die Landschaft. Bergauf und querfeldein schieben die schwerbepackten Männer, die ihre gesamte Bewaffnung und Ausrüstung mitführen, die Räder neben sich her. So erreichen sie immer noch die Marschgeschwindigkeit von Infanteristen. Wenn sie fahren, sind sie vier- bis fünfmal schneller als die Fußtruppen. Ein kurzer Befehl – und aus voller Fahrt springen die Radfahrer ab, robben seitwärts weg und verschwinden innert weniger Augenblicke in Deckung, wo sie ihre Waffen von den Schultern reißen und sogleich losfeuern.

Den verblüffenden Vorteilen der Radfahrertruppen stehen gewichtige Nachteile gegenüber: Sie können nicht mehr transportieren, als sie und ihre Räder zu tragen vermögen. Bei Schnee und Glatteis ist ihre Beweglichkeit eingeschränkt. Oft engen die Geländeverhältnisse ihren Aktionsradius ein. Ein besonderes Problem ist das Zusammenspiel der Radfahrer und der motorisierten Verbände, vor allem die Koordination der unterschiedlichen Geschwindigkeiten in der Bewegung. Dafür haben die Radfahrer gegenüber den Mechanisierten und Leichten Truppen, die zu den teuersten Truppengattungen der Armee gehören, einen geradezu sensationellen Vorteil: Sie sind eine der billigsten Waffengattungen, die es überhaupt gibt!

Entscheidung aus allen Rohren

Die Schweizer Artillerie – was sie kann und was sie anstrebt

Der Feind hat heute abend mit einem taktischen Atomeinsatz die Autostraße vor dem Nordportal des San-Bernardino-Tunnels zerstört. Er will in den Besitz des Tunnels gelangen; wir wollen das verhindern.»

Manövernacht in einem Kommandoposten! Es ist die Stunde der Artillerie. Die schwerste aller Waffen der Armee muß die Bresche abriegeln, damit die Infanterie ihre Verteidigung reorganisieren, frische Truppen heranführen und ein zuverlässiges Nachschubnetz knüpfen kann.

Der Befehl des Artilleriechefs des Divisionsstabs setzt 1000 Mann und Tausende von Tonnen auf aberhundert Rädern in Bewegung. Das Artillerieregiment der zuständigen Gebirgsdivision, das sich im höchsten Bereitschaftsgrad befindet, umfaßt je zwei Haubitz- und Schwere Kanonenabteilungen mit total 72 Geschützen.

Im Fahren beugen sich die Schießkommandanten über ihre Karten, messen und rechnen. Schwere, geländegängige Lastwagen ziehen die Haubitzen und Kanonen in die Stellungsräume. Im Schutz der Dunkelheit beziehen die Kanoniere die Feuerstellungen. Was sie dutzendmal geübt haben, wird nun im – gespielten – Ernstfall überprüft; die Handgriffe sitzen, die Kontrollen folgen sich schnell und ohne große Worte. Mächtige Tarnnetze werden über die Geschützstellungen gespannt.

Andere Wehrmänner legen Munitionsdepots an. Jede Granate ist ungefähr 15 Kilogramm schwer. Jedes Geschütz verschießt pro Minute etwa sechs Schuß, und eine einzige Abteilung (Bataillon) umfaßt 18 Rohre. Für einen überraschenden Feuerschlag von drei Minuten muß dieses Artillerieregiment zirka 15 Tonnen Munition heranschaffen. Artillerie als «schwere

Waffe» – der einfache Kanonier lernt in solchen Nächten diesen bekannten Begriff in seiner wörtlichen Bedeutung kennen!

Das Feuer, das alle zermürbt

Das erste Morgenlicht dringt über die Bergkämme hinunter ins Tal. Als die Sonne ihre ersten, noch kalten Strahlen aussendet, wird es heiß für den imaginären Feind. Die brutale Gewalt der Überraschung ausnützend, löst unser Artillerieregiment aus seinen getarnten Stellungen in mehreren benachbarten Tälern den konzentrierten Feuerschlag gegen ihn aus. Ein einziges Feuerkommando, und schon ist die Luft vom bösen Zischen der im Bogen fliegenden Granaten erfüllt. Fontänen von Erde und Gestein spritzen am Zielhang auf, ein tödlicher Splitterregen prasselt hernieder; Sekunden später ist das markerschütternde Wummern der ersten Detonationen zu hören.

Laden – Feuern – Mündungsblitz – Geschoßknall: Die Symphonie der Vernichtung dröhnt in hoher Kadenz aus allen Rohren. Farbige Rauchpetarden erscheinen im Zielhang. Sie markieren feindliche Fallschirmtruppen. Unser Kommandant ruft ein paar Befehle ins Feldtelefon. Eine Abteilung richtet neu und deckt die Landezone mit mörderischem Flächenfeuer ein. Eine weitere Batterie schießt Nebelgranaten und blendet damit vorrückende feindliche Grenadiere. Sie finden sich im fremden Gelände nicht mehr zurecht. Der gegnerische Vormarsch ist gestoppt. Weitere Batterien schneiden dem Feind den Rückzugsweg ab. Ein modernes Morgarten! Der Angreifer sitzt in der Falle, kann weder vorwärts noch zurück. Die Infanterie, die in ihren Deckungen gewartet hat, kann im Schutz des klug geplanten Artilleriefeuers vorrücken und zum Nahkampf übergehen. Der strahlende Gebirgsmorgen im Frühherbst bildet die Kulisse für die gewaltige Feuerwirkung der modernen Artillerie.

Nicht umsonst heißt es im Reglement «Truppenführung», einer taktischen Grundlage der Schweizer Armee: «Die Bedeutung des Artilleriefeuers liegt in seiner materiellen und seelischen Wirkung.» Es gibt Zeugnisse der Kriegsgeschichte, namentlich aus dem Rußlandfeldzug im Zweiten Weltkrieg, die beweisen, daß ganze Bataillone durch konzentriertes Feuer oder einen artilleristischen Granatteppich wenn nicht physisch, so doch psychisch

Links: Die selbstfahrende Panzerhaubitze 66 mit Kaliber 15,5 cm (22 Tonnen Gewicht) in der älteren Version; heute wird die langrohrige Panzerhaubitze 74 oder 66/74 verwendet.

Rechte Seite

Oben: Das Innere eines Kommandopanzers; der Abteilungskommandant erarbeitet seine Entschlüsse.

Mitte: Panzerhaubitze 66 beim Tarnen.

Unten: Panzerhaubitze 66.

Links oben: In der Deckung des Gehölzes werden 10,5-cm-Kanonen der Artillerie repariert.

Links unten: Kanoniere montieren die Zünder an Artilleriegranaten. Das Tempieren erfordert ein hohes Maß an Konzentration und Zuverlässigkeit.

derart zusammengeschlagen wurden, daß sie sich nicht wieder formieren und weiterkämpfen konnten.

Die Aufgaben der Artillerie

Schon aus der Wortbedeutung ergibt sich der Auftrag der Artillerie. Der Begriff setzt sich aus den lateinischen Wörtern «arcus» (Bogen) und «telum» (Geschoß) zusammen. Die Artillerie verschießt demnach Geschosse in einer gekrümmten, bogenförmigen Flugbahn über große Distanzen. Damit bahnt sie der vorrückenden Infanterie und den mit ihr kämpfenden Truppen den Weg oder bietet ihnen in der Verteidigung nachhaltigen Schutz gegen den angreifenden Feind. Meist sieht der Artillerist am Geschütz das Ziel nicht, das er bekämpft.

Die Schweizer Armee ist eine ausgesprochene Infanteriearmee. Die Fußtruppen erobern Gelände, verteidigen es gegen den Ansturm und kämpfen den Feind, zuletzt im Nahkampf, nieder. Immerhin sind 41 Prozent der schweizerischen Wehrmänner bei der Infanterie eingeteilt, was den Stellenwert dieser Truppe unterstreicht. Aber über all die zahlreichen strategischen und taktischen Streitfragen hinweg ist ein Grundsatz unverändert gültig geblieben: Die Infanterie ist nur so gut wie ihre Unterstützungswaffen. Im Kampf der verbundenen Waffen, der das moderne Kriegsbild kennzeichnet, kommt neben der Infanterie, den Mechanisierten und Leichten Truppen (insbesondere der Panzerformationen) sowie der Flugwaffe die Flächenwirkung der Artillerie auf große Distanz zur oft schlachtentscheidenden Geltung. Entsprechend ihrer Bedeutung ist die Artillerie dem Kommando der höheren Führer (vom Regiment an aufwärts) unterstellt. Der Kommandant trachtet danach, sie als zentral geleitete Waffe in seiner Hand zu behalten, um sie dort einzusetzen, wo das Schwergewicht des Kampfes liegt.

Die Artillerie unterstützt aber nicht nur die vorrückende Infanterie und hilft den Panzern den Weg bahnen; sie wirkt auch in die Tiefe des gegnerischen Raumes, indem sie die Versorgungseinrichtungen, Bereitstellungen usw. angreift und damit den weiteren Feindaufmarsch stört – und indem sie den selbständigen Feuerkampf gegen die feindliche Artillerie führt, das sogenannte Konterbatterieschießen. Daß heftiges Artilleriefeuer sogar starke Panzerverbände stoppen, ihre Waffenwirkung niederhalten und ihre Bewegung stören kann, selbst wenn keine direkten Treffer erzielt werden, hat sich zum Beispiel im Jom-Kippur-Krieg 1973 klar gezeigt. Nebel- und Rauchbrandgranaten erhöhen diese Störwirkung wesentlich.

Sinngemäß die gleichen Aufgaben erfüllt die den Festungstruppen zugeteilte Festungsartillerie in ihren Zielräumen; sie schießt aus der Deckung ihrer Festungswerke. Diese bilden, über das ganze Land – von den Einfallachsen an der Grenze bis in die Hochalpen hinein – verteilt, einen unsichtbaren und von strengster Geheimhaltung geschützten festen Verteidigungsgürtel.

Kraftprotz mit schlechten Augen

Ob des Manöversiegs am San Bernardino darf eines nicht vergessen werden: Die Geschütze oder die schießende Artillerie sind nur ein Teil dessen, was die Fachleute ein modernes Artilleriesystem nennen. Ebenso wichtig sind die aufklärende Artillerie und die Feuerleitung.

Kaum ein Feind wird uns heute mehr den Gefallen tun, sich innerhalb der Reichweite unserer Geschütze – etwa zehn Kilometer für 10,5-cm-Haubitzen, etwa 18 Kilometer für 10,5-cm-Kanonen und 15,5-cm-Panzerhaubitzen – so lange zu formieren, bis unsere Artillerie in Stellung gefahren ist und auf ihn wirken kann. Vielmehr sollte die Artillerie selbst den Gegner frühzeitig erkennen, ihn über größere Distanzen bekämpfen und zudem so beweglich sein, um ihn nötigenfalls auch verfolgen zu können bzw. gegnerischem Feuer auszuweichen. Im Lichte dieser modernen Kriegsanforderungen ist unsere schweizerische Artillerie derzeit noch eher ein sehr kurzsichtiger, wenn auch beweglicher Kraftprotz, da ihm eigentliche Augen – nämlich Artillerie-Aufklärungsmittel – weitgehend fehlen.

Die Feuerleitung der Artillerie umfaßt alle technischen Mittel, die nötig sind, einen viele Kilometer entfernten Gegner zu bekämpfen. Es geht hier um die Umwandlung der Befehle der Schießkommandanten (Beobachter) in Feuer. Heute werden die dazu nötigen Schießauswertungen und Be-

Nur ein eingespieltes Team vermag die Feuerkraft und die psychologisch wirkende Wucht des Artilleriefeuers voll zur Geltung zu bringen. Hier übt eine Geschützbedienung an der 10,5-cm-Haubitze.

rechnungen noch weitgehend manuell und grafisch, also «von Hand» bzw. «von Kopf», ausgeführt, während dies in anderen Armeen längst Sache von Kleincomputern ist, die Zeit einsparen und Fehlerquellen ausschalten. Für die achtziger Jahre ist die Einführung eines computerisierten Feuerleitsystems auch in der Schweiz vorgesehen.

Prekärer sieht es bei unserer aufklärenden Artillerie aus. Sie soll die Ziele feststellen, die die schießende Artillerie unmittelbar nachher zu bekämpfen hat. Für diese Aufklärungstätigkeit stehen in anderen Armeen hochentwickelte technische Mittel zur Verfügung: Schallmeßgeräte, die fremde Geschütze anhand des Mündungsknalls orten können; Lichtmeßsysteme, die sowohl tags wie auch nachts optische Merkmale feindlicher Feuertätigkeit (Mün-

Die Heilige der Feuerzauberer

Sankt Barbara und ein paar weitere Seitenblicke auf artilleristische Traditionen

«Seit Jahrhunderten gilt die Artillerie als die Königin aller Waffengattungen. Ihre Geschichte – von den ersten ‹Feuertöpfen› bis zu den heutigen Interkontinentalraketen – ist jedoch mehr als nur eine Darstellung der kriegerischen Auseinandersetzungen der Menschheit mit technisch immer perfekteren Mitteln. Sie zeigt zugleich die Auswirkungen der fortschreitenden Technik auf die Entwicklung unserer Zivilisation vom Feudalismus bis zum Industriezeitalter.»
(Vorwort zum Standardwerk «Kanonen – Illustrierte Geschichte der Artillerie», Bern/Lausanne, 1971)

Noch bevor die Menschen gelernt hatten, Bronze zu Lafetten und Rohren zu giessen und mit ihrer Hilfe mittels Pulverexplosion Kugeln gegen feindliche Festungen zu schleudern, war die Artillerie oft kriegsentscheidend. Auch wenn nur explosives Gemisch aus Salpeter, Schwefel und Holzkohle rauchend detonierte, trug dies doch schon heillose Verwirrung in die Schützenreihen und Kavalleriehaufen des Feindes. Bereits am Ende des 13. Jahrhunderts war auf den Kriegsschauplätzen Europas die geheimnisvolle Kunst verbreitet, «eisernes Feuer zu schleudern». Schiesspulver wurde zunächst zum Antrieb von Brandpfeilen benutzt. Die ersten kleinen Feuerbüchsen, die Eisenkugeln abschossen, wurden zum Aufsprengen verrammelter Burgtore eingesetzt. Die Artillerie entwickelte sich zur Belagerungswaffe.

Bald weigerte sich das Fussvolk, eine Festung zu erstürmen, wenn nicht das entsetzliche Dröhnen der Geschütze es begleitete, damit es den Feind verängstige und zermürbe. Die genaue Kenntnis der rasch fortschreitenden Feuerwerkerkunst blieb in diesen Zeiten der langsamen technischen Entwicklung und des weitverbreiteten Analphabetentums auf einen kleinen Kreis von Kundigen beschränkt. Und da der unwissende Mensch dazu neigt, das, was er nicht versteht, dem Wirken übersinnlicher Kräfte zuzuschreiben, gerieten die Feuerwerker und Büchsenmeister alsbald in den Ruf magischer Fertigkeiten und zauberischer Wundermacht.

Hier wurzeln die Gründe des bis auf den heutigen Tag erhaltenen artilleristischen Brauchtums. Die Eingeweihten behielten ihr Herrschaftswissen im Kreis von ihresgleichen. Sie gewannen dadurch Ansehen, Einfluss und bevorzugte Stellungen; mit der Zeit begannen sie selber zu glauben, dass sie mehr könnten als nur Brot essen. Die moderne Psychologie bezeichnet diesen Prozess als «Verinnerlichung».

Verschworene Gemeinschaften haben ihre Leitfiguren. Warum es bei den Ausübenden der ausgesprochen männlichen Kunst der Feuerwerkerei ausgerechnet eine Frau ist, bleibt ungewiss. Vielleicht hängt es damit zusammen, dass die heilige Barbara, deren Gedenktag am 4. Dezember die Artilleristen vieler Länder und verschiedener Konfessionen heute noch feierlich begehen, eine ausserordentlich standhafte junge Frau war. Sie lebte im 3. Jahrhundert nach Christus als Tochter des reichen Heiden Dioskoros in Nikomedien, der heutigen Türkei. Um seine schöne Tochter vor weltlichen Versuchungen zu bewahren, sperrte der Vater sie in einen Turm. Dort begann Barbara zu meditieren und wurde Christin. Als der Vater von der heimlichen Taufe durch einen als Arzt verkleideten Glaubensboten erfuhr, wollte er Barbara mit einem Schwertstreich töten. Die Legende erzählt, dass Barbara in diesem schicksalhaften Augenblick so inbrünstig betete, dass ein Blitz die Mauern des Turmes spaltete und sie fliehen konnte. Nachdem der Vater sie wieder eingefangen hatte, liess er sie foltern; doch Barbara schwor ihrem neuen Glauben nicht ab. Da enthauptete er sie – und im gleichen Augenblick wurde Dioskoros von einem Blitz getötet.

Sankt Barbara zählt in der Hierarchie der katholischen Heiligen zu den 14 Nothelfern. Im Laufe der Jahrhunderte wurde sie die Patronin all jener, die der Gefahr eines jähen Todes ausgesetzt waren. Und da der Blitz zweimal in ihrem Leben – als er den Turm spaltete und als er den Vater erschlug – eine grosse Rolle gespielt hatte, verehrten sie die Männer besonders, die mit gefährlichem Feuer zu tun hatten: Bergleute und Mineure, Waffenschmiede, Glockengiesser und eben Artilleristen. Zahlreiche Barbara-Altäre und Barbara-Bruderschaften in der ganzen Schweiz zeugen von der Verehrung, die diese rätselhafte heilige Frau durch die Jahrhunderte genoss. Sankt Barbara als Symbol der Überwindung der irdischen Materie (Turm) durch die Macht des Geistes (Blitz), als christliche Kompensationsfigur zur teuflischen Kunst des Kriegsfeuerwerks – die Deutungsmöglichkeiten sind vielfältig.

Als Beispiel für eine dauerhafte artilleristisch-gesellschaftliche Tradition auf schweizerischem Boden sei das Zürcher Artillerie-Collegium genannt, das 1686 gegründet wurde. Als «Gesellschaft der Constafflern und Feuerwerker» war ihm 150 Jahre lang die gesamte – dem Milizcharakter der alten Schweizer Heere entsprechend vorwiegend ausserdienstliche – Ausbildung des Zürcher Artilleriekorps anvertraut. Heute lebt es als gesellschaftliche Vereinigung der Zürcher Artillerieoffiziere weiter. Sein über Jahrhunderte gepflegter Brauch des Kollegiantenschiessens, eines Schützenfestes mit Mörsern, ist sogar in die Weltliteratur eingegangen: durch die «Zürcher Novellen» des dienstuntauglichen Zürcher Staatsschreibers Gottfried Keller.

Gesamtschweizerisch wurden 1877 die ersten Artillerietage durchgeführt, an denen Wettkämpfer aus den Artillerievereinen Aarau, Basel, Luzern, St. Gallen, Solothurn, Zofingen und Zürich ihre Kräfte massen. 1888 entstand der «Verband Schweizerischer Artillerievereine», dem heute 36 Sektionen mit über 8000 Mitgliedern aller Grade und aus allen Landesgegenden angehören. Die Artillerietage blieben bis heute Mittelpunkt der ausserdienstlichen Tätigkeit. Nach einer von der technischen Kommission ausgearbeiteten Weisung werden die wichtigsten Zweige artilleristischen Könnens geübt und geprüft. Diese Artillerietage werden etwa alle fünf Jahre mit sehr grosser Beteiligung durchgeführt.

Die heilige Barbara mit Palme und Turm, hier mit dem Evangelisten Lukas (Kölner Altarbild).

dungsblitze, Raketen-Gasstrahlen, Staub- und Rauchwolken, Sprengwolken, sichtbare Aufschläge usw.) einmessen, um die feindlichen Standorte zu lokalisieren; Artillerieradar zur Einmessung feindlicher Geschoßflugbahnen; Drohnen, d. h. unbemannte Lenkflugkörper mit optischen und elektronischen Sensoren, die den gegnerischen Raum bis in eine Tiefe von etwa 65 Kilometer fotografieren (auch mit Infrarotfilmen) oder eine Fernsehkamera mit sich führen.

Die Schilderung des Artilleriesystems wäre unvollständig ohne die vielseitigen Übermittlungsmittel Draht und Funk, welche die Schießkommandanten mit den Feuerleitstellen und diese wiederum mit den Geschützen verbinden.

«Werfen wir einen Blick auf unsere Artillerie, so müssen wir feststellen, daß wir über keine technischen Aufklärungsmittel verfügen. Ohne diese aber sind wir blind. Zudem können wir so die Leistungsfähigkeit unserer Geschütze bei weitem nicht ausnützen.» (Divisionär Fritz Wermelinger, Waffenchef der Artillerie, 1978.)

Mehr Beweglichkeit – größere Kaliber

Das Gros der schweizerischen Artilleriegeschütze ist heute älter als die Männer, die es als Kanoniere bedienen! Die 10,5-cm-Kanone trägt den Jahrgang 1935; die 10,5-cm-Haubitze wurde ab 1944 eingeführt. Der Unterschied zwischen Kanonen und Haubitzen liegt übrigens darin, daß Kanonen in der unteren Winkelgruppe (Rohrneigung von bis zu 45°) schießen, Haubitzen aber zusätzlich in der oberen Winkelgruppe wirken. Kanonen haben dagegen längere Rohre; dadurch erhalten ihre Geschosse eine höhere Anfangsgeschwindigkeit und somit größere Reichweite.

Beide 10,5-cm-Geschütze können nicht selbst fahren, sondern müssen von geländegängigen Lastwagen gezogen werden.

1971 erlebte die Artillerie einen entscheidenden Fortschritt, als sie mit der selbstfahrenden Panzerhaubitze 66 – der amerikanischen M-109 – ausgerüstet wurde; diese neue Waffe wird seither weiter beschafft. Das etwa 22 Tonnen schwere, gepanzerte Geschütz hat die Beweglichkeit, die Artillerieverbände zur Unterstützung von Panzerformationen benötigen. Außerdem kann es rundum schießen und ist seit der zweiten Beschaffungsserie mit einem längeren Rohr ausgerüstet, was eine größere Schußdistanz bewirkt. Inzwischen sind die Panzerhaubitzen auch bei den Feld- und Grenzdivisionen eingeteilt.

Sind die 10,5-cm-Geschütze schwerfällig? Die Kanone mit ihren knapp vier Tonnen Eigengewicht, die gezogen werden muß, erfordert namentlich beim Stellungsbezug viel Muskelkraft. Die verantwortlichen Instanzen weisen jedoch darauf hin, daß im Voralpen- und Alpengebiet ein gezogenes, aber auch mit dem Helikopter

Die Artillerie bedient sich auch präziser optischer Instrumente. Hier ein Artilleriefotograf mit Panoramakamera.

transportierbares Geschütz mit annähernd 20 Kilometer Reichweite durchaus genügen kann.

Das Ausbauproblem unserer Artillerie liegt – neben der Automatisierung der Feuerleitung und der Einführung technischer Aufklärungsmittel – auch bei der Beschaffung wirkungsvoller Munitionsarten. Eine der Studien läuft in Richtung der Raketenartillerie (Boden-Boden-Raketen) in der Art des Systems LANCE. Vielleicht wird in den neunziger Jahren die Frage einer schweizerischen Raketenartillerie im Mittelpunkt der Wehrdiskussionen stehen.

Solange wird auch die Artillerie, früher häufig als «Königin der Waffen» bezeichnet, mit den Verhältnissen leben müssen, die einem Kleinstaat mit einer Milizarmee auferlegt sind: Man kann nie das technisch Bestmögliche besitzen, weil das Geld dafür fehlt und weil die vollständige Einführung eines neuen Waffensystems bei der Truppe im Schnitt zehn Jahre dauert – etwa so lange, bis Forscher und Ingenieure schon wieder etwas Neues, Besseres entwickelt haben. Diesen zwangsläufigen technischen Rückstand gleicht die Milizarmee möglichst dadurch aus, daß sie die Ausbildung perfektioniert und ihre Truppe vor allem darin schult, das eigene Gelände bestmöglich auszunützen.

Unser Schild nach oben

Die Schweizer Flugwaffe und ihre Piloten

Aus der bleiernen Wolkendecke stoßen die feldgrauen Hunter wie Dolche pfeilschnell hinunter ins tief eingeschnittene Tal. Attacco! Angriff!

Mit einer Geschwindigkeit von 900 km/h flitzt das Gebirgsgelände unter den Piloten vorbei. Am errechneten Geländepunkt zieht der Staffelkommandant seine Maschine aus dem Tiefflug hoch und kippt in Rückenlage über den linken Flügel ab zum Angriff aufs Ziel.

Jetzt, die entscheidenden Sekunden! Die Visiermarke des Zielgeräts muß genau ins Ziel passen, das, mit gelben Tüchern markiert, aus dem Grau der Felsen hervortritt. Das ganze Flugzeug ist in diesem Augenblick nichts weiter als eine Waffe. Äußerste Konzentration des Piloten! Mit feinen Steuerbewegungen bringt er Ziel und Visier zur Deckung, dann drückt er ab. Kaum hat er die Bomben ausgelöst, zieht er die Maschine in einer scharfen Rechtskurve in Rückenlage über die nächste Krete und taucht ab in die Deckung des gebirgigen Geländes.

Fliegerschießen auf der Ebenfluh ob dem Brienzersee: Zwei Mirage-Aufklärer haben das Gefechtsfeld überflogen und fotografiert. Die Ziele sind erfaßt. Nach der Landung werden die Fotos innert wenigen Minuten entwickelt und ausgewertet. Sie wären im Ernstfall die Grundlagen für die Befehle an die wartenden Kampfpatrouillen. Mit ihren Bordkanonen nehmen die nachfolgenden Hunter zunächst einige Attrappen unter Feuer, die feindliche Motorfahrzeuge darstellen. Die beiden nachfolgenden Doppelpatrouillen führen mit Raketenstößen einen taktischen Angriff auf eine supponierte Kriegsbrücke aus. Unheimlich, wie die bösen grauen Vögel plötzlich aus der Wolkendecke stechen und ihre Salven abfeuern! Lautlos ist die Annäherung; das Heulen der Triebwerke mischt sich erst Sekunden später in die klatschenden Detonationen der Geschosse. Von den Wänden kommt das Echo zurück.

Mit dröhnenden Triebwerken hebt eine Mirage-Patrouille ab. Mirages sind Abfangjäger. Sie können auch im Erdkampf eingesetzt werden.

Die nächste Doppelpatrouille wirft Splitterbomben auf eine Artilleriestellung ab und verschwindet im allgegenwärtigen Grau dieses Schlechtwettertages, an dem die Wolkendecke nur etwa 600 Meter über dem Zielgebiet hängt. Die Flieger gehen an die Grenze ihrer Leistungsfähigkeit. Schneeregen rieselt auf den Kommandoposten auf der schmalen Krete.

Neue Doppelpatrouillen erscheinen aus dem Nichts und bestreichen die bisher nicht getroffenen Ziele. Ein Napalmfeuerwerk geht auf die Massenziele nieder. Blutigrotes Feuer und schmutziggrauer Rauch steigen hoch, während die treffsicheren Schützen in ihren Maschinen nur wenige Dutzend Meter über den gefährlichen Felsklippen abdrehen.

Im Augenblick, da der Pilot seinen Vogel aus dem Angriff abfängt, beträgt die Beschleunigung zwischen 4 und 6 g, d.h., er wird mit der vier- bis sechsfachen Kraft seines Eigengewichts in den Sitz gedrückt. Selbst im schützenden Beschleunigungsanzug kann nur ein gesunder und trainierter Organismus solche Belastungen über längere Zeit ertragen.

Das Gelände hilft den Schwachen

Auch für die Flugwaffe gilt, was Infanterie und Artillerie auf dem Boden immer wieder zur Überlegenheit verhilft: Je besser wir unser eigenes Gelände kennen und uns in ihm zurechtfinden, desto schwerer hat es ein allfälliger Angreifer – und desto weniger fällt eine allfällige Unterlegenheit der eigenen Mittel ins Gewicht. Der in Waffenstärke und Flugleistung einem modernen Gegner technisch unterlegene Hunter wird sich im Gebirgskampf und im Voralpengelände behaupten, wenn der Pilot gelernt hat, an die vom Gelände gezogenen Grenzen zu gehen, zwischen engen Taleinschnitten durchzuschlüpfen und im Schutz drohend naher Felswände den Gegner anzufliegen.

Die Flugwaffe hat den Kampf aber nicht nur in diesem für sie günstigen Gelände zu führen. Es gilt, den Gegner dort zu fassen und ihm Schaden zuzufügen, wo er noch nicht gegen unsere Erdtruppen wirken kann. Das wird Dutzende von Kilometern vor den Alpen, im flachen Gebiet entlang der Schweizer Grenze, sein. Deshalb ist es nötig, ständig eine bestimmte Zahl von Flugzeugen einsetzen zu können, die in der Lage sind, die älteren, durch die Waffenlast schwerfälligeren Hunter gegen feindliche Jäger zu schützen. Für diese Aufgabe ist der neue Tiger F-5E vorgesehen.

Die Aufgaben der Flugwaffe

Die Flugwaffe der Schweiz ist ein rein taktisches Instrument in der Hand der obersten Armeeführung. Fünf wesentliche Aufgaben sind ihr im Rahmen der schweizerischen Landesverteidigung zugedacht:

– **Neutralitätsschutz:** Ein neutraler Staat hat die völkerrechtliche Pflicht, die Lufthoheit über seinem Gebiet zu verteidigen. Ob Frieden oder Krieg: Er muß fremde Flugzeuge, die ohne Erlaubnis in seinen Luftraum eindringen, stellen, identifizieren, warnen und entweder zur Umfliegung der Schweiz oder aber zur Landung auf einem Internierungsflugplatz zwingen. Je nachdem darf auch von den Bordwaffen Gebrauch gemacht werden.

Ständig auf dem Sprung

Das Überwachungsgeschwader und seine Aufgaben

Unsere Flugwaffe zählt in einem besonderen Korps, dem Überwachungsgeschwader (UeG), etwa 100 Berufspiloten, die als Beamte des Eidgenössischen Militärdepartementes ständig im Einsatz stehen.

Eine Milizflugwaffe hat es namentlich mit der völkerrechtlichen Aufgabe des Neutralitätsschutzes im Frieden schwer. Ihre Fliegerstaffeln stehen nicht das ganze Jahr im Dienst. Als sich zu Beginn des Zweiten Weltkrieges die Luftraumverletzungen namentlich durch deutsche Kampfflugzeuge häuften, beschloß der Bundesrat die Einrichtung einer ständigen Fliegerformation, die eigentlich die gleichen Aufgaben wahrnimmt wie das Grenzwachtkorps auf der Erde: Überwachung und Schutz der Grenzen, Abwehr von Eindringlingen. Mit Bundesratsbeschluß vom 4. April 1941 wurden die Aufgaben des UeG definiert: «Wahrung der Neutralität unseres Luftraums», außerdem das Bestreben, «jederzeit über einsatzbereite Flugstreitkräfte verfügen zu können». Somit ist das Überwachungsgeschwader die rascheste Mobilmachungseinheit der Fliegertruppen.

Als immer anspruchsvollere Flugzeuge und Flugverfahren eingeführt wurden, erhielt das UeG zusätzliche Aufgaben. Zusammen mit dem Instruktionspersonal sind Fluglehrer des Überwachungsgeschwaders in der Ausbildung der Pilotanwärter sowohl für Düsenkampfflugzeuge wie für Leichtflugzeuge tätig. Vor der Einführung neuer Fluggeräte nehmen Staffelpiloten des UeG an deren Erprobung teil. Sie geben ihre Erfahrungen an die Kameraden der Miliz weiter. Zum UeG gehört schließlich auch die aus sechs Hunter-Kampfflugzeugen bestehende Demonstrations- und Akrobatikstaffel «Patrouille Suisse», die bei Wehrdemonstrationen und Flugtagen immer wieder die bewundernden Blicke von Zehntausenden auf sich zieht.

Ferner sind den UeG-Piloten anspruchsvolle Aufgaben der Flugdienstleitung, der Blindflug- und Fliegerschießausbildung sowie Foto- und Vermessungsflüge anvertraut.

– **Allgemeine Luftverteidigung:** In enger Zusammenarbeit mit der Fliegerabwehr, die im unteren und mittleren Luftraum (bis 4000 Meter) die Kanonenflab und darüber die Flablenkwaffen einsetzt, gilt es – nachdem ein Krieg eingetreten ist –, die feindliche Flugwaffe an ihren Bewegungen zu hindern, anzugreifen und lohnende Erdziele, wenn möglich gegnerische Flugplätze, Radarstationen, Raketenstellungen und Versorgungseinrichtungen zu zerstören.

– **Raumschutz:** Ziel des Raumschutzes ist es, zu verhindern, daß feindliche Fliegerverbände die Operationen unserer eigenen mechanisierten Verbände wirkungsvoll stören können. Die Hauptlast dieser Aufgabe liegt bei der Fliegerabwehr, doch wird es infolge der raschen Bewegungen der Erdtruppen nicht immer möglich sein, den Flabschutz rechtzeitig aufzubauen. Setzt der Feind Waffen ein, die aus großer Distanz wirken, wird nur die Flugwaffe dank ihrer Beweglichkeit wirksamen Schutz bieten können. Dies gilt auch bei Bewegungen der Erdtruppen.

– **Erdkampf:** Die wichtigste Aufgabe der Flugwaffe ist die Unterstützung der Erdtruppen mit Feuer, sozusagen als «fliegende Artillerie» mit Wirkungsraum außerhalb der vom Boden abgefeuerten Granaten. Beweglichkeit und Reichweite der Flugwaffe erhöhen ihre Schlagkraft in diesem Bereich. Eine Fliegerstaffel mit ihrem großen Arsenal an Bordkanonen, Raketen, Bomben und Luft-Boden-Lenkwaffen ist bezüglich ihrer Feuerkraft mit einer ganzen Artillerieabteilung vergleichbar. Dieser Feuersturm kann aber innert Minuten auf Ziele in einem Umkreis von Dutzenden, ja Hunderten von Kilometern verschoben werden. Unsere Kampfflugzeuge, vorzugsweise Tiger und Hunter, würden vor allem den aufmarschierenden Feind und dessen Stellungen bekämpfen.

– **Luftaufklärung:** Aufklärungsflugzeuge, die mit Kameras (auch Infrarotkameras für Nachtaufnahmen) ausgerüstet sind, halten weit hinter der Front Ausschau und holen Informationen über die Tätigkeit und die Bewegungen des Gegners herein. Selbst während eines Erdgefechts kann Luftaufklärung entscheidende Informationen liefern, wenn die Fronten sich ineinander verbissen haben oder wenn die Führer der Erdtruppen die Übersicht über ihre Lage nicht mehr besitzen. Die Aufklärungsflugzeuge sind auch bewaffnet. Damit sind sie in der Lage, in besonderen oder kritischen Situationen nicht nur Nachrichten zu beschaffen, sondern auch mit Feuer in den Kampf einzugreifen.

Leichtfliegerstaffeln für Transport und Verbindung

Entscheidend ist im Gefecht, daß die richtigen Truppen mit ausreichenden Mitteln zur richtigen Zeit an der richtigen Stelle eingesetzt werden können. Aber der Gegner macht das Gelände oft unpassierbar; er hält Straßen, Brücken und Engpässe oder deckt sie mit vernichtendem Feuer zu, um die Benützung zu verhindern. Wer nur zweidimensional denkt, ist in solchen Situationen hilflos. Truppentransporte durch die Luft sind nicht selten die einzige Lösung. Deshalb verfügt die Schweizer Flugwaffe über Leichtfliegerstaffeln, die mit

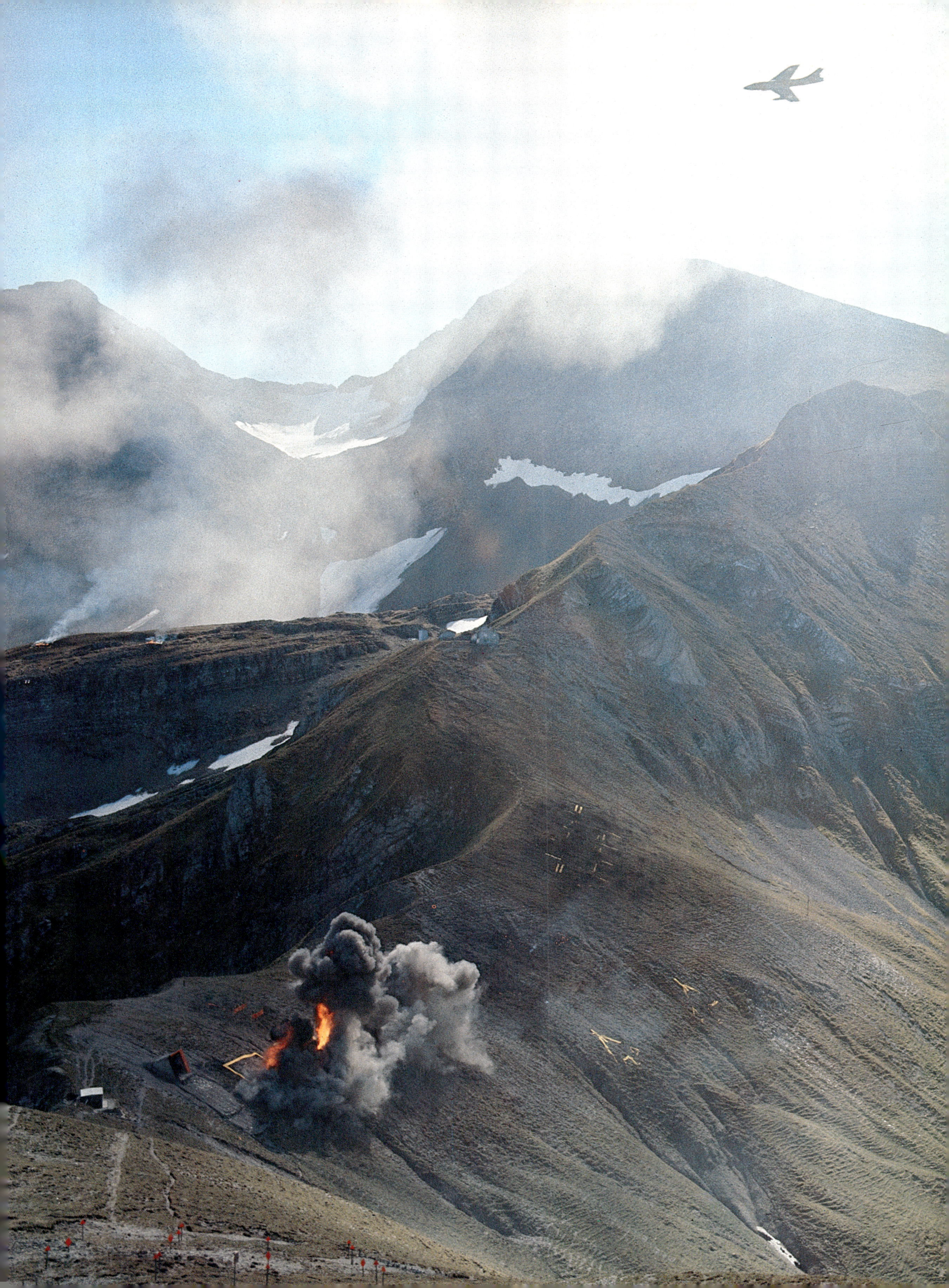

Oben: Fünf Hunter in «Catena» (Kette) über den Schweizer Alpen. Äußerste Konzentration und Flugdisziplin haben dieses ungewöhnliche Bild ermöglicht.

Links: Kampfflugzeug Mirage mit Starthilferaketen für Kurzstart. Diese Starttechnik ermöglicht auch von beschädigten und deshalb verkürzten Pisten aus zu starten.

Vorhergehende Seite: Kaum hat er seine Napalmbomben abgeworfen, geht der Hunter in den Steigflug über, um sofort im Schutz der Berge zu verschwinden: Fliegerschießen auf Ebenfluh.

Nächste Doppelseite: Ein eindrückliches Bild von Wucht und Tempo: Mirage-Aufklärer im Messerflug.

Rechts oben: Am Rand der Schallmauer pfeilt eine Mirage-Doppelpatrouille über die Alpen.

Rechts unten: Der Raumschutzjäger Tiger F-5E, das jüngste Flugzeug unserer Flugwaffe.

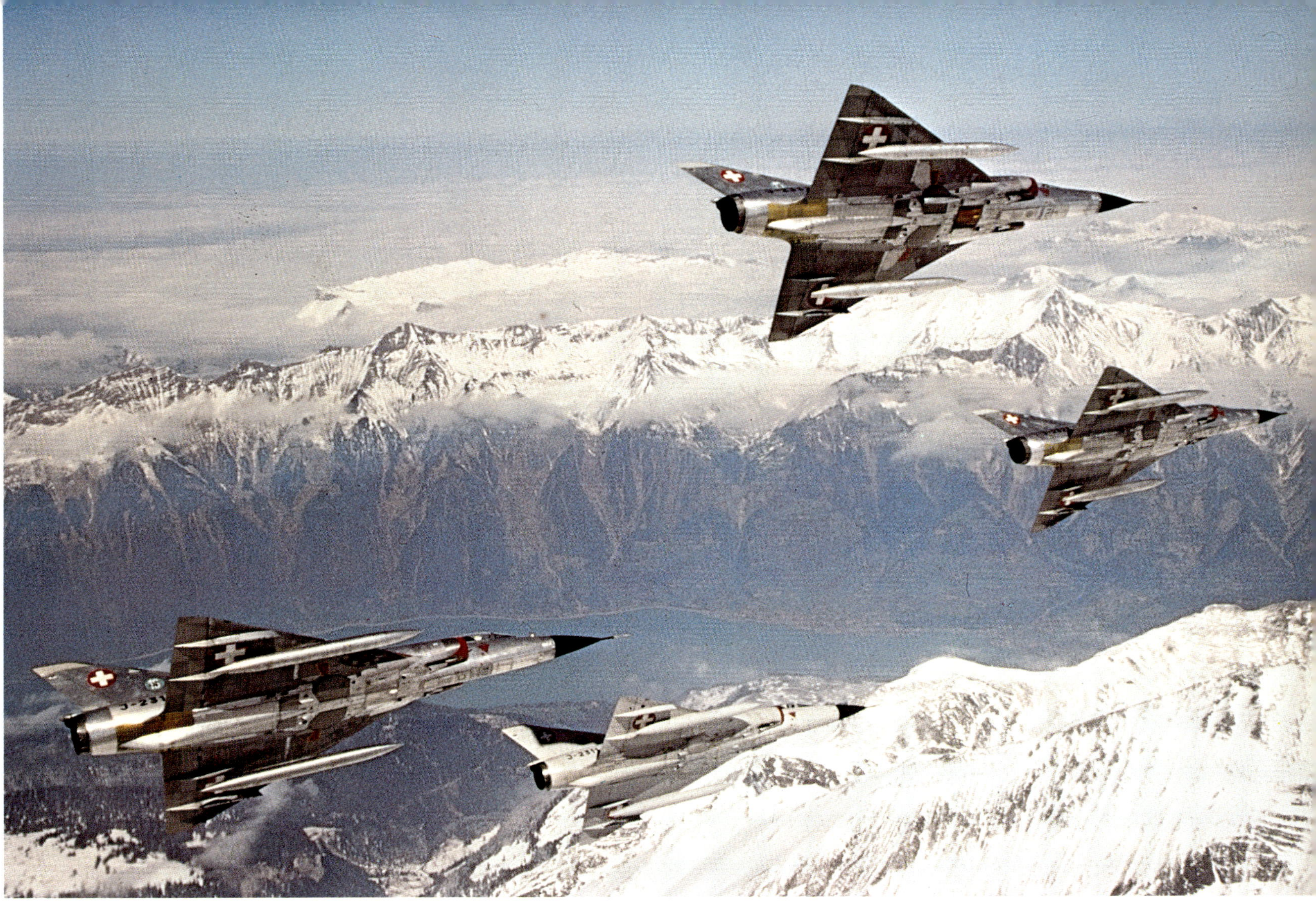

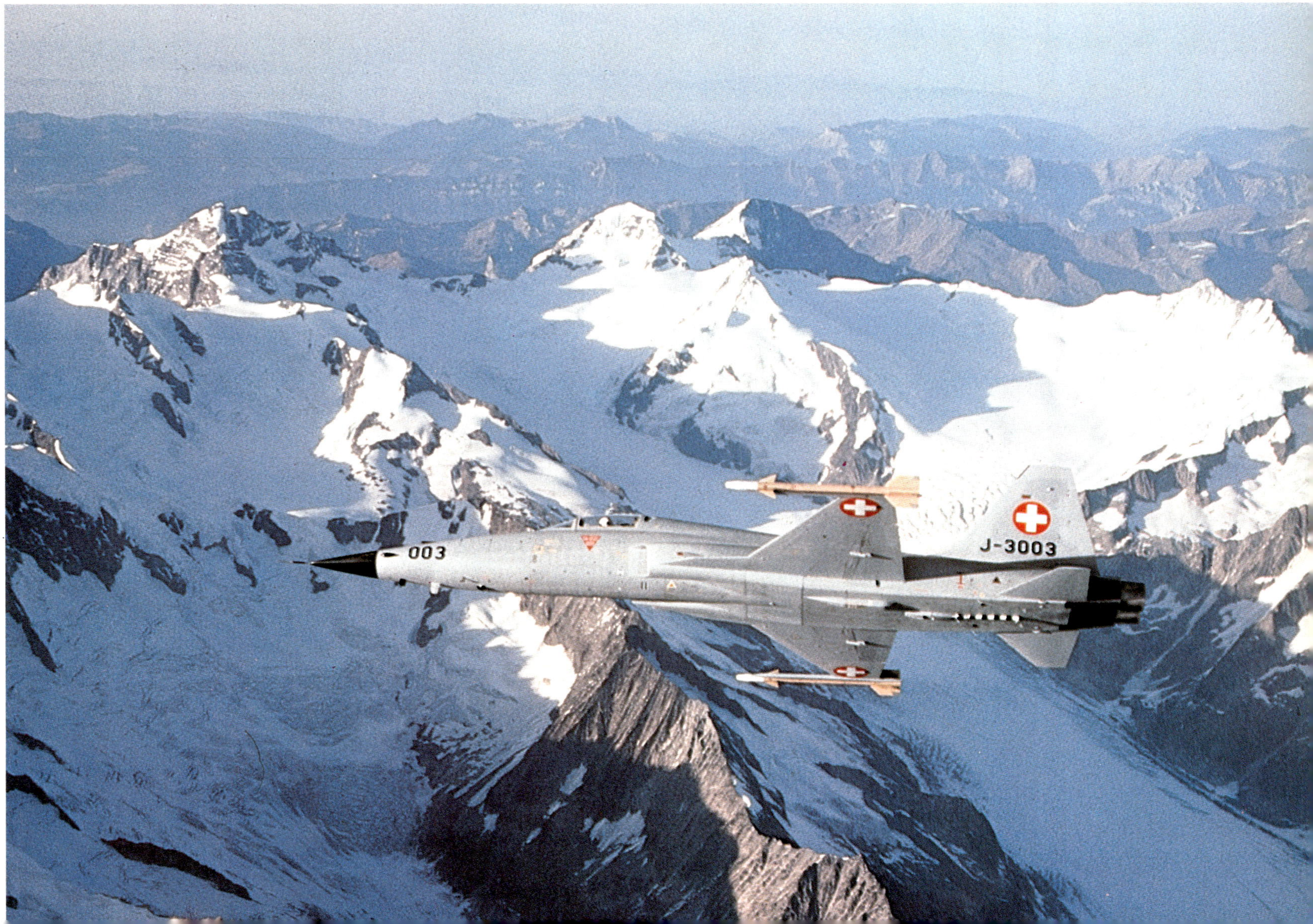
003
J-3003

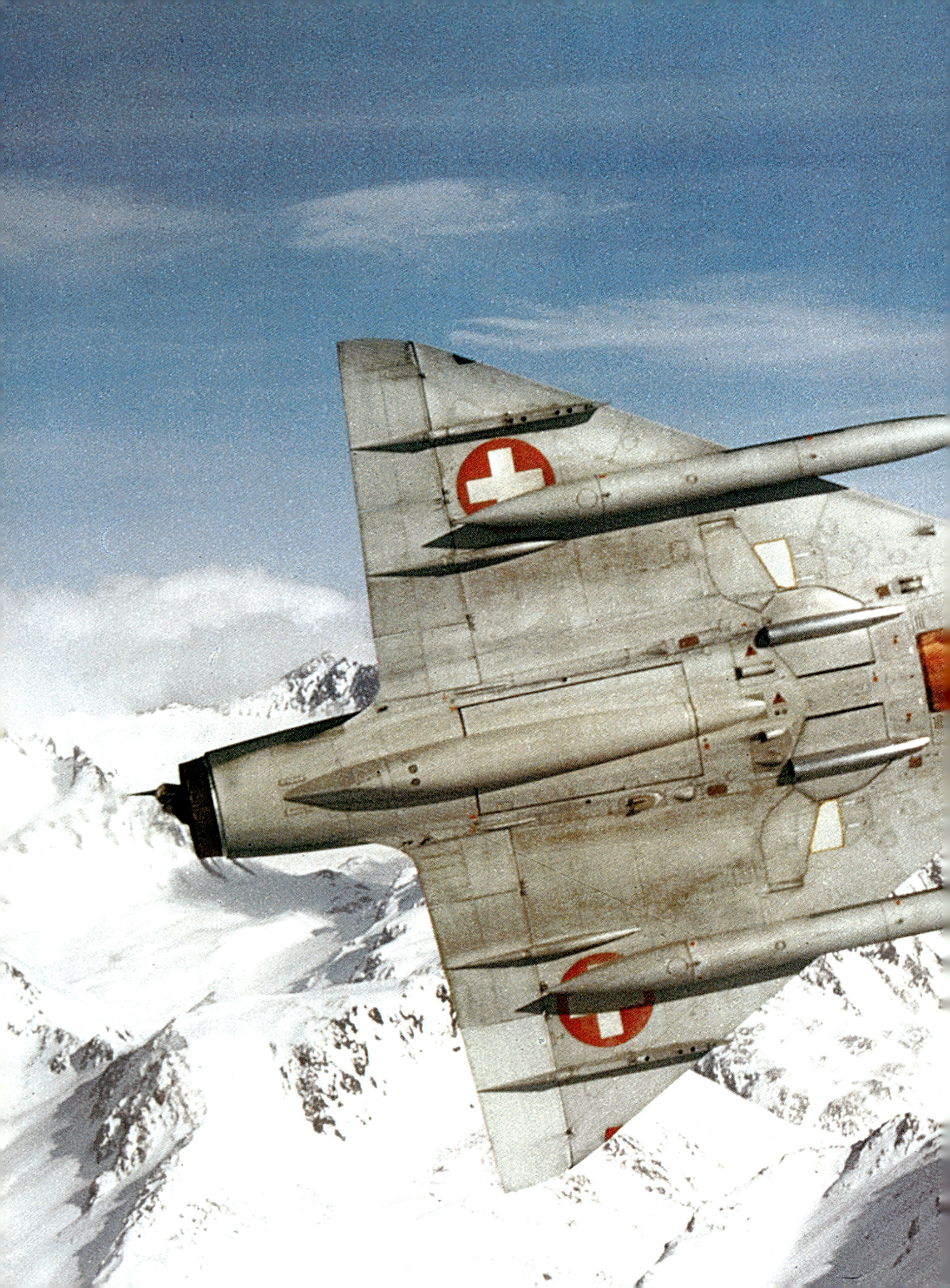

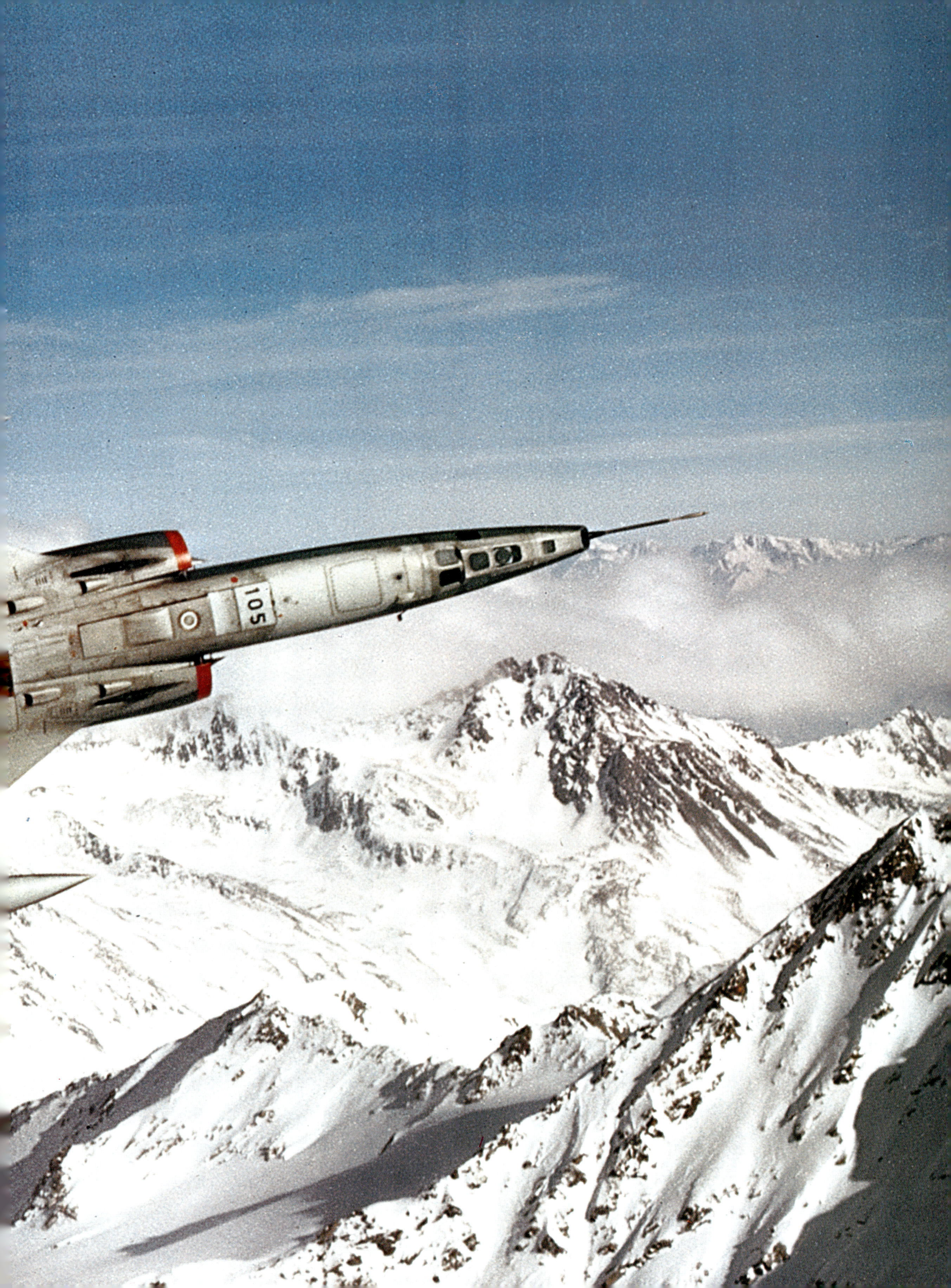

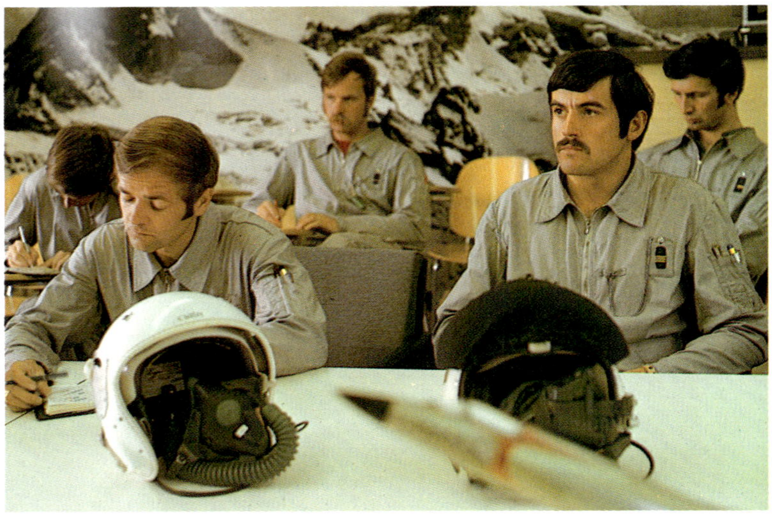

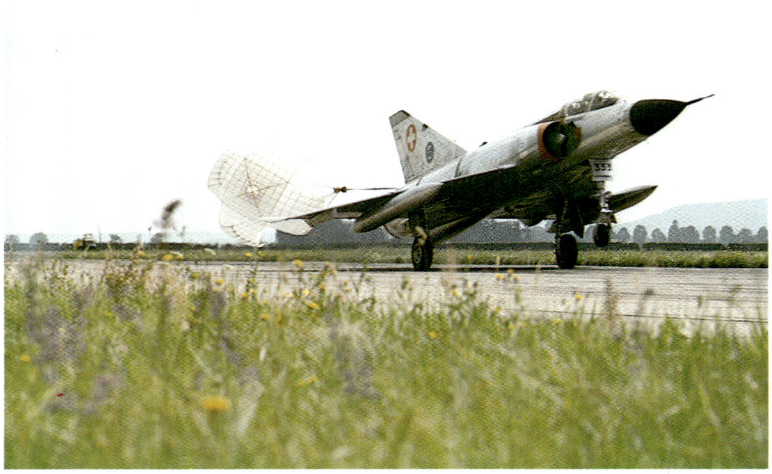

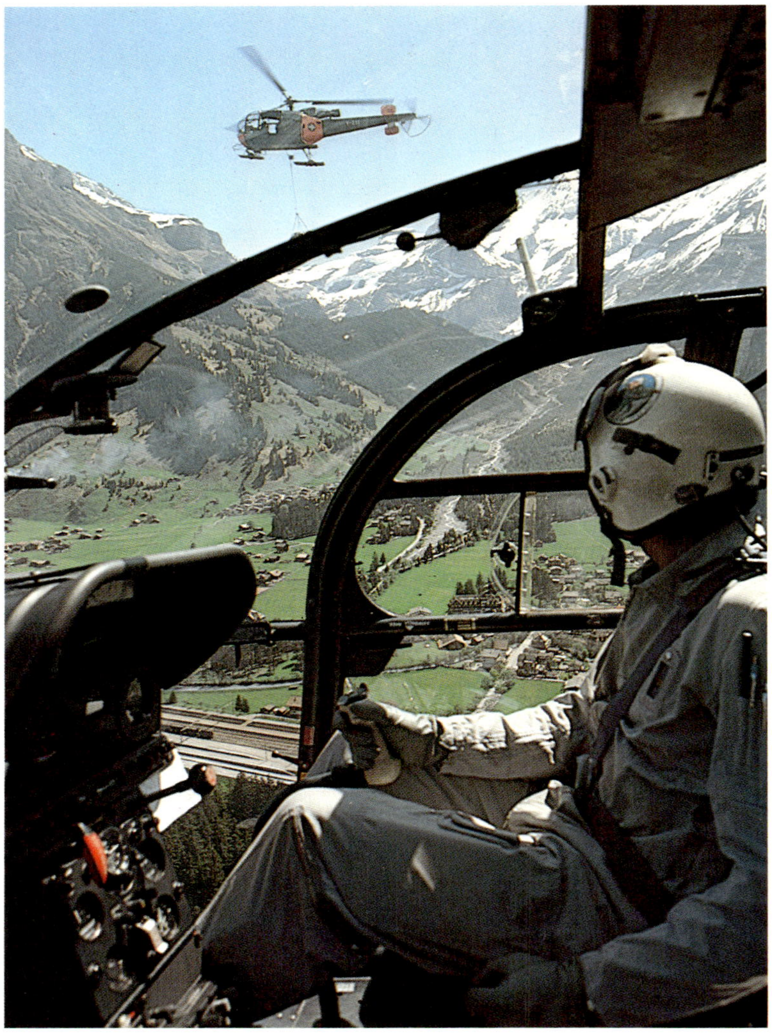

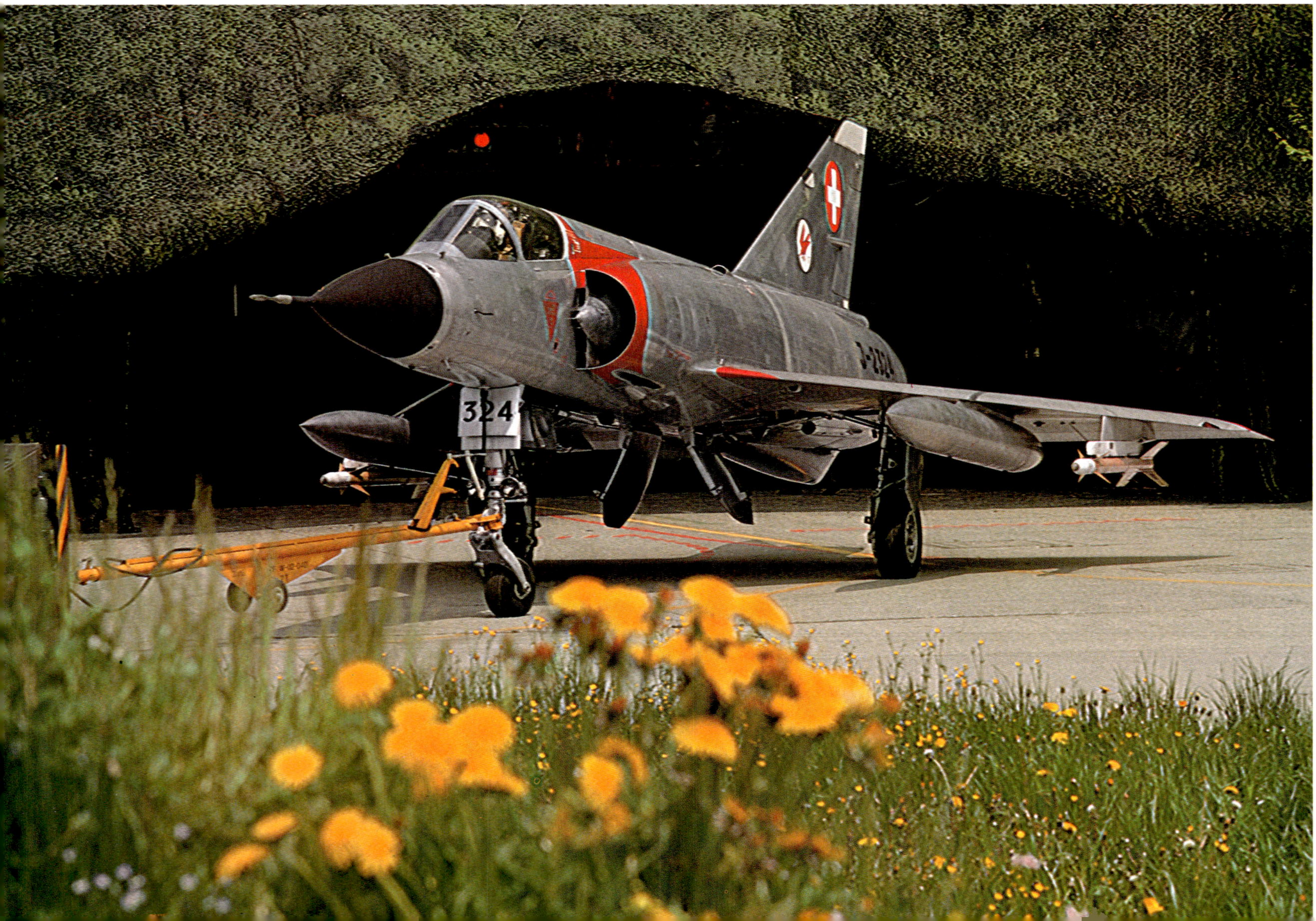
324

Linke Seite
Links außen: Briefing (Besprechung) vor einem Kampfeinsatz. Die Piloten werden mit ihren Aufträgen vertraut gemacht und erhalten den Einsatzbefehl sowie die nötigen Flug- und Wetterinformationen.

Mitte links: Landender Mirage-Abfangjäger mit Bremsfallschirm.

Rechts: Die Leichtfliegerstaffeln der Armee stützen sich für ihre Verbindungs- und Transportaufgaben vor allem auf Helikopter vom Typ Alouette III.

Unten: Ausrücken einer Mirage III S. Mit einem Traktor wird die Maschine aus der Deckung geschleppt. Kurze Zeit nach ihrem Erscheinen ist sie bereits in der Luft.

Rechte Seite: Die schweizerischen Fallschirmgrenadiere, die den Pilatus-Porter als Plattform benützen, haben verschiedene auch international stark beachtete Sprungtechniken entwickelt. Die Bilder zeigen einen Hochabsprung in Diamantformation mit taktischer Landung bei einer Waldlichtung. Die Springer, die ihre Gleitfallschirme mit verblüffender Präzision zu steuern verstehen, verschwinden, kaum sind sie gelandet, in der Deckung.

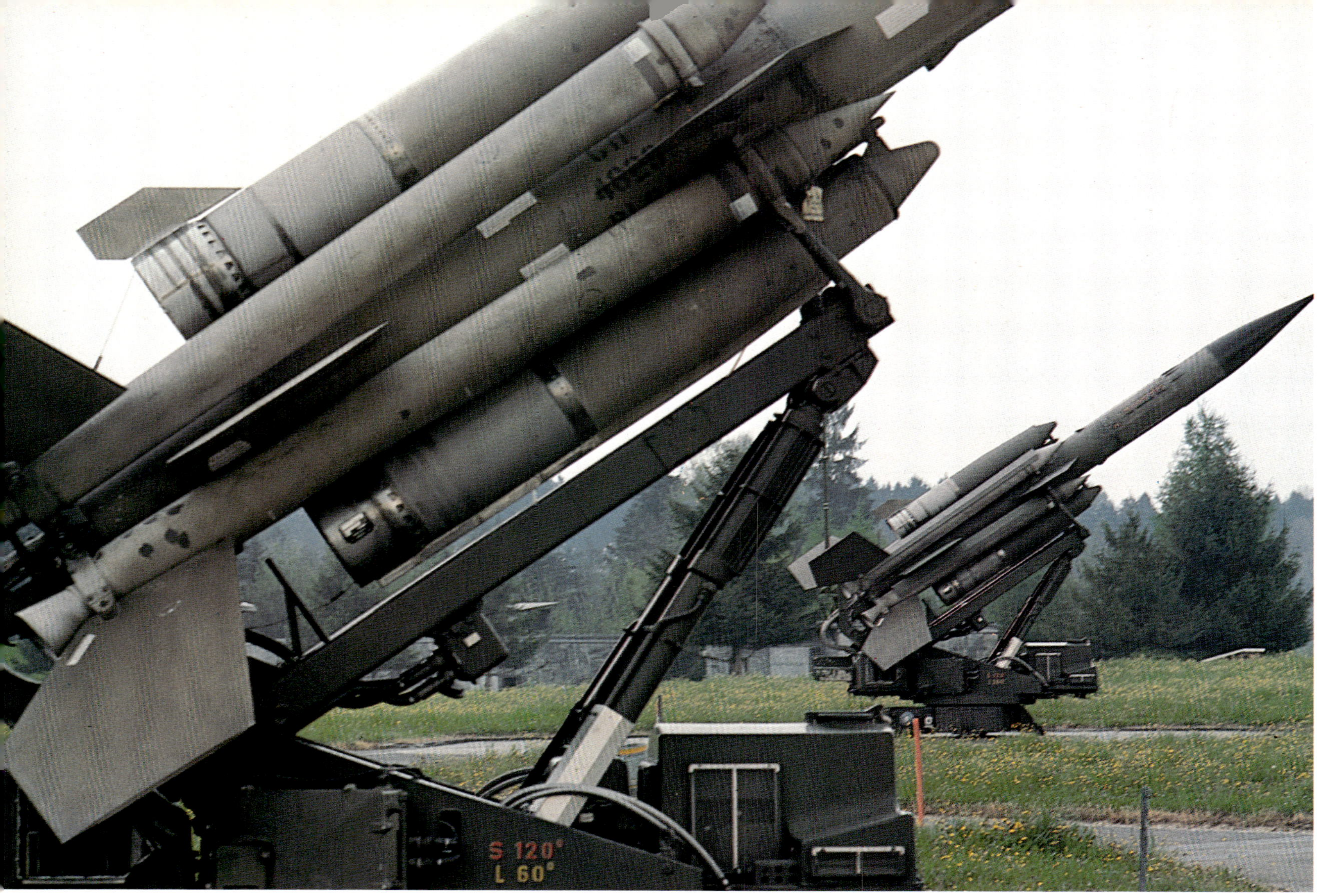
S 120°
L 60°

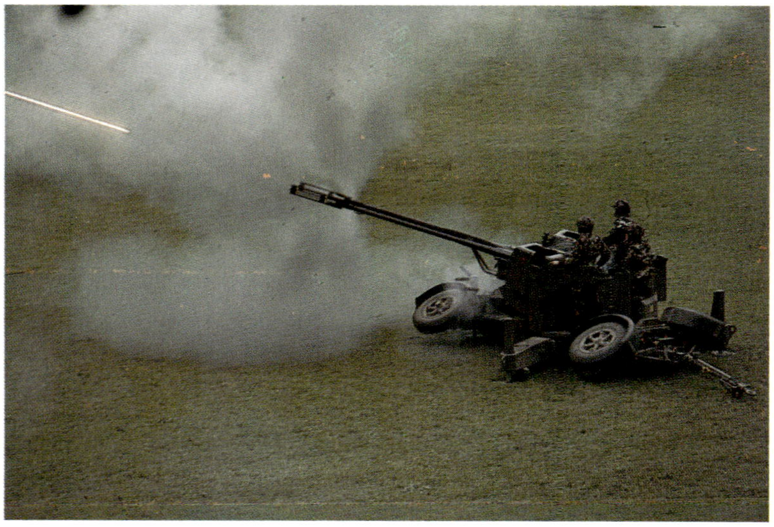

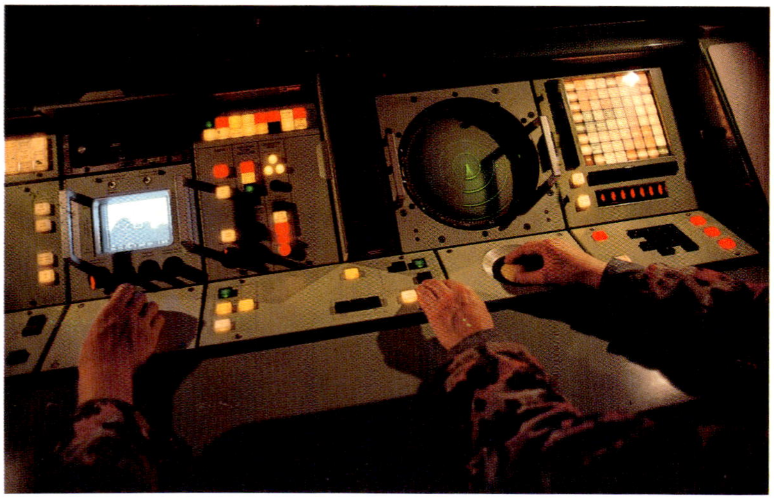

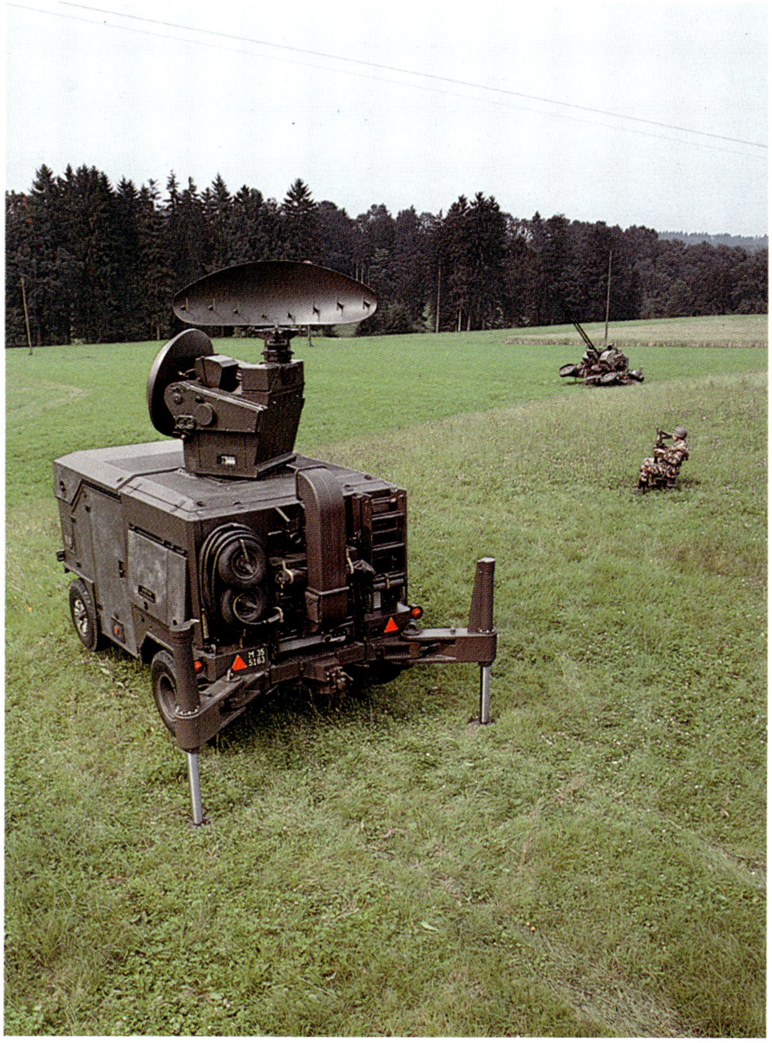

Helikoptern vom Typ Alouette III und mit Flächenflugzeugen (Pilatus-Porter) vorwiegend zum Transport von Fallschirmgrenadieren ausgerüstet sind. Die Helikopter dagegen, die praktisch überall starten und landen können und deshalb von unübertrefflicher Beweglichkeit sind, dienen dem Transport von höheren Führern und Verbindungsoffizieren zu ihren im Gefecht stehenden Unterführern, zur Beförderung von kleinen Kampfverbänden, zum Beispiel Erkundungs- und Sabotagetrupps, oder zur Beförderung von Waffen, Munition, Lebensmitteln und Spezialmaterial sowie zur Bergung von Verwundeten. Vom Helikopter aus können auch Telefonleitungen verlegt werden. Wie weit in Zukunft der Helikopter – wie zum Beispiel im Vietnamkrieg – in der Schweizer Armee als eigentliches Kampfmittel verwendet werden kann, hängt vom Ergebnis laufender Studien, aber auch von der finanziellen Tragbarkeit ab.

Führung durch «Florida»

Luftkrieg bedeutet: Der Schnellere gewinnt. Aufklärung, Entschluß, Befehl und Ausführung müssen in schnellem Tempo vor sich gehen. Manchmal entscheiden Minuten und Sekunden. Kunststück, wenn man bedenkt, daß ein Kampfflugzeug vom Typ Mirage bei anderthalbfacher Schallgeschwindigkeit jede Sekunde ungefähr 600 Meter weit fliegt!

Die ganze schöne und (vor allem) teure Flugwaffe – sie nimmt zusammen mit der Flab im langjährigen Mittel etwa ein Drittel aller schweizerischen Verteidigungsausgaben in Anspruch – ist also nur so viel wert wie ihr Frühwarn- und Führungssystem.

Geschützt von einem undurchdringlichen Panzer der Geheimhaltung, hat sich die Einsatzzentrale des Florida-Systems in einem weitverzweigten Kavernenwerk irgendwo in den Schweizer Voralpen eingenistet. Ihre Aufgabe ist es, im Frieden wie im Krieg ständig ein aktuelles Bild der Luftlage zu erarbeiten und unabhängig von Wetter oder Tageszeit sofort Alarm zu schlagen, wenn es nötig ist. Die bei «Florida» zentralisierte Führung der schweizerischen Flieger- und Fliegerabwehrtruppen beurteilt die Luftlage, faßt die Entschlüsse für den Einsatz der Abwehrmittel und erteilt die entsprechenden Aufträge. Selbstverständlich weiß «Florida» über die Standorte und die Grade der Einsatzbereitschaft aller verfügbaren Kampfflugzeuge und Flablenkwaffen – Dinge, die sich stündlich ändern – Bescheid. Bei dieser Aufgabenfülle ist es nicht verwunderlich, daß das Frühwarn- und Führungssystem Florida das komplexeste und aufwendigste elektronische System ist, das für die schweizerische Landesverteidigung je beschafft worden ist.

Im wesentlichen besteht «Florida» aus Radargeräten mit hoher Reichweite und beträchtlicher Störfestigkeit, aus Computern für die sofortige und vollständige Verarbeitung und Darstellung aller Informationen über die eigenen Mittel und über die Feindlage sowie aus einem Netz von hochleistungsfähigen Übermittlungsgeräten, welche die Befehle zur Truppe tragen.

Augen bleiben unentbehrlich

Da das Radar gerade im Voralpen- und Alpengelände nicht alle tieffliegenden Flugzeuge erfassen kann, ist der Fliegerbeobachtungs- und -meldedienst auch im Zeitalter der hochentwickelten Elektronik immer noch unentbehrlich. Die über das ganze Land verteilten Beobachtungsposten dieser Organisation, in denen Hilfsdienstpflichtige und Angehörige des Frauenhilfsdienstes eine bedeutende Arbeit leisten, erfassen und melden nicht nur feindliche Flugbewegungen, sondern vermitteln auch Nachrichten über das Absetzen von Luftlandetruppen, die Radioaktivität und die Wetterlage.

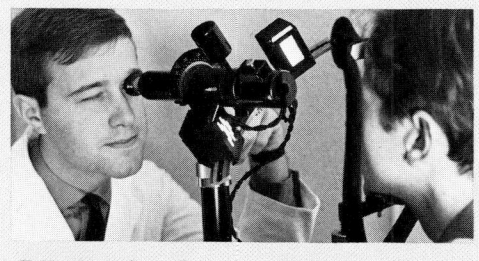

Piloten im Gesundheitstest

Das Fliegerärztliche Institut – unentbehrliches Hilfsmittel der Flugwaffe

Was muß einer sein, um Militärpilot zu werden?

Gesund muß er sein, gewiß! Gut trainiert, im vollen Besitz seiner Sinne, aber auch seelisch belastbar und geistig beweglich.

Millionenwerte sind dem Piloten anvertraut. Auch in Grenzsituationen muß er seine komplizierten Geräte sicher bedienen können. Noch wichtiger aber als die teuren Flugzeuge ist das Teuerste, was es gibt: das Leben des Piloten. Beschleunigung und Kampfstreß fordern ihn manchmal bis an die Grenzen seiner Leistungsfähigkeit.

Um herauszufinden, wer für diesen wohl anspruchsvollsten Job in der Armee geeignet ist, gibt es das Fliegerärztliche Institut (FAI) in Dübendorf, das mit Hilfe vieler zum Teil selbstentwickelter Prüfverfahren und Testgeräte die Anwärter für den Militärflugdienst untersucht und den brevetierten Militärpiloten durch die regelmäßige Kontrolle ihres Gesundheitszustandes, durch Instruktion und Beratung behilflich ist.

75 Prozent aller flugbegeisterten Pilotanwärter, die sich im Alter von 17 bis 18 Jahren für die fliegerische Vorschulung melden, werden in den strengen Untersuchungen durch das runde Dutzend Fliegerärzte in Dübendorf ausgeschieden, sei es wegen körperlicher Mängel (vom mangelhaften Farbsehvermögen bis zur verborgenen Herzschwäche) oder wegen negativer psychischer Eigenschaften (zum Beispiel Streßanfälligkeit, Nervosität, ungünstige Charaktereigenschaften).

Neben der Selektion und der gesundheitlichen Kontrolle des fliegenden Personals hat das FAI eine große Zahl weiterer Aufgaben zu erfüllen. Es erteilt fliegermedizinische Instruktionen, wirkt bei der Abfassung von Vorschriften mit, bearbeitet Probleme der Flugsicherheit und der Unfallverhütung, widmet sich wissenschaftlichen Untersuchungen in seinem Fachbereich und ist für die Ausbildung des Nachwuchses an Fliegerärzten besorgt. Schließlich haben die Fliegerärzte auch die traurige Pflicht, nach jedem tödlichen Flugunfall ein medizinisches Gutachten auszuarbeiten und die daraus gewonnenen Erkenntnisse in neue Vorschriften für die Besatzungen oder in technische Verbesserungen umzugießen.

Das Fliegerärztliche Institut wird weltweit zu den führenden Diensten dieser Art gezählt. Zu den spektakulärsten Testanlagen in Dübendorf zählen die Menschenzentrifuge, in der die Bedingungen des Kurvenflugs und die Einwirkungen der Flugbeschleunigung simuliert werden, sowie die Unterdruckkammer, in der man dem Kandidaten kontrolliert Sauerstoff entzieht, um die entsprechenden Auswirkungen auf den menschlichen Organismus und dessen Reaktionsfähigkeit zu demonstrieren.

«Zirkus» am Boden

Piloten wissen: Du kannst deine Mirage noch so sanft auf die Piste aufsetzen – der Augenblick, da sie mit 300 km/h die Piste berührt und sich das Fahrwerk in der aufflackernden Rauchfahne mit rasender Geschwindigkeit zu drehen beginnt, ist in gewissem Sinne ein «Absturz». Aus dem Heck schnellt der Bremsschirm und verlangsamt die rasende Fahrt. Die Maschine rollt aus. Der Pilot klinkt den Bremsschirm aus, parkiert seinen Vogel nach den Funkweisungen des Kontrollturms, läßt das Kabinendach nach hinten gleiten, sichert den Schleudersitz und steigt aus.

Jetzt gehört das Flugzeug einer Gruppe von Fliegersoldaten, die letztlich genau so wichtig sind wie der Pilot und seine Kommandanten in der unterirdischen «Florida»-Einsatzzentrale: den Bodentruppen. Zehn Mann, die mit der Geschwindigkeit einer Zirkusmannschaft arbeiten und ihre Handgriffe wie im Schlaf kennen, sind nötig, um die Maschine wieder startklar zu machen. Wie Heuschrecken fallen sie über das ruhende Flugzeug her. Flugzeugwart eins: Cockpit und Ausrüstung kontrollieren! Flugzeugwart zwei: Triebwerk, Enteiseranlage, Kühlluftgerät, Bremsschirm. Dritter Mann: Fahrwerk und Treibstoff. Gerätewart: Atmungs- und Beschleunigungsschutzgeräte kontrollieren, Preßluft und Sauerstoff nachfüllen! Der Funkge-

Links: Fliegerabwehr-Lenkwaffen «Bloodhound» in einer geheimen Kriegsstellung *(oben)*. 35-mm-Zwillingsgeschütz für die Fliegerabwehr bis etwa 4000 m *(Mitte links)*. Feuerleitgerät «Skyguard» von außen *(unten rechts)* und von innen *(unten links)*. Es liefert dem Geschütz die Informationen über das Ziel.

Instruktor und Schüler am Mirage-Simulator. Bevor die schwierigen Interzeptionseinsätze in der Luft geflogen werden, können diese ohne Gefahr und kostengünstig am Boden bis zur Beherrschung geübt werden.

Fliegen beginnt auf dem Boden

3000 Mann für die Sicherheit – das Bundesamt für Militärflugplätze

Jedes Gerät ist nur gerade so viel wert wie die Menschen, die es bedienen und unterhalten. Je komplizierter es ist, desto wichtiger sind die Männer im Betriebs- und Unterhaltsdienst. Weil bei der Flugwaffe und in der Fliegerabwehr alles kompliziert ist und weil die Technik gerade in diesen Bereichen besonders schnell fortschreitet, kommt der Unterhaltsorganisation entscheidende Bedeutung zu. In der Schweiz heißt diese Organisation «Bundesamt für Militärflugplätze (BAMF)». In der Zentrale in Dübendorf und in neun über das ganze Land verstreuten Betriebsgruppen sind rund 3000 Mitarbeiter, darunter zahlreiche fachlich hochqualifizierte Spezialisten, mit dem technischen Unterhaltsdienst für Flugzeuge, Militärflugplätze, Flablenkwaffen, Übermittlungs-, Radar- und Führungssysteme beauftragt.

Diese zivile Organisation, größenmäßig vergleichbar mit einem bedeutenden Industrieunternehmen, arbeitet eng mit den Flieger- und Flabtruppen zusammen und hilft mit bei deren Ausbildung und Dienst. Da in einem Milizheer aber auch diese Truppen nur sporadisch im Dienst stehen und außerdem nie die Bestände erreichen, die für die vielfältigen Aufgaben nötig sind, braucht es das Bundesamt für Militärflugplätze als Rückgrat.

Im Kriegsfall würde der gesamte Betrieb militarisiert und in weitgehender Personalunion zum Flieger- und Fliegerabwehrpark mobilisiert. In der militärischen Zielsetzung seiner Arbeit ist auch die Tatsache begründet, daß das BAMF, anders als ein ziviler Industriebetrieb, zugleich mit einem neuen Flugzeug oder einem neuen Waffensystem die Ersatzteilreserve für die gesamte Lebensdauer des Systems beschaffen und die entsprechenden, Hunderte von Millionen Franken teuren Lager bewirtschaften muß.

Hier wie anderswo ist die elektronische Datenverarbeitung unentbehrlich. Mit Hilfe des Computers werden Fehlermelde- und Kontrollsysteme betrieben, mit denen man u. a. Fehlerhäufigkeit und damit Schwachstellen eines Systems zuverlässig feststellen und die Bereitschaft überwachen kann. Führungsprobleme löst das BAMF mit modernen Mitteln des heutigen Managements; intensive Arbeitsvorbereitung und -planung zur Steuerung des Arbeitsanfalls und der Termine gehören heute ebenso zum Alltag wie ständige Kosten- und Aufwandermittlungen.

Die innerbetriebliche Ausbildung nimmt in einem solchen Betrieb natürlich einen besonders wichtigen Platz ein. Etwa zehn Prozent der Beschäftigten sind Lehrlinge. Die BAMF-Spezialisten müssen sich außerdem bei jedem neuen Waffensystem weiterbilden, teils im Ausland beim Hersteller, teils im eigenen Betrieb, wo die im Ausland geschulten Spezialisten und betriebseigenen Fachlehrer ihr Wissen an die Kollegen und an die Bodentruppe weitergeben. Wie weit das führt, soll ein Beispiel aus der Einführung des neuen Kampfflugzeugs Tiger F-5E zeigen: Da ein wesentlicher Teil der amerikanischen Vorschriften nicht mehr ins Deutsche übersetzt wurde und damit die amerikanischen Hersteller sowie die schweizerischen Unterhaltsspezialisten auf der gleichen Sprachebene miteinander verkehren können, wurden zwischen 1975 und 1979 rund 180 BAMF-Mitarbeiter in betriebsinternen Kursen in Fachenglisch ausgebildet. Das BAMF verfügt schließlich über einen internen Redaktions- und Verlagsbetrieb, dessen einzige Aufgabe darin besteht, die umfangreichen und komplizierten technischen Vorschriften und Manuale – im Falle des Tigers trotzdem noch mehrere dicke Bände – für die Bedürfnisse der Truppe umzuschreiben und ins Deutsche, ins Französische und teilweise auch ins Italienische zu übersetzen.

Der Lohn all dieser teuren Mühen heißt Sicherheit. Und in dieser Hinsicht brauchen die Spezialisten, denen unser teuerstes Kriegsgerät anvertraut ist, keinen internationalen Vergleich zu scheuen. Darauf sind das Bundesamt für Militärflugplätze und seine Mitarbeiter stolz – und zwar mit Recht!

rätewart überprüft die Übermittlungsanlagen. Die Waffenwarte hängen neue Bomben und Raketen an und füllen Munition nach. Der Unteroffizier kontrolliert die wesentlichen Bewegungen seiner Leute, die nach einem ausgeklügelten System arbeiten. Jeder Handgriff muß mit dem anderen synchronisiert sein, und die Sicherheit ist oberstes Gebot. So wäre es denn zum Beispiel undenkbar, gleichzeitig Funktionskontrollen an elektrischen Geräten durchzuführen und Treibstoff nachzufüllen: Explosionsgefahr! Und die Piloten, die sich auf diese Arbeit mit ihrem Leben verlassen müssen, sind unerbittlich. Schon manches Flugzeug ist nicht aufgestiegen, weil irgendein scheinbar nebensächliches Detail nicht in Ordnung war, und wäre es nur ein defektes Lämpchen oder eine nicht aufgezogene Borduhr gewesen...

Die Bodenorganisation schließlich ist auch für die Flugsicherung im Flugplatzbereich verantwortlich. Sie führt die Verbindungen, leitet den Dienst auf dem Kontrollturm, beschafft die Fluginformationen und hält für alle Fälle einen Rettungsdienst bereit. Auch die ganzen Arbeiten für die Versorgung, den Sanitätsdienst sowie für Verbindung und Administration lasten auf ihr. Die Flugplatzabteilungen sind für den Flab- und Infanterieschutz der Flugplätze zuständig, und wenn die Rollbahnen beschädigt sind, tritt die Fliegergeniekompanie in Aktion. Um die verhältnismäßig wenigen und teuren Flugzeuge zu schützen, hat die Schweizer Flugwaffe sie auf verschiedene Basen dezentralisiert und eine große Zahl von Felskavernen angelegt, in denen die Maschinen auch stärkstem Bombardement widerstehen können. Der Start der Kampfflugzeuge aus diesen unterirdischen Unterständen ist eins der fesselndsten Schauspiele, die die schweizerische Landesverteidigung einem Beobachter zu bieten hat.

Wie wird man Militärpilot?

Schweizer Militärpiloten sind ungewöhnliche Männer. Was in den Flugwaffen anderer Armeen die Arbeit von Vollprofis ist, leistet der größere Teil von ihnen im Milizsystem. Schweizer Milizpiloten leisten etwa dreimal so viel Militärdienst wie andere Wehrmänner im Auszugsalter, und ihre Lebensversicherung müssen sie erst noch aus der Flugentschädigung selbst bezahlen.

Knapp 2000 junge Schweizer melden sich jedes Jahr, aber nur etwa 20 schaffen es schließlich. 99 von 100 werden in einem gnadenlosen Prüfungs- und Auswahlverfahren ausgesiebt.

Wer seine Flugbegeisterung erst entdeckt, wenn er das Aufgebot für die Rekrutenschule im Briefkasten hat, ist in der Regel ohne Chance, denn die beste Voraussetzung für die Militärpilotenlaufbahn ist die fliegerische Vorschulung beim Aero-Club der Schweiz. Anmelden muß man sich bis zum 1. März des Jahres, in dem das 17., ausnahmsweise das 18. Altersjahr erreicht wird. Als Grundbedingungen werden abgeschlossene Sekundar-, Bezirksoder Realschule verlangt. Grundkenntnisse der englischen Sprache und der Radiotelefonieausweis sind erwünscht. Die Berufslehre oder die Mittelschule müssen bis zum Beginn der RS abgeschlossen sein. Gefordert werden außerdem «ein guter Leumund und eine einwandfreie staatsbürgerliche Gesinnung». Eine Körpergröße zwischen 160 und 190 cm sowie gutes Hör- und Sehvermögen sind weitere Bedingungen.

Die fliegerische Vorschulung besteht aus zwei zweiwöchigen Kursen, in denen die Grundbegriffe des Fliegens gelehrt werden. Die Einschreibegebühren und die Unterkunftsbeiträge sind bescheiden, und die Kurse finden in der Regel während der Schulferien statt. Wer sie erfolgreich abschließt, wird bei der Rekrutierung als Pilotanwärter den Fliegertruppen zugeteilt. Wer die fliegerische Vorschulung nicht ab-

Helikopterpiloten der Armee haben auch eine Gebirgsausbildung: Bergrettungsaktion mit einer Alouette der Leichtfliegerstaffeln, einem Rettungshelfer und dem Geretteten im Netz.

solviert, aber eine gleichwertige Pilotenausbildung hinter sich gebracht hat, muß sich spätestens bei der Aushebung melden.

Überall Filter

Vor der Einberufung zur Fliegerrekrutenschule ist eine strenge medizinisch-psychiatrische Eignungs- und Persönlichkeitsprüfung zu bestehen. In diesem Test fällt schon einmal eine große Zahl der flugbegeisterten jungen Männer durch.

Während der Rekrutenschule hat der Kandidat, der die umfangreichen fliegerärztlichen Tests hinter sich hat, binnen 13 Wochen eine fliegerische Vorschulungsperiode zu bestehen. Pro Jahr werden dafür von den 2000 ursprünglichen Interessenten höchstens noch 60 bis 70 aufgeboten. Die Hälfte von ihnen wird schon nach

Kämpfer, die vom Himmel fallen

Mut und Präzision der Fallschirmgrenadiere

Lautlos schwebt der Motorsegler über dem Feindesland ein. Einer öffnet die Luke. Auf ein geflüstertes Kommando stürzen schwarze Pakete ins Bodenlose und verschwinden in der Dunkelheit...

Bis 1969 war diese Szene in der Schweiz nur aus Kriegsfilmen bekannt. Luftlandeaktionen großen Stils, wie sie zum Beispiel – wenn auch fehlerhaft geführt und mit entsprechend chaotischen Ergebnissen – die alliierte Invasion vom Juni 1944 der Normandie eröffnet hatten, sind für die Schweizer Armee heute noch eine Illusion; schweizerische «Paras» dieser Art würden auch kaum in die Einsatzdoktrin unserer Verteidigungsarmee passen.

Was viel besser paßt, ja in bestimmten Situationen unentbehrlich ist, wird seit 1969 fleißig geübt, Fallschirmspringen bis 50 Kilometer hinter die feindlichen Linien mit zweierlei Aufträgen: entweder zur Aufklärung feindlicher Mittel und Bewegungen oder zu bestimmten Jagdkampfeinsätzen (Sabotageakte gegen Kommandoposten, Übermittlungszentralen, Bahnlinien, das Elektrizitätsnetz und Versorgungslager, Unterstützung eingeschlossener eigener Truppen und dergleichen). Die Schweizer Armee verfügt über eine Fallschirmgrenadierkompanie, die taktisch der Flugwaffe unterstellt ist und deren Angehörige ein überdurchschnittliches Leistungsniveau erreicht haben.

Mit bis zu 30 Kilo Gepäck – Sprengmittel, Funkgeräte usw. – plus Waffen und Proviant beladen, springen die Schweizer Fallschirmgrenadiere meist im Schutz der Dunkelheit aus den Pilatus-Portern, die als Flugzeuge mit hervorragenden Langsamflugeigenschaften ausgezeichnete Plattformen für überraschende und kaum bemerkbare Kommandoeinsätze darstellen, wie sie den Fallschirmgrenadieren zugedacht sind. Die Schweizer Fallschirmsoldaten nähern sich ihrem Ziel entweder im Tiefflug (zwischen 50 und 100 Meter über der Landezone), damit ihr Flugzeug unter der Reichweite feindlicher Radarstationen bleibt; dann werden vollautomatische Fallschirme verwendet. Oder aber sie fliegen in großer Höhe (5000 Meter und höher) an und fallen mit geschlossenem Fallschirm in freiem Fall während mehr als einer Minute bis auf 300 bis 500 Meter, um dann mit steuerbaren Gleitfallschirmen in einem möglichst engen Radius um ihren Gruppenführer zu landen. Eine guttrainierte Gruppe schafft es durchaus, sich in einem Kreis von zehn Metern Durchmesser am Boden wiederzufinden. Taktische Spezialitäten von atemraubender Präzision sind die Sprünge, wenn eine ganze Gruppe haarscharf an einer Waldgrenze niedergeht und sich auf den letzten Metern seitlich ins schützende Dickicht hineinmanövriert, um den Blicken und Visieren des Feindes nicht länger als unbedingt nötig ausgesetzt zu sein.

Fallschirmspringen macht aber nur zehn Prozent der Aufgabe aus. Wichtiger ist, was der Fallschirmgrenadier am Boden leisten kann und wie gut er auch unter widerwärtigsten Umständen zu überleben versteht. Die Grundlage für diese überaus harte und selbständige Kampfführung hinter den feindlichen Linien ist die Ausbildung in der Rekrutenschule der Fallschirmgrenadiere mit ihren unerbittlichen Anforderungen an die körperliche Leistungsfähigkeit. Schließlich muß der Fallschirmgrenadier, wenn er sein Objekt gesprengt oder seinen Spähauftrag erfüllt und möglicherweise die Aufmerksamkeit eines überlegenen Feindes erweckt hat, möglichst ungeschoren wieder hinter die eigenen Linien gelangen oder sich so lange «unsichtbar» machen und mit primitivsten Mitteln überleben können, bis die unmittelbare Gefahr vorbei ist. Wie stark der Leistungsdruck ist, dem die Rekruten ausgesetzt sind, zeigt die Selektion. Von etwa 250 Interessenten werden pro Jahr etwa 24 zur Rekrutenschule aufgeboten. Und während der RS geht die Selektion in mehreren Stufen weiter; brevetiert werden schließlich etwa zwölf Wehrmänner!

Wer zu den Fallschirmgrenadieren will, muß zunächst, mit 17 oder spätestens 18 Jahren, eine Springerausbildung bei einer Fallschirmschule des Aero-Clubs der Schweiz hinter sich bringen und das Springerbrevet des Bundesamtes für Zivilluftfahrt erwerben. Wer außerdem den fliegerärztlichen Eignungstest besteht, hat – bei Bedarf – die Chance, in die Fallschirmgrenadierkompanie eingeteilt zu werden. Voraussetzung dafür ist auch bei volljährigen Wehrmännern, daß die Eltern (bei Verheirateten die Gattin) zustimmen.

Auch die Fallschirmgrenadiere gehören zu den Wehrmännern, die um der Sache willen bedeutend mehr Dienst leisten als der große Haufen. An die 17wöchige Fallschirmgrenadier-Rekrutenschule schließt sich die vierwöchige Fachrekrutenschule an. Zusätzlich zum normalen Wiederholungskurs sind pro Jahr ein einwöchiger technischer Kurs und eine Anzahl von individuellen Trainingstagen (analog zu denjenigen der Milizpiloten) vorgeschrieben. Fallschirmgrenadiere erhalten eine jährliche Entschädigung von 2400 Franken als Abgeltung für vermehrte Dienstleistung und die Unkosten des individuellen Trainings. Die Prämien für die vorgeschriebene Versicherung müssen sie nach der Rekrutenschule selbst tragen, dafür ist ihnen die Benützung der militärischen Springerausrüstung im Zivilleben gestattet.

vier Wochen in die Flieger-RS zurückgeschickt.

Während dieser Selektionsphase werden auf dem Flugplatz Locarno 20 Einsätze auf der P-3, fünf simulierte Instrumentenflüge im Linktrainer und zehn Prüfungen in Flugtheorie, Geographie, Vorschriftenkenntnis usw. durchgeführt. Die Beurteilung dieser Tests ist genau geregelt, so daß die unterschiedliche fliegerische Vorbildung der Kandidaten berücksichtigt werden kann und die Segelflieger die gleichen Chancen haben wie die Motorflieger. Wer diese Hürde genommen hat, verbleibt die restlichen neun Wochen in der VSP und beginnt die Grundschulung auf der P-3.

Zusätzlich zum Bestehen dieser fliegerischen Tests werden einwandfreie militärische Führung und Leistung, d.h. der Vorschlag für die Ausbildung zum Unteroffizier, verlangt.

Wer all das geschafft hat, rückt in die Flieger-Unteroffiziersschule und anschließend in die zwei Fliegerschulen von je 17 Wochen Dauer ein; während der ersten wird zugleich der Grad abverdient. Nach insgesamt 55 Wochen Militärdienst, in deren Verlauf nur noch wenige Kandidaten ausgeschieden werden, ist das große Ziel erreicht: Brevetierung zum Militärpiloten, Beförderung zum Wachtmeister und Einteilung in eine Fliegerstaffel.

Mit dieser Brevetierung sind Pflichten verbunden, die weit über den normalen Militärdienst hinausgehen. Während mindestens acht Jahren muß der Militärpilot jährlich während sechs Wochen Trainingskurse besuchen und zusätzlich an zehn Tagen individuell trainieren. Alle vier Wochen muß er also ins Cockpit, Auslandurlaub wird innerhalb der ersten zwei Jahre nach der Brevetierung nicht gewährt. Dazu kommt, daß für geeignete Piloten die Offiziersausbildung obligatorisch ist. Das bedeutet nochmals 34 Wochen Offiziersschule und Abverdienen.

Niemand macht sich Illusionen darüber, daß dies ein sehr strenges Ausbildungsprogramm ist.

Aber es hat einen großen Vorzug: Die Schweizer Piloten leben länger.

Wenige ausländische Armeen mit Berufspiloten haben geringere Unfallquoten als die Schweizer Flugwaffe!

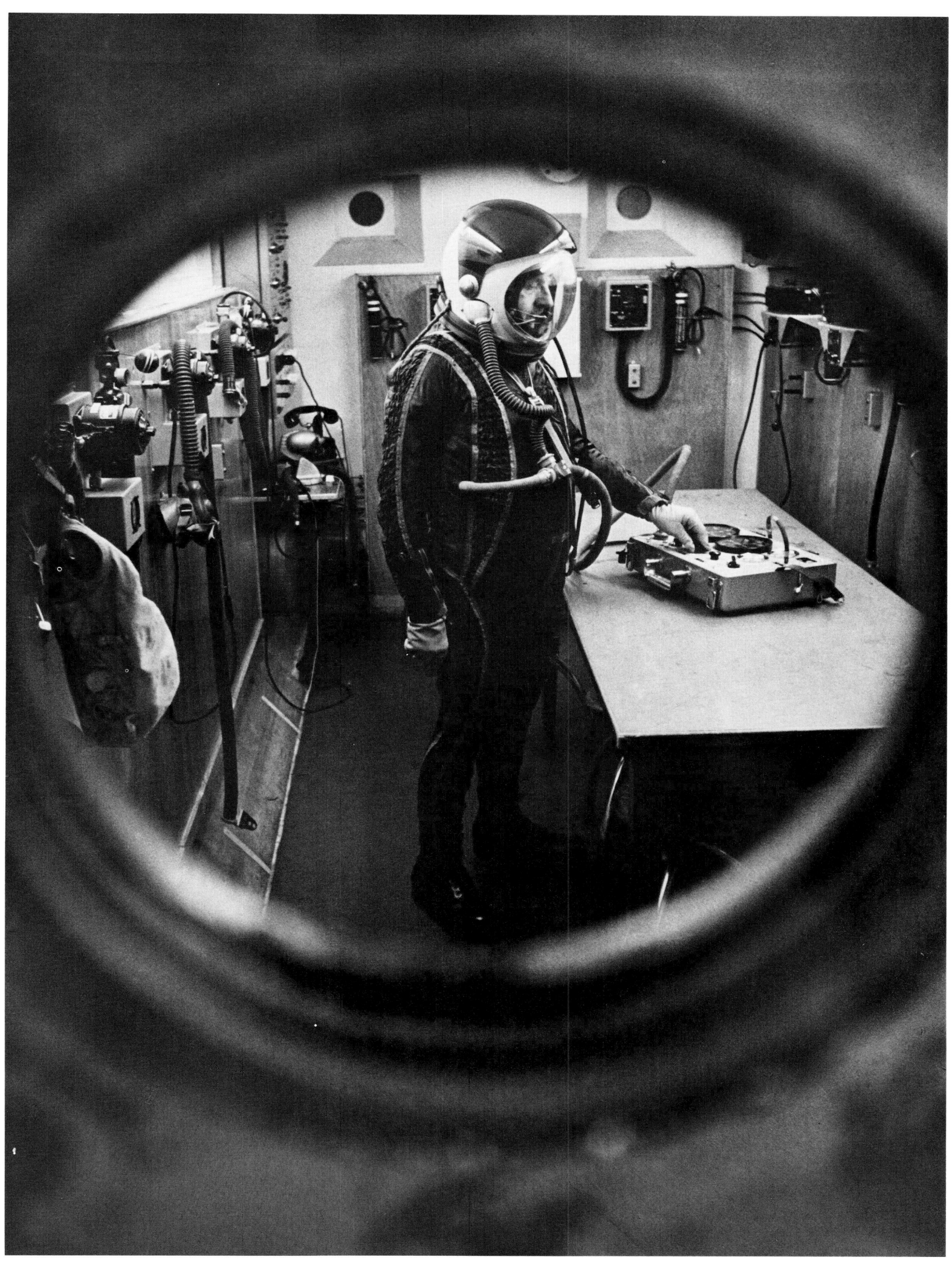

Pilot im Antibeschleunigungsanzug in der Unterdruckkammer des Fliegerärztlichen Instituts bei einem Belastungs- und Reaktionstest.

Feuer in den Himmel

Vom Stiefkind zur modernen Waffe – die Fliegerabwehr

Welche ist die bibeltreuste unter allen Truppengattungen der Schweizer Armee? – Die Flab! Denn sie lebt streng nach dem Worte: «...und sie schauten furchtsam gen Himmel und ängstigten sich sehr!»

Vergilbte Witze dieses Kalibers aus der Aktivdienstzeit haben lange das öffentliche Erscheinungsbild der schweizerischen Fliegerabwehr geprägt, denn keine andere Truppengattung, zumal keine so junge und weder personell noch materiell gut dotierte, hat ihre Kinderkrankheiten ähnlich öffentlich auskurieren und mit dem ätzenden Spott eines ebenso kritischen wie aufgeregten Publikums in schwieriger Zeit büßen müssen.

Kaum hatte sich die Flab um das Jahr 1936 zur eigenständigen Waffe formiert, brach der Zweite Weltkrieg herein. Geschütze, Kommandogeräte und Scheinwerfer waren noch nicht einmal fertig erprobt, als im Jura bereits ganze Schwärme deutscher «Messerschmitts» die Schweizer Flugwaffe zu Luftkämpfen auf Leben und Tod herausforderten.

Später, als jede Nacht die mit tödlicher Fracht beladenen alliierten Bomber kreuz und quer über die Schweiz nach Deutschland und Italien flogen, war die Fliegerabwehr noch immer nicht so gut ausgerüstet und ausgebildet, daß sie für die in den neutralen Luftraum der Schweiz Eindringenden eine ernsthafte Gefahr hätte bilden können. In vier Novembernächten des Jahres 1940 verfeuerten zum Beispiel die in der Westschweiz sowie auf dem Jaunpaß, dem Simplon und dem Gotthard stehenden 7,5-cm-Batterien nicht weniger als 473 Schuß auf italienwärts strebende britische Bomber, ohne einen einzigen zu treffen. Am Ende des Aktivdienstes hatte die Flab ganze neun Abschüsse zu verzeichnen; dafür ballerte sie dann und wann in Ermangelung einer einwandfreien Freund-Feind-Erkennung auf eigene Maschinen: einmal in langen, hartnäckigen Serien auf eine Swissair-Maschine, das andere Mal auf ein Verbindungsflugzeug mit einem leibhaftigen Divisionär an Bord.

Vom Augenmaß zum Radar

Die Flab von heute hat mit der Truppe von damals nichts anderes mehr gemein als den Namen und den Auftrag: Bekämpfung feindlicher Flugzeuge. Radarsysteme, die selbsttätig Geschütze mit einer technischen Kadenz von 1100 Schuß pro Minute steuern, sind an die Stelle der Richtkanoniere getreten, die den für einen Treffer nötigen Vorhalt noch in Flugzeuglängen maßen und «schätzometrisch» visierten. Die Flab ist ein hochtechnisierter, wichtiger Teil unserer Luftverteidigung, des Objekt- wie des Raumschutzes, geworden; sie gehört hinsichtlich des Ausrüstungsstandards zu den modernsten Truppengattungen der Schweizer Armee. In der Regel sind mehr als 50 Prozent des Mannschaftsbestandes einer Mittleren Flabbatterie Berufsleute technischer Richtung oder Akademiker.

Oben: Durch genaues Zielen und routiniertes Einschätzen des nötigen Vorhalts nutzt der Richtkanonier die wenigen Sekunden des geraden Anflugs für den Abschuß der feindlichen Maschine.

Links: Die kleinkalibrige Fliegerabwehr mit ihren 20-mm-Kanonen ist überaus leicht und beweglich. Die Geschütze feuern rund 1000 Schuß pro Minute ab und erreichen Flugzeuge bis zu einer Flughöhe von 1500 Metern.

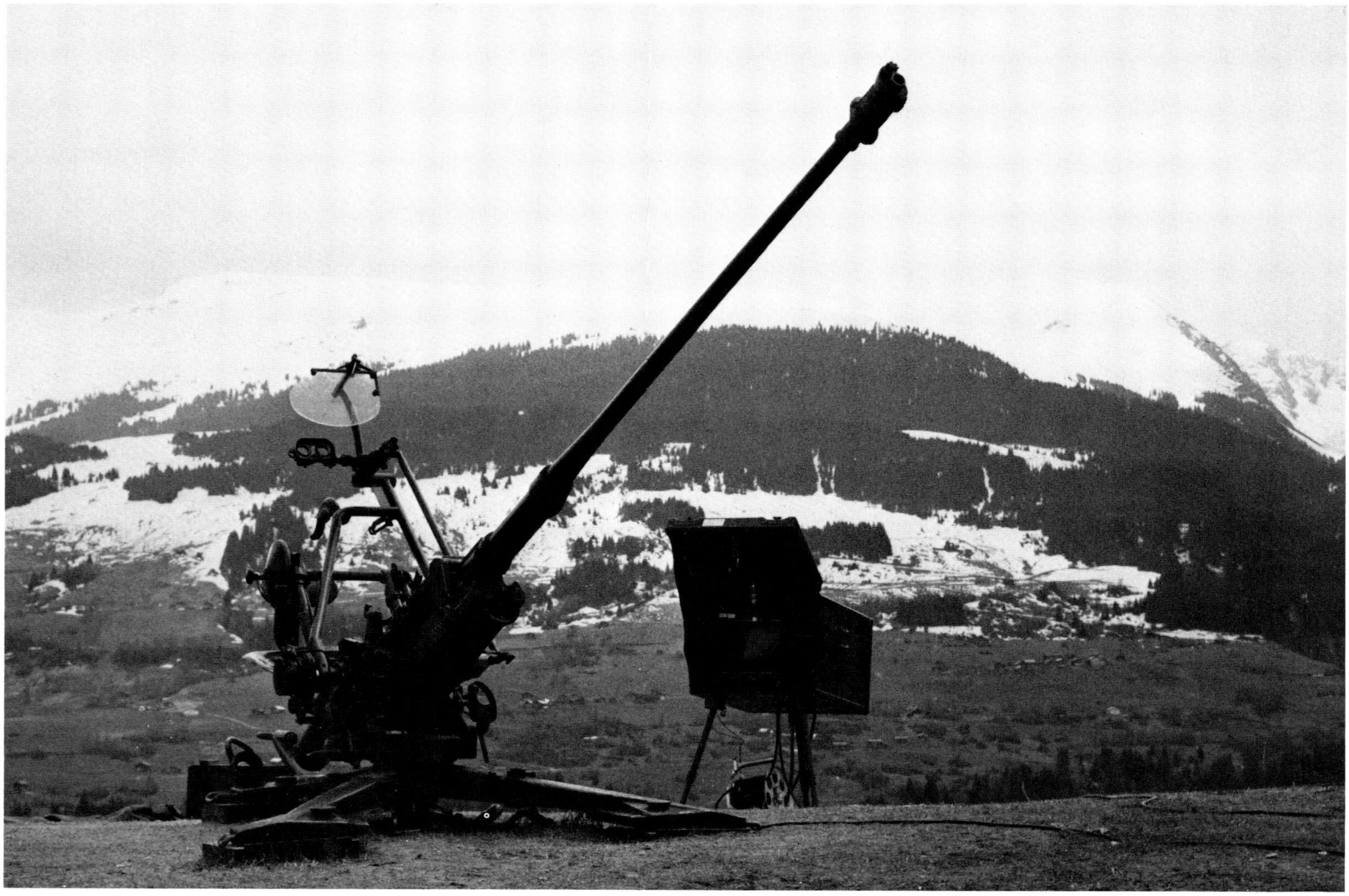

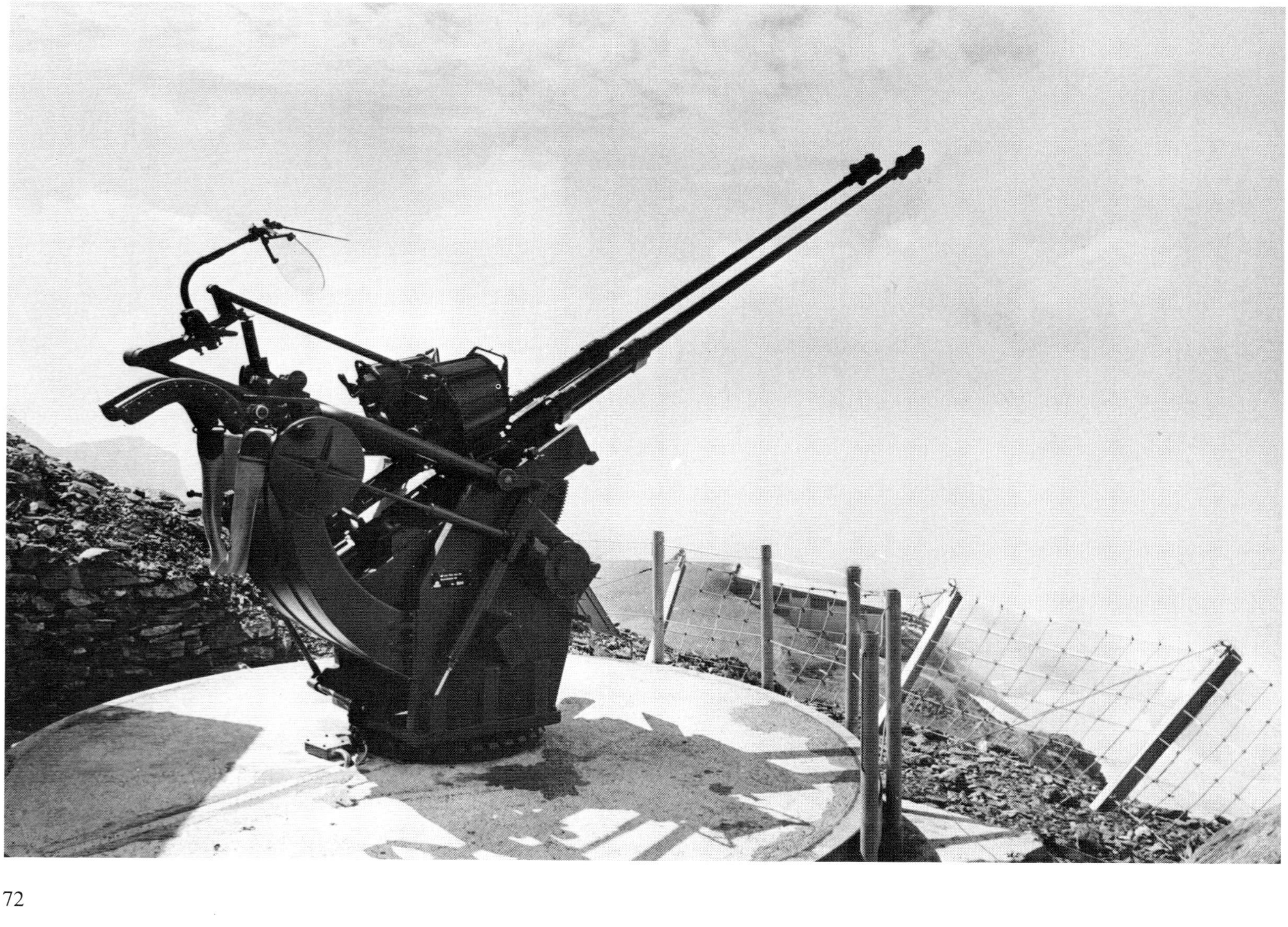

Links: 20-mm-Flabkanone 54, eine moderne und gefürchtete Waffe gegen Tiefflieger und Helikopter, mit Datenterminal für «Florett» (Zielfehleranzeigeanlage 74).

Links unten: Fest montiertes Zwillingsflabgeschütz für den Objektschutz; hier ist es offensichtlich zum Schutz einer Festung eingesetzt.

Die drei Säulen der Flab

Die Fliegerabwehr ist bestimmt zur aktiven Bekämpfung feindlicher Flugzeuge und anderer Flugkörper mittels Abwehrwaffen, die vom Boden aus wirken. Entweder verwendet sie Geschütze von klassisch artilleristischer Bauart oder Boden-Luft-Lenkwaffen. Das wichtigste für beide Waffensysteme ist, daß die Flab den Angreifer treffen muß, bevor er nahe genug und bereit ist, seine Bordkanonen, Raketen und Bomben sicher ins Ziel zu bringen. Die Chance des Flabkanoniers bemißt sich bei den hohen Geschwindigkeiten moderner Kampfflugzeuge nach Sekunden. Die Elektronik ist auf allen Stufen des Flabeinsatzes – von der Früherkennung im «Florida»-System über die Zielzuweisung bis zur Zielerfassung durch das dem Geschütz beigegebene Feuerleitgerät – ein unentbehrliches Mittel.

Wie groß der Anteil der Elektronik am Erfolg der Flabwaffe ist, mag ein Vergleich der Treffwahrscheinlichkeit zeigen. Im Zweiten Weltkrieg und im Koreakrieg betrug sie auch bei besser ausgerüsteten Fliegerabwehren, als die Schweiz damals eine hatte, oft kaum ein Prozent. Um 1960 wurde im Mittel aller Länder mit etwa fünf Prozent gerechnet. Moderne Flabkanonen wie die in der Schweizer Armee verwendete 35-mm-Kanone «Oerlikon» (Zwillingsgeschütz mit Feuerleitgerät «Superfledermaus» bzw. «Skyguard») bringen es bedeutend weiter.

Neueste Fernlenkwaffen mit nuklearem Sprengkopf erreichen unter ungestörten Verhältnissen sogar Abschußwahrscheinlichkeiten von 80 Prozent und mehr pro Lenkwaffe. Diese Zahlen sind freilich nur Schätzwerte. Zur Illustration für die Tatsache, wie sehr es auf die Umstände ankommt, diene das Beispiel der israelischen Luftwaffe, die im Jom-Kippur-Krieg bloß etwa ein Prozent Flugzeugverluste verzeichnete, obwohl der Gegner über die stärkste Flabkonzentration aller Zeiten verfügte und zudem Waffensysteme von hoher Qualität einsetzen konnte.

Die Schweizer Flab von heute baut auf drei Säulen auf:
– **Die kleinkalibrige Fliegerabwehr** umfaßt die leichten, beweglichen 20-mm-Flabgeschütze, die rund 1000 Schuß pro

Rechts oben: Von der 20-mm-Flabkanone 38 (Waffenfabrik) hat die Schweizer Armee über 1000 Stück beschafft; sie werden nach wie vor gebraucht.

Rechts: Die 20-mm-Flabkanone Drilling 43/57 vereinigt Beweglichkeit mit erheblicher Feuerkraft.

Minute abfeuern können und somit eine beachtliche Feuerkraft aufweisen. Diese Waffe ist für die Tieffliegerabwehr bis zu Flughöhen von 1500 Metern bestimmt, entspricht also einer Situation, die die Schweiz in einem künftigen Krieg noch immer häufig zu erwarten hätte: Feindliche Erdkampfflugzeuge versuchen den Radarschirm zu unterfliegen und das stark coupierte Gelände auszunützen, um das Feuer direkt in ausgewähle Erdziele zu tragen. Die Chance der nicht elektronisch geführten Leichten Flab besteht darin, daß der feindliche Pilot seine Maschine sehr nahe an das Ziel heranführen muß, um sein konventionelles Feuer einigermaßen sicher zu plazieren. Außerdem muß er sein Ziel direkt und gradlinig anfliegen. Dazu benötigt er ein paar Sekunden, in denen er noch nicht schießen kann, aber ein ausgezeichnetes Ziel darstellt. Blitzschnelle Reflexe, sichere Waffenhandhabung und gute Nerven helfen dem Kanonier an der kleinkalibrigen Flabkanone, diese Augenblicke der Wehrlosigkeit auszunützen.

– **Die mittelkalibrige Fliegerabwehr** umfaßt Feuereinheiten des schweizerischen Typs Oerlikon-Bührle, bestehend aus zwei Zwillingsgeschützen (Kaliber 35 mm) und einem radarisierten Feuerleitgerät («Superfledermaus»). Diese von den Piloten besonders gefürchtete Waffe wirkt bis in eine Höhe von gegen 4000 Meter und schützt im Ernstfall speziell wichtige Räume oder Objekte wie Flugplätze, Fabriken oder ganze Brücken. Eine Weiterentwicklung dieses auch von zahlreichen ausländischen Armeen beschafften Feuerleitgeräts «Superfledermaus» heißt «Skyguard» und ist ein weitreichendes Allwetterradar, dessen Computer die Geschütze (oder die mit ihm verbundene Lenkwaffe) in Gedankenschnelle mit den nötigen Schießdaten versorgt.

– **Die Fliegerabwehr-Lenkwaffen «Bloodhound»** werden im Rahmen unserer Luftverteidigung zur Bekämpfung hoch und schnell fliegender Flugzeuge eingesetzt.

Ganz oben: Bedienung am Feuerleitgerät 1963 «Superfledermaus», das den 35-mm-Zwillingsgeschützen die Schießinformationen liefert.

Oben: Wetterequipe der Mittleren Flab läßt für die Windmessung einen Wetterballon mit Sonde steigen.

Katzen hinein – Analphabeten hinaus!

Wie die Flab in ihren Anfängen wirtschaften mußte

Anfang November 1939 hatte General Guisan entschieden, die Hilfsdienstpflichtigen zwischen 20 und 40 Jahren nachmustern zu lassen und die Diensttauglichen unter ihnen der noch jungen Flabtruppe zuzuweisen. Von den rund 50 000 nachträglich als diensttauglich befundenen Wehrmännern wurden 18 000 der Flab zugeteilt. Ein Bericht von Brigadier Born über eine dieser Nachgemusterten-Rekrutenschulen in Payerne zeigt, wie kümmerlich ein Teil dieser Truppe zu leben und welche personellen Schwierigkeiten sie zu überwinden hatte, diewiel man von ihr die Erfüllung technisch anspruchsvoller Aufgaben erwartete:

«600 Rekruten im Alter zwischen 20 und 40 Jahren rückten an einem eisigkalten Februartag ein. Die Bise pfiff scheußlich über die Ebene vom Murtensee her, und in dem lose zerstreuten Barackendorf war nirgends auch nur eine einigermaßen vom Wind geschützte Stelle zu finden. (...) Mit zunehmender Erwärmung der Baracken tauten auch der Boden darunter und die bis anhin gefrorenen Überreste von Kabisköpfen und Runkeln auf – das Lager mußte damals in so kurzer Zeit erstellt werden, daß keine Fundamente errichtet werden konnten – und begannen gräßlich zu stinken. Die Mäuse rochen die Nahrung und kamen aus der ganzen Umgebung hergezogen. Weil aber die halbverfaulten Pflanzenreste bald vertilgt waren, kamen sie in die Wärme in die Baracken und fraßen Mäntel, Tornisterdeckel, Socken – kurz alles, was irgendwie in einem hungrigen Mäusemagen überhaupt noch verdaut werden konnte. Wir hatten während Wochen unsere liebe Not mit den ungebetenen Gästen, und erst als wir sämtliche Katzen aus der Umgebung zusammengebettelt und in die Baracken gesperrt hatten, konnten wir die Mäuse vertreiben.

Die in die Nachgemusterten-Rekrutenschulen einrückenden Wehrmänner konnten damals in drei Gruppen eingeteilt werden.

Rund 30 Prozent waren ausgezeichnete Leute, an denen wir unsere helle Freude hatten. 50 Prozent waren sehr willig und einsatzfreudig, aber in der Reaktion eher langsam; also nicht gerade prädestiniert, ein Maximum an Wirkung an der beweglichen 20-mm-Flab-Kanone zu erreichen. Die restlichen 20 Prozent waren geistig debil oder körperlich untauglich. So mußten zum Beispiel Rekruten mit Holzbeinen und Glasaugen und eine recht ansehnliche Zahl von Analphabeten entlassen werden. Unter anderem erinnere ich mich, wie ein 36jähriger Rekrut sich weigerte, ins Bett zu gehen, weil er sein Lebtag noch nie zwischen zwei so weißen Dingern gelegen hatte...»

Damit ist auch die Fliegerabwehr in den sonst von Piloten beherrschten «hohen Luftraum», nämlich bis 20 000 Meter, vorgestoßen.

Der Einsatz des Flablenkwaffensystems BL-64 (Boden–Luft) wird mit den eigenen Jagdflugzeugen koordiniert und erfolgt durch die Einsatzzentrale der Flieger- und Fliegerabwehrtruppen («Florida»).

Die Stärken der «Bloodhound» liegen in der Allwettertauglichkeit, steten Einsatzbereitschaft, hohen Treffwahrscheinlichkeit und großen Festigkeit gegenüber elektronischen Gegenmaßnahmen.

Die Schweiz verfügt über mehrere Feuereinheiten dieses Waffensystems, die in stationären, über das ganze Land verteilten Stellungen eingerichtet sind.

Eine Feuereinheit umfaßt sämtliche Mittel, die zur Bekämpfung eines feindlichen Flugzeuges notwendig sind. Es sind dies im wesentlichen: die Einsatzstelle, das Zielbeleuchtungsradar, eine Anzahl Werfer sowie die Fliegerabwehr-Lenkwaffen BL-64.

Das Waffensystem arbeitet nach dem Prinzip des halbaktiven Lenkverfahrens. Eine Lenkwaffe besteht aus dem Steuerungssystem, dem Kriegskopf (Sprengladung), den Marschtriebwerken und vier Startraketen, welche die Lenkwaffe in kurzer Zeit auf Überschallgeschwindigkeit beschleunigen.

Da es in Friedenszeiten in der Schweiz aus räumlichen und sicherheitstechnischen Gründen nicht möglich ist, Lenkwaffenschießen durchzuführen, erfolgt die Ausbildung der für den Waffeneinsatz verantwortlichen Offiziere vor allem an Simulatoren.

Mehrere Schießversuche in Großbritannien haben aber bewiesen, daß dieses Luftverteidigungsmittel nach wie vor, auch unter den Bedingungen der elektronischen Kriegführung, sehr treffsicher ist.

Löcher im Flabschirm

Noch hat der schweizerische Flabschirm Löcher, denn die möglichen Angreifer aus der Luft werden immer schneller und schützen sich immer raffinierter gegen Radar und andere elektronische Verfolgungsmittel. Gerade auf diesem Gebiet schlägt der weltweite Rüstungswettlauf immer wieder neue Geschwindigkeitsrekorde; was gestern eine waffentechnische Revolution war, ist morgen möglicherweise schon zu Schrott geworden, und die Spanne zwischen Gestern und Morgen verengt sich zusehends.

Das größte Loch im Flabschirm ist nach übereinstimmender allgemeiner Beurteilung der fehlende Flabschutz für die Panzerverbände. Es wird sich in absehbarer Zeit die Frage stellen, ob die Schweiz für die Tieffliegerabwehr bis 4000 Meter auf Lenkwaffen und Flabpanzer setzen will. In Diskussion stehen der englische «Rapier» und der in den Nato-Armeen erfolgreich eingeführte Flabpanzer aus schweizerischer Entwicklung. Die beiden Waffensysteme würden einander ideal ergänzen und wären bestens in der Lage, den mechanisierten Verbänden zu folgen.

Ein Mann gegen ein Flugzeug

Zukunftsmusik, aber vielleicht doch näher, als wir denken, ist die Einmann-Flablenkwaffe, die nach einem ähnlichen Prinzip funktioniert wie die in unserer Armee eingeführte Panzerabwehr-Lenkwaffe «Dragon». Der Container wiegt 14, das mehrfach verwendbare Zielgerät sieben Kilo. Durch ein automatisches Freund-Feind-Erkennungssystem werden die Ziele ausgeschieden. Ein einziger Schütze aus seiner Deckung kann, selbst in der Bewegung, ein tief angreifendes Flugzeug treffen, indem er ihm optisch im Sucher folgt. Den Rest besorgt die Elektronik; die vom Sucher auf einen Rechner übermittelten und in Steuersignale umgewandelten Fluginformationen werden im Gegensatz zum «Dragon» drahtlos an das Geschoß übertragen. Die Wirkungsdistanz eines in England entwickelten Waffensystems wird mit 3000 Metern angegeben.

Kleinstaat an den Grenzen

Damit sind noch längst nicht alle denkbaren Fliegerabwehrbedürfnisse einer Verteidigungsarmee genannt. Wie zum Beispiel wollte sich die Schweiz gegen weitreichende Boden-Boden-Raketen schützen? Die Frage bleibt offen, sie ist ungelöst. Nach dem heutigen Stand der Dinge würde die einzige Chance darin bestehen, feindliche Raketenbasen dieser Art rechtzeitig, möglicherweise sogar präventiv mit der Flugwaffe anzugreifen und zu zerstören. Und die Neutralität? Sie setzt dieser vorbeugenden Strategie deutliche Grenzen. Noch engere Grenzen setzen die für die Fliegerabwehrsysteme der Zukunft verfügbaren Mittel. Die internationale Rüstungsindustrie spielt die Zukunftsmusik; die schweizerische Partitur schreibt das Budget, und beides zusammen ergibt keine Harmonie. Man kann nicht alles haben, was zu haben ist. Man kann nur dafür besorgt sein, so viel zu haben, daß der Verteidigungswille des Kleinstaates glaubwürdig bleibt, beim Ausbau der Fliegerabwehr wie bei der Beschaffung neuer Kampfflugzeuge. Wie immer die Entscheide ausfallen werden: Es wird Unzufriedenheit und oppositionelle Meinungen geben. Der Streit um das Gleichgewicht zwischen dem Möglichen und dem Wünschbaren wird nicht verebben. Die schweizerische Luftverteidigung wird mit den beschränkten Möglichkeiten des Kleinstaats zu leben und – im Doppelsinne des Wortes – zu kämpfen haben.

Links: Der Radarschirm des «Superfledermaus»-Feuerleitgeräts erfaßt die im mittleren Luftraum (bis etwa 4000 m) anfliegenden feindlichen Flugzeuge.

Rechts: Einstandortpeiler M-58 zum Verfolgen von Wettersonden des militärischen Wetterdienstes: Messung von Temperatur, Luftdruck und Luftfeuchtigkeit.

77

Unten: «Skyguard» ist eine Weiterentwicklung des Feuerleitgeräts «Superfledermaus» und stellt ein weitreichendes Allwetterradar dar. *Ganz unten:* Die mittelkalibrige Fliegerabwehr stützt sich auf die 35-mm-Zwillingsgeschütze «Oerlikon» und dient vor allem dem Schutz wichtiger Räume und Objekte, z.B. von Flugplätzen, Fabriken und Brücken. *Rechts:* Mirage III S, der Raumschützer.

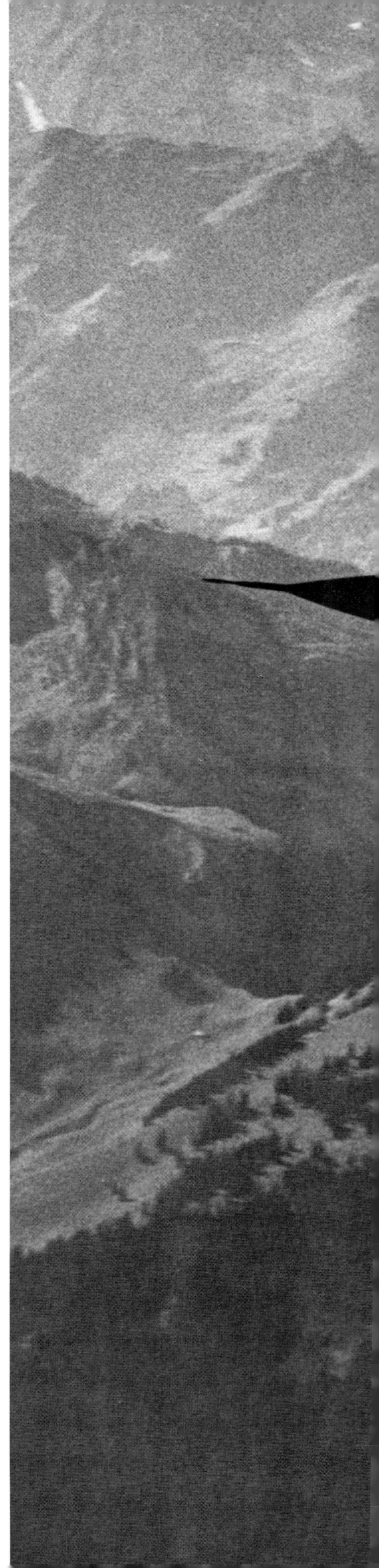

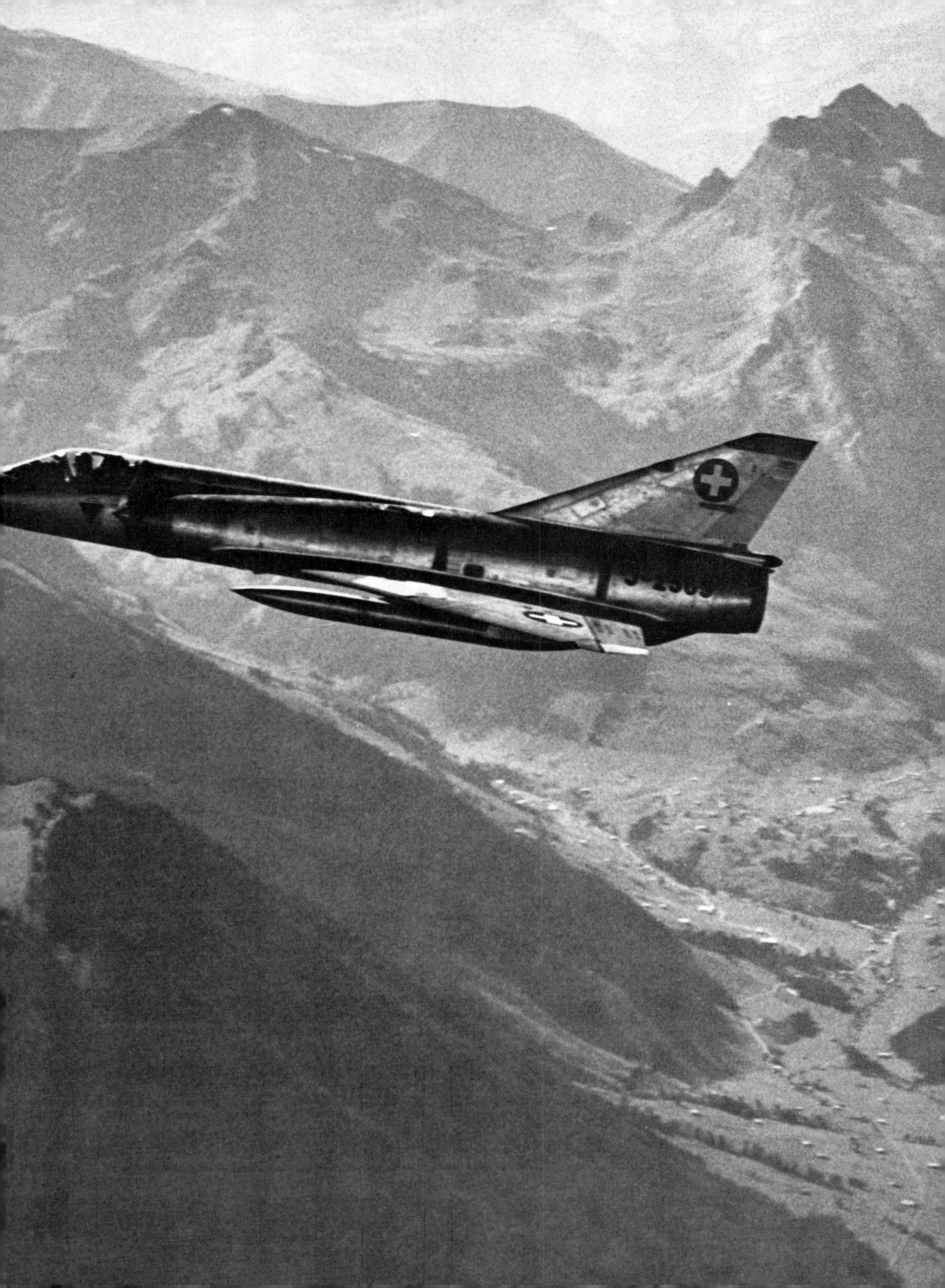

Wege bahnen – Brücken bauen

Die Genietruppen, Baumeister der Armee

Wenn es Nacht wird über den Hügeln des Mittellandes, kommt die Stunde der militärischen Brückenbauer. Schwere Lastwagen führen die Brückenelemente heran. In der Deckung bei den Ufern werden die mächtigen dunkelgrauen Schlauchboote aufgeblasen. Kräftige Männer in Kampfanzug und Schwimmwesten stemmen die Balken aus Leichtmetall auf die geblähten Schwimmkörper und stecken sie zu Brückenelementen zusammen. Außenbordmotoren knattern, Sturmboote preschen heran. Langsam gleitet Element um Element an die befohlene Stelle. Die einzelnen kleinen Fähren schieben sich zu einer Brücke zusammen. Die wartenden Panzerverbände, Artilleriegeschütze und Lastwagenkolonnen können im Schutz der Dunkelheit passieren. Im Morgengrauen ist der Spuk vorbei. Wenn die Flieger wieder Sicht haben, ist die Brücke abgebrochen und unterwegs – buchstäblich zu neuen Ufern.

Wenn die übersetzenden Verbände nicht allzugroß sind oder wenn die taktische Lage keinen klassischen Brückenbau erlaubt, formieren sich zwei bis vier Boote mit einer entsprechenden Anzahl von Brückengliedern zu mobilen Fähren, die Lasten bis zu 50 Tonnen transportieren können. Ein einziger Zug kann eine solche 50-Tonnen-Fähre in weniger als zwei Stunden aufbauen. Nicht viel länger benötigt eine ganze Pontonierkompanie zum Aufbau einer 100 Meter langen Pontonbrücke. Wenn die einzelnen Elemente bereits getarnt im Wasser liegen, geht das Zusammenfahren im Zirkustempo vor sich. Der bisherige Armeerekord steht bei 14 Minuten für eine 70 Meter lange Brücke über die Limmat.

Gelände befestigen

Die Genietruppen haben die Aufgabe, die Bewegung der eigenen Truppen zu ermöglichen und zu erleichtern, die Bewegungen des Feindes dagegen zu bremsen und zu behindern, wo sie nur können. Sie bauen Brücken, Stege und Seilbahnen, legen Straßen an oder räumen sie, verstärken das Gelände durch Hindernisse und sind für Zerstörungen und Minendienst verantwortlich.

Das heimische Gelände ist der Verbündete der Genietruppen. Ihr prominentester Waffenbruder in der Armee, der frühere Generalstabschef und Bauingenieur Johann Jacob Vischer, schreibt dazu:

«Unser Gelände bereitet dem Gegner bei weitem nicht überall die gleichen Schwierigkeiten. Wenn wir einen möglichst großen Teil des Landes vor feindlicher Besetzung bewahren wollen, dann müssen wir uns in einem Gelände schlagen, das in manchen Teilen dem Gegner viele Möglichkeiten zum Einsatz seiner Flieger und Panzer offenläßt. Und unserem Verteidigungsheer nützen Wege und Stege nur, solange sie nicht zerstört sind. Es ist um so mehr auf sie angewiesen, als seine Geschütze und Geräte schwerer geworden sind und auf größere Strecken nur auf guten Straßen verschoben werden können. Auch Schutz gegen feindliche Bomben und Granaten bietet unser Gelände in vielen Teilen nicht. Unser Heer ist, verglichen mit einer Großmachtarmee, klein und schwach. Es ist nicht wie jene in der Lage, Nachteile des Geländes durch vermehrten Einsatz von Fliegern und Panzern auszugleichen und das eigene Verkehrsnetz durch einen Luftschirm zu schützen. Hingegen kann unsere zahlenmäßig beschränkte Bewaffnung wesentlich wirksamer gestaltet werden durch eine umfassende und frühzeitig an die Hand genommene Verstärkung des Geländes.»

Die Genietruppen bilden die «Baufirma» der Armee. Deshalb rekrutieren sie ihre Wehrmänner vorwiegend aus den Bauberufen, damit zivile Kenntnisse optimal eingesetzt werden können.

Pontoniere, Sappeure, Mineure

Die Sappeure machen zahlenmäßig den stärksten Teil der Genietruppen aus. Mit einer großen Zahl moderner Baumaschinen, die im Ernstfall durch requiriertes Privateigentum ergänzt würden, errichten sie vor allem Schutzbauten und Feldbefestigungen (Unterstände, Waffenstellungen, Kommandoposten, Hindernisse, Sperren, Zerstörungsanlagen, Verminungen). Schließlich bahnen sie ihren Kameraden

Links: Das Genie hat seine Arbeit getan. Im Schutz der Dunkelheit kann die Lastwagenkolonne mit dem Nachschub die Notbrücke benützen.

Rechts oben: Fahrpontoniere setzen Truppen und Fahrzeuge mit Hilfe einer Fähre über.

Rechts unten: Sappeure beim Brückenbau sind nicht nur im Manövereinsatz, sondern auch nach zivilen Katastrophen, z. B. Überschwemmungen, unentbehrlich.

von den kombattanten Truppen den Weg, indem sie feste Brücken und Stege errichten. Ihre Dienste sind auch in Friedenszeiten hoch willkommen, wenn Naturkatastrophen Verwüstungen angerichtet und Verbindungswege unterbrochen haben. Panzersappeure sind darauf spezialisiert, den eigenen mechanisierten Verbänden Hindernisse aus dem Weg zu räumen. Natürlich können die Sappeure nicht all diese Arbeiten allein ausführen; auch Füsiliere, Artilleristen und Panzersoldaten müssen mit Pickel und Spaten umgehen können. Bei den Bauarbeiten der Truppe wirken die Sappeure als gezielte Verstärkung und als fachkundige Berater mit.

Ohne die wetterfeste Truppe der Seilbahnsappeure wäre der Nachschub im Gebirge an vielen Orten ein Ding der Unmöglichkeit. Die Mineure schließlich sind die Experten im Umgang mit Sprengstoff. Ihnen obliegen Vorbereitung und Durchführung von Zerstörungen an Brücken, Straßen, Eisenbahnlinien, Tunnels, Flugplätzen und anderen wichtigen Verbindungswegen.

Die Männer mit den schwimmenden Brücken und Fähren sind die Pontoniere. Die Fahrpontoniere befördern Truppen und Material über Flüsse und Seen und setzen dafür Fähren ein, die Baupontoniere erstellen schwimmende Brücken bis 120 Meter Länge und 50 Tonnen Tragkraft. Schließlich gibt es in einzelnen Grenzbrigaden noch Motorbootkompanien, das einzige «Marine-Element» in der Schweizer Armee. Sie patrouillieren auf den Grenzseen, sichern dort die Grenze und erfüllen Kampfaufgaben mit leichten Waffen.

«Schuuflepuure» – Genie in der Schweizergeschichte

Der Bau von Feldbefestigungen, Schanzen und Bollwerken nimmt in der ganzen Kriegsgeschichte einen festen Platz ein. Am Vorabend der Schlacht am Morgarten (1315) schickten die Österreicher einen Trupp von 50 Zürcher Bauhandwerkern nach Ägeri. Sie sollten Sperren und Hindernisse aus dem Weg räumen. Auf dem Weg nach Sattel rannten sie aber vergeblich gegen die mächtigen Sperren der Eidgenossen an und fanden den Tod, noch ehe die Schlacht ihren Höhepunkt erreicht hatte. Aus dem Alten Zürichkrieg ist überliefert, daß die Limmat bei Höngg «mit Schiffen und Gezüg» überbrückt wurde, um die Belagerer an beiden Flußufern miteinander zu verbinden. In den Auszugsrodeln der Alten Orte, vor allem natürlich von Bern, das das stärkste Heer unterhielt, findet man zum Beispiel im 16. Jahrhundert viele Erwähnungen von «Schuuflislüten», «Schanzgrabern» und «Schuuflepuure». Im Basler Auszug von 1529 wird erstmals ein «houptmann unter denen, so schuffel und bickel tragen» erwähnt. Der Zürcher Zeughausrodel von 1575 zählte «86 Rütt- und Stockhouwen, 52 Breithouwen, 29 Spatten, 263 Wurfschuffeln und 72 Piclen» auf – eine beachtliche genistische Streitmacht! Im Landesmuseum schließlich wird das «Schuffelburenfändli»

Ein Geniepanzer 63 überquert die Schlauchbootbrücke, die bis 50 Tonnen tragen und bis 120 Meter lang sein kann. Bauzeit: oft nur 2 Stunden.

aus der ersten Hälfte des 17. Jahrhunderts aufbewahrt. Es zeigt, je gekreuzt, Schaufel und Pickel sowie Haue und Axt. Die Insignien der frühern Genisten leben nicht nur auf den gängigen französischen Jaßkarten weiter, sondern in fast unveränderter Form auf den heute noch gebräuchlichen Kragenspiegeln der Sappeure.

Achtung, scharf geladen!

Früher sprach man von der «Taktik der verbrannten Erde» und meinte damit die Zerstörung des eigenen Landes, damit dem Feind nichts Brauchbares in die Hand falle. Beim schweizerischen Zerstörungswesen geht es nicht darum, dem Gegner zerstörte Städte und Dörfer zu hinterlassen, sondern – nach Divisionär Bruno Hirzel, Waffenchef der Genie- und Festungstruppen – darum, «einem potentiellen Angreifer glaubhaft zu machen, daß unser Verkehrs-

Pontoniere haben mit ihren Sturmbooten einen Trupp Infanterie übergesetzt, der nun an der Uferböschung in die nächste Deckung eilt.

netz, auf welches auch ein moderner Gegner für seine Operationen angewiesen ist, innert kürzester Zeit derart nachhaltig unterbrochen werden kann, daß in die Tiefe zielende Angriffe großer Verbände und die hierfür notwendigen Versorgungstransporte nicht ohne zeitraubende und materialbindende Instandstellungsarbeiten möglich wären».

Ob diese versteckte Waffe auch wirklich wirkt, hängt freilich davon ab, wie schnell die vorbereiteten Objekte geladen und mit Zündern versehen werden können. Die Bestände der Mineurtruppen sind jedoch zu gering, um innerhalb der sehr kurz gewordenen Vorwarnzeit eines neuen Krieges überall die Zündbereitschaft zu erstellen. Fast unbeachtet von der Öffentlichkeit ist deshalb eine Neuerung verwirklicht worden, die weitaus gefährlicher aussieht, als sie ist, die jedoch zwei Probleme mit einem Schlag löst: Die Objekte sind in ein bis zwei Stunden sprengbereit, und die überall in unserem Lande verstreuten Sprengstoffdepots sind jetzt hundertprozentig sicher. Der Sprengstoff ruht schon in den Kammern. Alle Brücken sind geladen. Wir fahren täglich über Tonnen von Sprengstoff zur Arbeit…

Keine Sorge: Jahrelange Versuchsreihen und die Expertisen der besten Spezialisten haben einwandfrei ergeben, daß so etwas ungefährlich ist. Der altbewährte Trotyl-Sprengstoff ist so stabil, daß eine Selbstauslösung ausgeschlossen ist. Kein Schlag, keine Säure, kein Alterungsprozeß kann die tödlichen Klumpen explodieren lassen; sie gehen nicht einmal los, wenn man sie ins Feuer wirft. Auch Blitze und vagabundierende Ströme machen Trotyl nicht scharf. Gezündet werden kann dieser Sprengstoff nur mit einem für Unbefugte nicht beschaffbaren Spezialzünder, der zudem zentimetergenau an eine exakt vorbestimmte und durch ein mehrstufiges Geheimhaltungssystem getarnte Stelle plaziert werden muß. Schließlich ist der Sprengstoff nicht mehr als Paket *an* den Brücken, sondern als Ladung *in* den Brücken angebracht, einbetoniert, verdämmt und nur mit schwersten Baumaschinen in stundenlanger Arbeit überhaupt zugänglich.

Besuch im Reduit

Festungen und Festungstruppen

Der Tourist freut sich und fährt vorbei. Hart an die Felswand geschmiegt, grüßt ein Bauernhaus mit verwitterten, sonnengebräunten Balken. Aber das Bauernhaus ist eine Attrappe. Die Tür führt direkt ins Innere des Berges. Sie ist der Eingang zu einer wichtigen Alpenfestung.

Der Passant denkt sich nichts dabei: «Wasserversorgung» steht auf dem Betonbau am Taleingang. Aber hier wird nicht Wasser produziert, sondern ein Stück Sicherheit. Die vermeintliche Pumpstation ist das Portal zu einem Artilleriewerk.

Das sind nur zwei Beispiele aus der Trickkiste der Tarnungsexperten, die für den Schutz des schweizerischen Festungssystems die Verantwortung tragen. Festungen – dem Schweizer fällt dabei Sargans ein und St-Maurice, er denkt an die Luziensteig und vor allem natürlich an den Gotthard.

General Henri Guisan hat während der Jahre des Aktivdienstes den Reduit-Gedanken zur nationalen Verteidigungsideologie geweiht. Wenn «sie» gekommen wären, um die Schweiz heimzuholen ins Reich, hätten die Grenzbesetzungstruppen hinhaltenden Widerstand geleistet. Dann hätte sich der Feind an den Befestigungsanlagen im Mittelland, zum Beispiel im Limmat- und im Aaretal, festbeißen müssen. Das Gros der Armee und ihre Führung aber wären ins legendäre Reduit gezogen und hätten von den Alpentälern und aus dem ausgeklügelten System ihrer unterirdischen Festungen heraus den Kampf zähe und gefährlich Monate und Jahre hindurch getragen.

Das Reduit als Verteidigungsstrategie liegt längst bei den Akten. Als die Gefahr vorbei war, wurde es öfter kritisiert. Wollte General Guisan das dichtbesiedelte Mittelland mehr oder weniger kampflos dem Angreifer überlassen? Ging es ihm nur um das Überleben der Armee? Sicher nicht! Aber er hatte mit einer Armee zu arbeiten, deren Ausrüstung und Ausbildung in der Krisenzeit der Zwischenkriegsjahre teils gezwungenermaßen, teils aus Nachlässigkeit und Kleinmut in einen heillosen Rückstand geraten war. Das Reduit-Konzept war der einzig realistische Weg, wenigstens ein Stück der Schweiz, das Herzstück, zu halten. Reduit, das war das Versprechen, die schweizerische Staatsidee werde, wenn auch unter größten Opfern, überleben – gerade dort, wo sie 1291 entstanden war.

Von den Alpen bis zur Grenze

Erhalten geblieben ist das Reduit als Mittelpunkt des schweizerischen Festungssystems, dessen historische Vorläufer noch heute den Reiz unserer Städte ausmachen. Der Munot in Schaffhausen, die Museggtürme von Luzern, die drei Burgen von Bellinzona, die Letzi in der Innerschweiz, das alte Bern auf der geschützten Aare-Halbinsel, die Festen und Schlösser, die Stadtgräben, Bollwerke und Forts, die teilweise nur noch in Straßennamen weiterleben – sie alle bildeten mit den vielen hundert längst untergegangenen Palisadenwänden, Dornenhecken, Steigmauern und Wassergräben kleine oder größere Systeme für die Beobachtung des Feindes, den

Links: Mit einer Seilbahn erreicht dieser Festungswächter den Eingang zu seinem Werk.

Rechts: Tarnung ist alles! Ein Festungswächter bessert den Tarnschutz eines Werkeingangs aus.

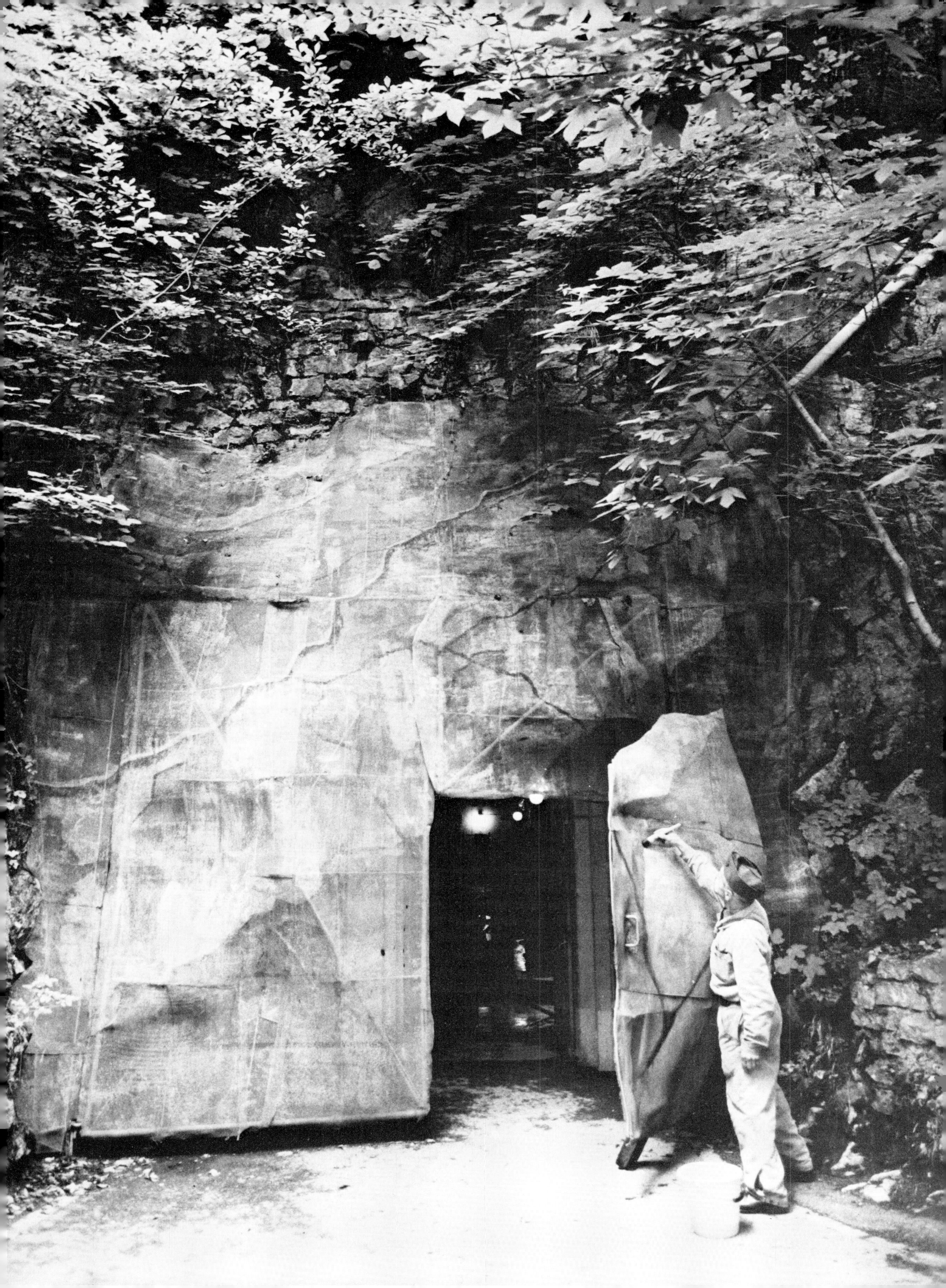

Ganz oben: An den Einfallachsen unseres Landes halten Panzersperren, Stacheldrahtverhaue und Panzergräben einen eventuellen Eindringling auf.

Oben links: Zur Verteidigung der Festungswerke gehören auch vorgelagerte Schützengräben, die hier mit aufgepflanztem Bajonett besetzt werden.

Oben rechts: Aus dem mit Sandsäcken befestigten Graben geht eine Gruppe in einem Ausfall gegen den unsichtbaren Angreifer vor.

Rechts: Mit besonderer Bewilligung zum erstenmal fotografiert: Festungsartillerie in einem Reduit-Festungswerk, hier beim Laden des Geschützes.

Mitte: Festungsartilleriegeschütz und dazugehörende Granaten.

Unten: Zum Schutz gegen Feuchtigkeit und Korrosion werden die Festungsgeschütze regelmäßig zerlegt und gereinigt. Diese Arbeit obliegt vor allem der Festungswache.

Schutz des eigenen Volkes und für den kämpferischen Widerstand gegen den belagernden und anstürmenden Feind.

Je gefährlicher die Waffen und je schneller ihre Bewegungen wurden, desto unsichtbarer wurden die schweizerischen Festungswerke. Als im 19. Jahrhundert viele Stadtmauern geschleift wurden, begann der Bau des heutigen Festungssystems. Seine Besatzungen – die Festungstruppen – unterstützen die Kampftruppen durch Artilleriefeuer sowie mit verbunkerten schweren Infanterie- und Panzerabwehrwaffen. Nicht zu unterschätzen ist auch die Abschreckungswirkung einer wirksamen Landesbefestigung. Der Gegner muß wissen, daß er sich in der Schweiz nicht ungestört bewegen kann, daß wichtige Brücken und Tunnels von Straßen und Eisenbahnlinien zerstört würden, bevor er sie erreicht hätte. Die Festungen sind das unberechenbare Rückgrat der schweizerischen «Strategie des hohen Eintrittspreises». Wie ernst sie im Ausland genommen werden, hat der Zweite Weltkrieg gezeigt. Aus allen einschlägigen Dokumenten geht hervor, daß die Deutschen vor der Schweizer Alpenfestung größten Respekt hatten; daß sie bevorzugtes Ziel der Nazi-Spionage war, versteht sich denn auch von selbst.

Blick in eine Festung

Rumpelnd trägt uns die Standseilbahn mit der offenen Plattform vom Tal die schwindelerregend steile Rampe hinauf durch eine enge Waldschneise zum Festungstor. Die eigenartig bucklige Form dieser Sperre ist genau dem senkrechten Felsen angepaßt, in den die Festung gehauen ist. Über ein Eisenskelett ist ein dichtes Eisendrahtgeflecht in Tarnbemalung gespannt. Der Werkchef, ein altgedienter Adjutant-Unteroffizier des Festungswachtkorps, öffnet. Zum erstenmal seit der Aktivdienstzeit dürfen Zivilisten mit Kameras das Portal passieren. Ein Beamter des Bundesamtes für Genie und Festungen begleitet uns.

Gelbe Lampen an den Wänden deuten die Umrisse des Ganges an. Der Raum zwischen den tropfenden Wänden ist gerade groß genug, um einen Jeep passieren zu lassen. Nach wenigen Dutzend Metern ein jäher Knick: der Weg biegt nach rechts ab. Im Winkel des Ganges blinkt böse eine Schießscharte. Dahinter eine Stellung mit Infanteriewaffen. Von hier aus würde die Wachmannschaft dem bewaffneten Eindringling den ersten Feuergruß entbieten.

Ganz oben: Festungswerke müssen in ihrer ganzen Versorgung möglichst autonom sein. Blick in den Saal mit den Dieselstromgeneratoren.

Oben: Ein Festungswächter kontrolliert die Lagerbestände in dem ihm anvertrauten Werk. Hier werden Gasmasken, Filter und Ersatzteile gelagert.

Rechts: Wenn die Elemente getarnt bereitliegen, werden für den Zusammenbau von 70 Metern Schlauchbootbrücke minimal 14 Minuten benötigt.

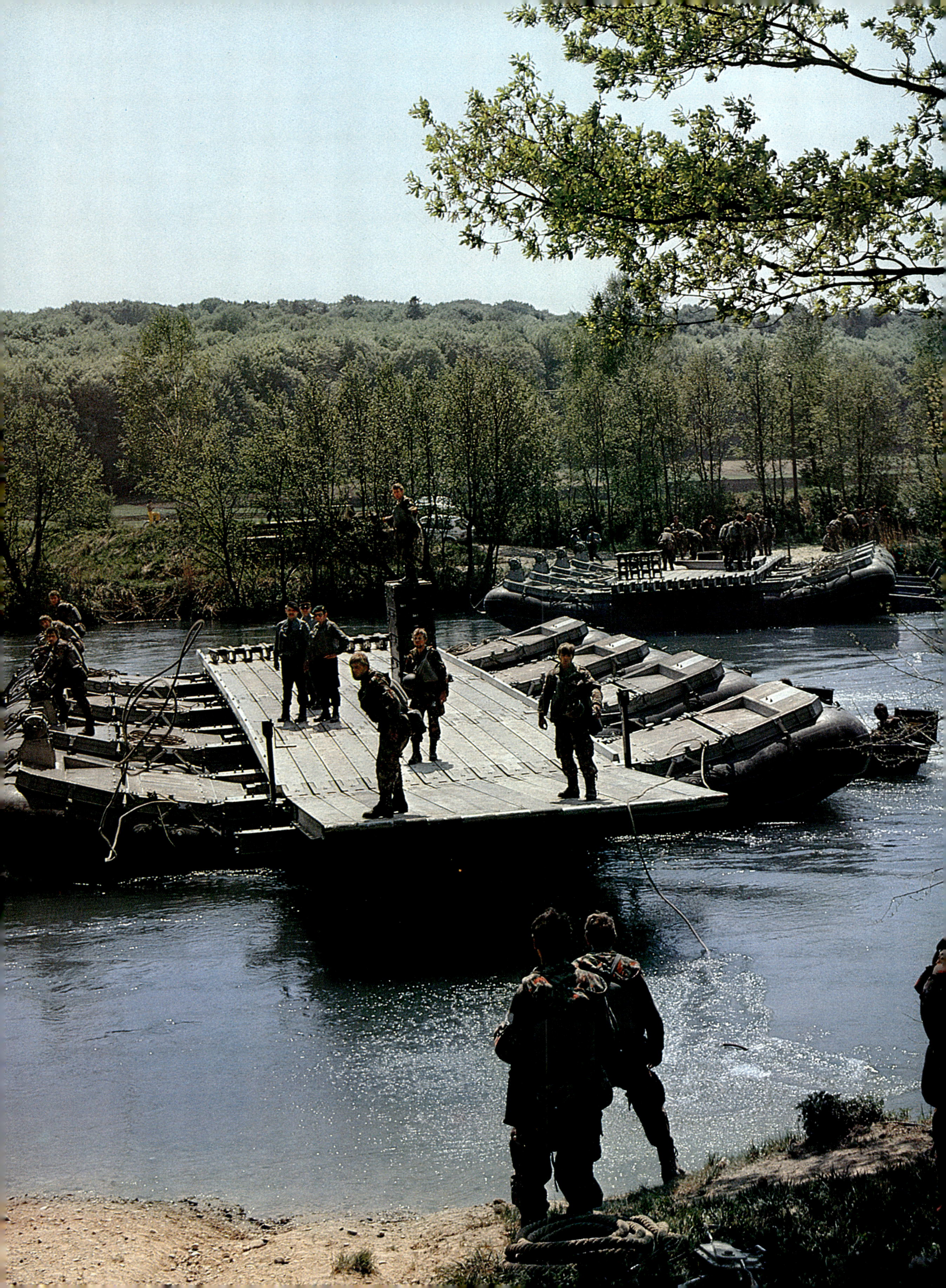

Oben: Kanonier an einem Festungsartilleriegeschütz. Die betonierten Schießräume in den Festungen sind eng und zum Schutz gegen Pulverdämpfe an Filteranlagen angeschlossen.

Mitte: Zur Bewaffnung der Festungen gehört auch das Maschinengewehr. Von den Festungssoldaten wird neben guten technischen Fähigkeiten vor allem starke seelische Belastbarkeit verlangt.

Unten: Nur ein Geschützrohr, das aus dem geschickt angelegten Tarngeflecht guckt, verrät, daß auch hier die Festungsartillerie einen wichtigen Geländeabschnitt kontrolliert.

Rechts: Was man an den steilen Felsen oder an den bewaldeten Hängen der Voralpen gewöhnlich nicht sieht, betrachtet die Kamera hier von nahe: Schießscharte und Rohr eines Festungsgeschützes.

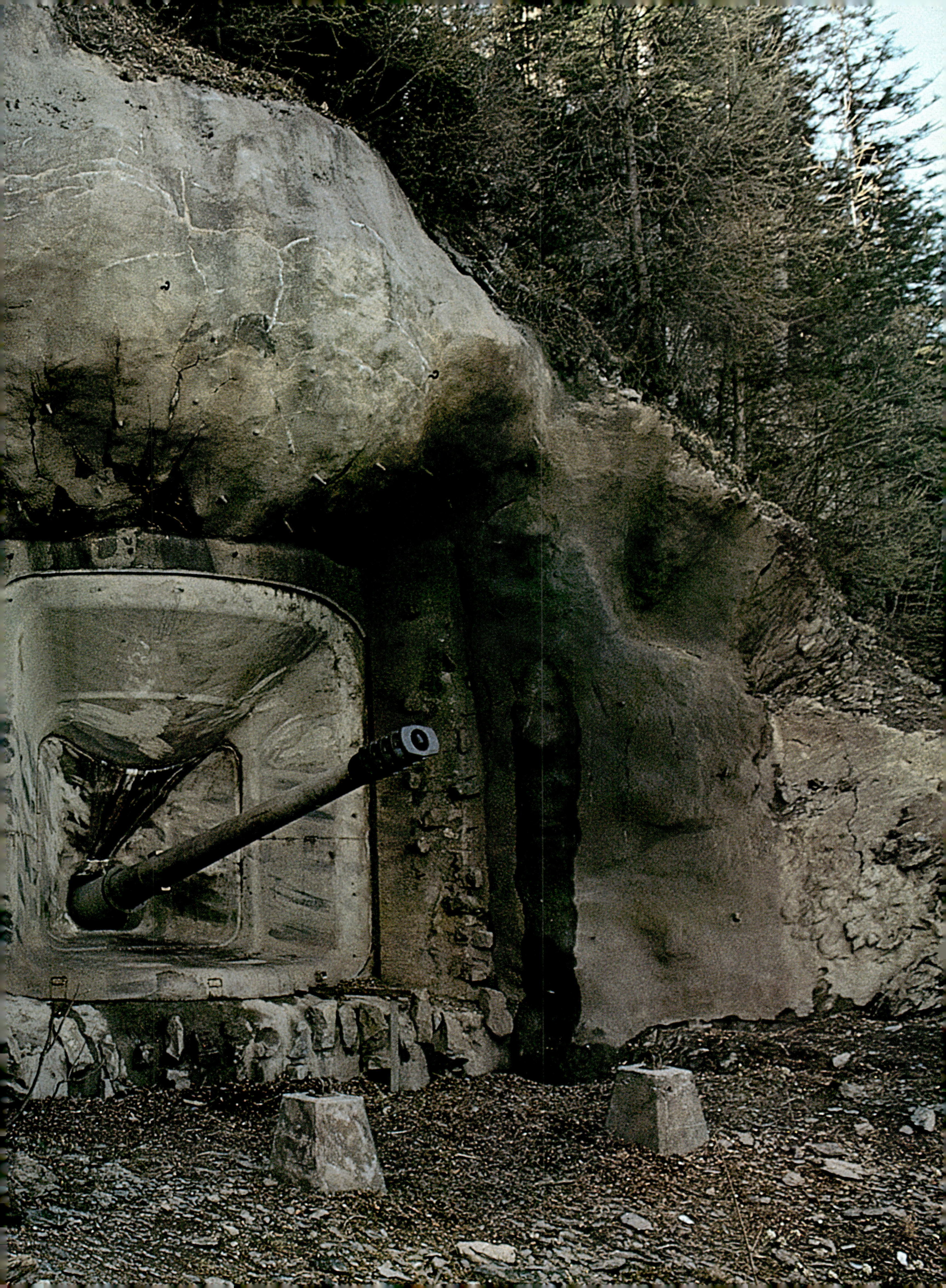

Oben links: Die Schießleitung einer Festungsbatterie: konzentrierte Arbeit im Neonlicht, das die Unterschiede zwischen Tag und Nacht einebnet.

Oben rechts: Wer tagelang unter der Erde einen strengen Dienst versieht, braucht Abwechslung und Information: «Wandzeitung» in einer Festung.

Links: Blick in den genau Jeep-breiten Zugangsstollen eines Festungswerks. An der Decke verlaufen die Strom-, Wasser- und Lüftungsleitungen.

Unten: Was für den ahnungslosen Touristen wie ein Schuppen aussieht, ist in Wirklichkeit ein getarnter Festungseingang.

Rechts: Die beiden Lichtkegel verraten, daß soeben ein Lastwagen die Festung verläßt. Der Stollenquerschnitt paßt genau zum Fahrzeug.

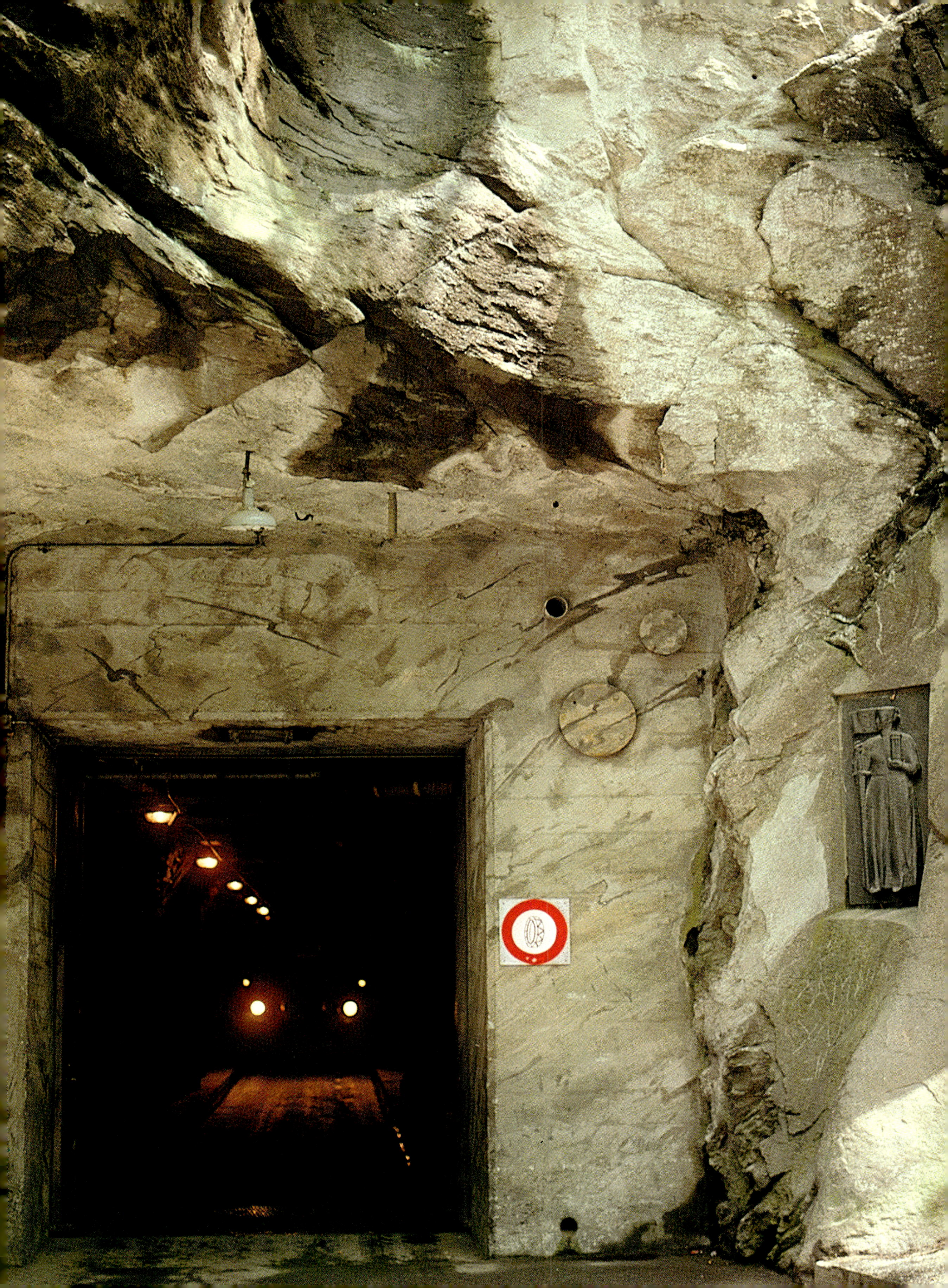

Unten links: Größere Festungen besitzen sogar eine eigene, komplett ausgerüstete Bäckerei – ein wichtiges Stück Versorgungsunabhängigkeit!

Unten rechts: Truppenküche in einem größeren Festungswerk in den Alpen. Eigentlich sieht alles so aus wie in irgendeinem Luftschutzkeller ...

Ganz unten: Wo jeder Kubikmeter Hohlraum mühsam herausgesprengt werden mußte, ist der Platz knapp, auch für den Eßraum der Truppe.

Ganz oben: Die Festungstruppen müssen auch in der Lage sein, ihre Anlagen gegen außen zu verteidigen. Hier üben Bewachungsmannschaften vor dem Werkeingang einen Sturmangriff.

Oben: Ihr Dienst heißt Schweigen: zwei von rund 1700 Angehörigen des Festungswachtkorps.

Links: Überall Dienst nach den Gesetzen von Dunkelheit und Enge, auch in der Telefonzentrale.

Nächste Seite: Eine Arbeit für schwindelfreie Könner: Festungswächter kontrollieren die Zündleitung im Gittergewölbe einer mächtigen Eisenbahnbrücke, die zur Sprengung vorbereitet ist.

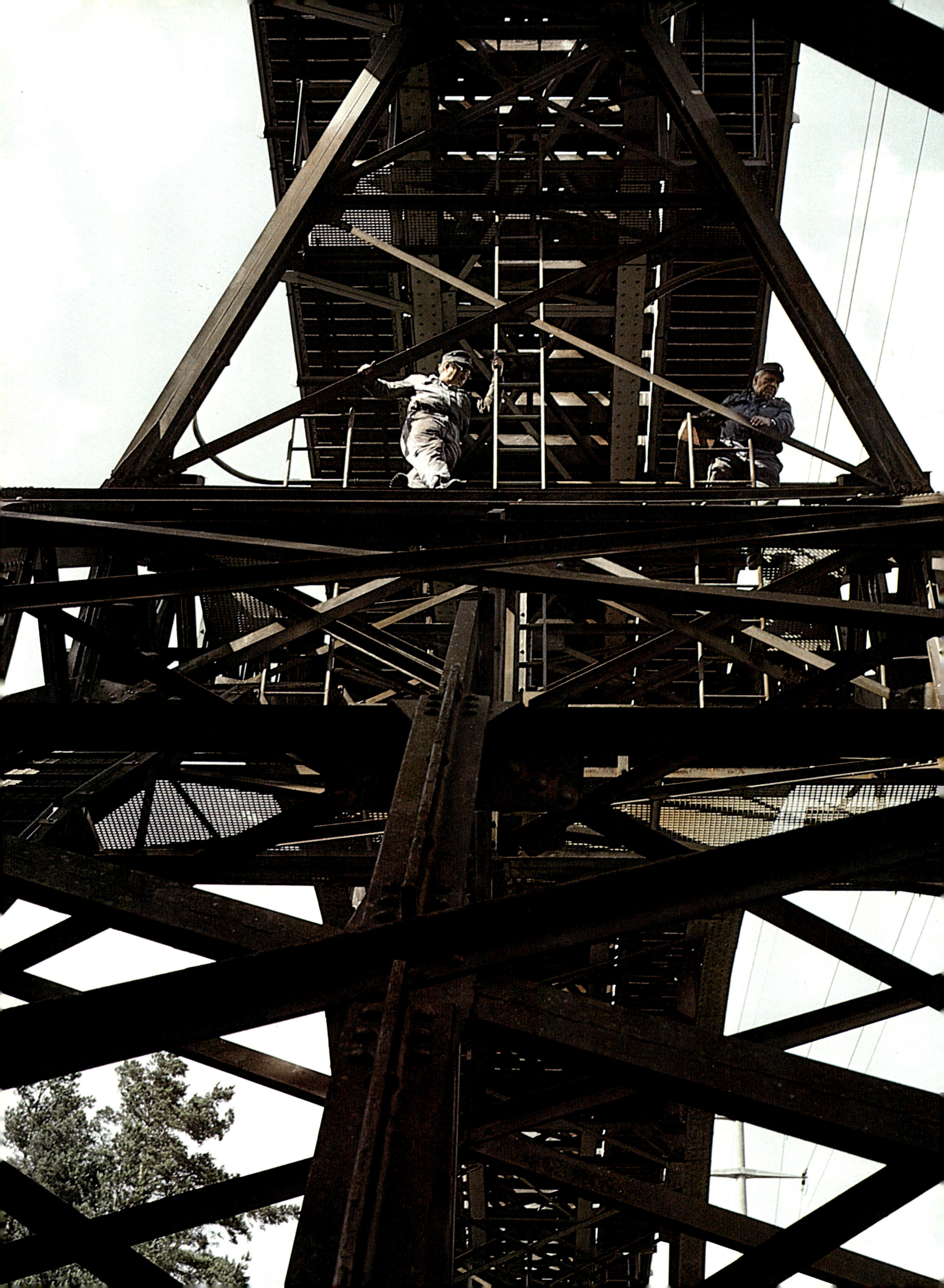

Getarntes Rohr eines Festungsgeschützes.

Weiter würde er ohnehin kaum kommen. Der Werkchef stemmt ein tonnenschweres Eisentor auf. Wir treten in die erste Schleuse ein. Erst als die erste Tür wieder verriegelt ist, läßt sich die zweite öffnen. Ein System von Gas-, Druck- und Entgiftungsschleusen trennt das Werk in einen Kampf- und einen Unterkunftsteil. Selbst wenn der Feind chemische Kampfstoffe einsetzen würde, könnte sich die Truppe in den Unterkünften ohne Gasmaske bewegen. Die Unterkünfte: Jeder Kubikmeter mußte mühselig aus dem Felsen herausgehauen werden. Entsprechend eng ist es in der Küche, in den Kantonnementen mit ihren zu dreien übereinanderliegenden Schlafstellen und im Eßraum. Der Kommandotrakt umfaßt eine Telefonzentrale, ein paar winzige Bürokojen sowie ein überraschend geräumiges Sanitätszimmer mit voll ausgerüsteter Operationsstelle und einem Krankenraum. Waschen kann sich die Truppe an den Lavabos, die sich den Gängen entlangziehen.

Wir passieren weitere Schleusen. Das Gewölbe weitet sich und führt in den Kampfteil. Vor den Munitionslagern geht es in die Geschützstände. Der graue Schutzanstrich des Geschützrohrs schimmert matt durch das Halbdunkel. Ein Blick aus dem engen Felsenfenster, das für das Rohr gebaut worden ist: atemraubende Tiefsicht! Ameisengleich ziehen weit unten die Wagen über das Autobahnkreuz. Der große Bahnhof, die kleine Stadt, die Industrie, das Spinnennetz der sich in die Täler verzweigenden Straßen – alles liegt im Schwenkbereich der Geschütze. Diese werden in regelmäßigen Abständen ausgebaut, gereinigt, gegen den Rostfraß geschützt und ohne Munition getestet.

Die Artilleriefestung erzeugt ihren eigenen Strom mit mächtigen Dieselaggregaten, unterhält eine eigene Heiz- und Klimazentrale, faßt ihr Wasser an einem geheimen Ort und tauscht die Luft an Stellen aus, die nicht einmal ein geübter Alpinist entdecken würde.

Belastbar und zäh: die Festungstruppen

In diesen verschwiegenen Höhlensystemen der Schweizer Armee kämpfen die Festungstruppen: Infanteristen, Artilleristen und Fliegerabwehrsoldaten, die von Übermittlungssoldaten, Beobachtern, Werkschutzsoldaten, Maschinisten und Motorfahrern unterstützt werden. Sie alle vereinigen sich in der Festung zu Kampfeinheiten nach den eigenen Gesetzen von Dunkelheit und Enge. Füsiliere verteidigen die Festungswerke von außen. Außer mit den gängigen Infanteriewaffen (Sturmgewehr mit Gewehrgranaten, Raketenrohr) können sie auch mit Panzer- und Personenminen sowie Sprengstoff umgehen. Mitrailleure und Panzerabwehrkanoniere gesellen sich zu ihnen. Die Minenwerferkanoniere setzen mobile und festmontierte Infanterieminenwerfer ein. Fliegerabwehrkanoniere sind für den Schutz nach oben verantwortlich. Die Festungsartilleristen bedienen die Kanonen, Haubitzen und schweren Minenwerfer. Der Werkschutz bedient und unterhält die Geräte zum Schutz gegen atomare und chemische Bedrohungen und kümmert sich um den Brandschutz.

Links: Schnell gewöhnen sich die Augen an das charakteristische Halbdunkel der Stollengänge.

Rechts oben: Mannschaftsunterkunft in einer älteren Festung. Der Raum ist überaus knapp, um so wichtiger ist tadellose Ordnung.

Rechts unten: Der Sanität steht ein voll ausgerüstetes Operationszimmer zu Verfügung.

99

Dienen und schweigen

Das Festungswachtkorps – eine wenig bekannte Truppe der Schweizer Armee

Je weniger sie in Erscheinung treten, desto besser erfüllen sie ihre Aufgabe. Rund 1700 Schweizer Berufssoldaten in 20 über das ganze Land verteilten Kompanien leisten Dienst unter größter Verschwiegenheit: das Festungswachtkorps. Geheimhaltung ist ihr oberstes Gebot. Nach Feierabend dürfen sie über alles sprechen, nur nicht über das, was sie tagsüber tun. Nicht einmal ihren Frauen sollten diese Männer sagen, wo und woran sie gerade arbeiten. Selbst wenn sie unter sich sind, macht sich der Reflex des Schweigens und Tarnens bemerkbar: Gefreiter X kontrolliert heute «s Sächsi», Festungswächter Y revidiert die Lager im «Zwölfi».

«Sächsi», «Zwölfi» usw. sind die Chiffren für Festungswerke, Verteidigungsstellungen und Zerstörungsobjekte, deren Netz in einer für die ganze Welt beispiellosen Dichte von den Einfallachsen an der Grenze über die strategisch wichtigen Punkte des Mittellandes in den Befestigungsgürtel der Voralpen und des Hochgebirges gespannt ist. Die Zahl der Festungen, ihre Standorte, ihre Funktion und ihre Bewaffnung sind geheim; schließlich haben Generationen schweizerischer Steuerzahler nicht Milliarden aufgebracht, damit ein eventueller Angreifer in Zeitungen und Büchern solche kriegsentscheidenden Einzelheiten erfahren kann.

Zum erstenmal hat die Armeeleitung für dieses Buch einen tiefen Blick in den Alltag einer Festungswachtkompanie gestattet. Der Ausflug in die unterirdische Geheimsphäre der Armee ist eine Forschungsreise voller Überraschungen und erstaunlicher Entdeckungen. Wer etwa noch geglaubt hat, Festungswächter seien eine Art uniformierte Abwarte und ihr Dienst sei die Langeweile selbst, muß gründlich umlernen.

Die Schwindelfreien

Wie ein rostbraunes Gitter wölbt sich die Eisenbahnbrücke über den Taleinschnitt. Senkrechte Steigleitern und schmale Tritte sind in den stählernen Bogen eingelassen, der das Gewicht der Brückenträger auf die tief im Felsen verankerten Pfeiler verteilt. Zwei feldgraue Flecken bewegen sich lautlos im riesigen Fachwerk: Festungswächter kontrollieren die Zündleitungen. Die Brücke ist ein Zerstörungsobjekt.

Einer balanciert über den Träger, die Werkzeugkiste angehängt. Gleichmütig klettert der andere die Leiter hoch. Man denkt an Gemsen: Nicht gar so schnell

Links: Eine Standseilbahn von atemberaubender Steilheit führt Festungswächter und Material zum Werkeingang.

Rechts: Nur durch einen Gitterrost über einem 50 Meter tiefen Abgrund gehalten, kontrollieren zwei Beamte der Festungswache die Zündleitungen unter einer Autobahnbrücke.

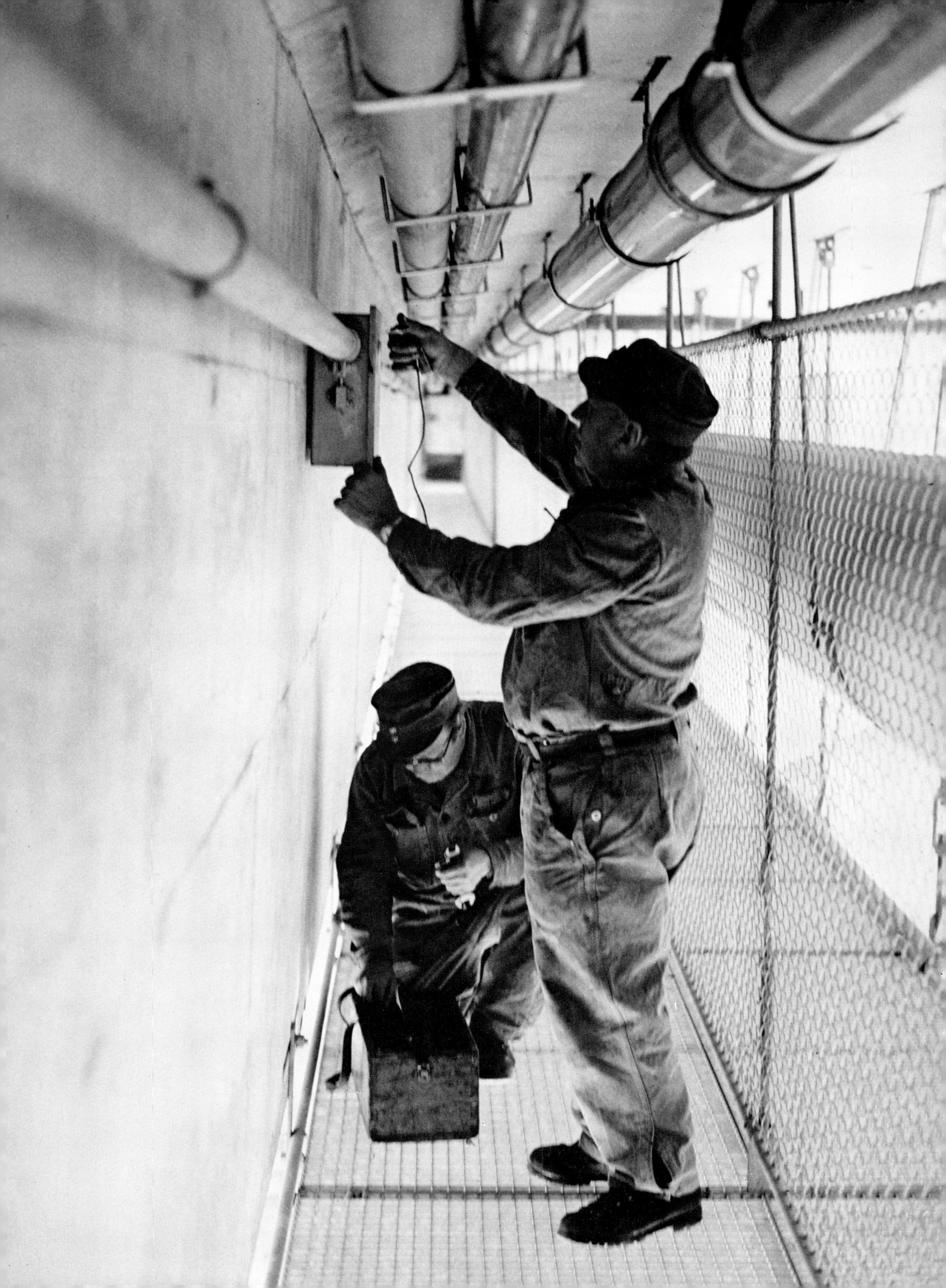

Jedes Frühjahr braucht die Tarnung der Geschütze eine Felsreinigung und einen neuen Anstrich.

sind sie, die beiden, aber ähnlich sicher! 50, 60 Meter unter ihnen reißt der Fluß das hochgehende Schmelzwasser talwärts.

Der Kontrollgang ist beendet. Bei ihrem Jeep sind die beiden Männer von nahe zu sehen. Zwei gute, wetterfeste Gesichter, von der Sonne vieler Sommer gegerbt. «Zwei meiner besten Männer», sagt der Major und Kompaniekommandant.

Ob sie nicht manchmal Angst haben?

Der Ältere lacht und schüttelt den Kopf. «Angst? Das mache ich seit 35 Jahren.»

Nächsten Sommer wird der Kletterkünstler pensioniert. Wie mancher Jüngere könnte ihm wohl diese Leistung gleichtun?

Wenn nötig kämpfen

Kontrolle und Unterhalt der Sprengobjekte stellen nur einen kleinen Ausschnitt aus dem vielfältigen Aufgabenkreis des Festungswachtkorps dar. Festungswächter sind Handwerker, Lehrer, Organisatoren, Polizisten und Soldaten zugleich:

– Sie kontrollieren Waffen, Munitions- und Brennstoffvorräte, Proviant und Fernmeldegeräte, die in den Befestigungsanlagen gelagert sind.

– Die mächtigen Dieselmotoren, die netzunabhängig Strom erzeugen, die Ventilatoren und Schutzluftfilter, die eigenständigen Wasserversorgungs- und Heizungssysteme, die Gas-, Druck- und Entgiftungsschleusen – das alles würde in der kalten Feuchtigkeit der militärischen Höhlensysteme ohne regelmäßige Kontrollen und Servicearbeiten über kurz oder lang verderben. Von Zeit zu Zeit müssen die mächtigen Festungsgeschütze und die Infanteriewaffen ausgebaut und revidiert werden. Seilbahnen und Aufzüge brauchen Kontrollen. Die eisernen Tarnnetze an den Stollentoren, die Tarnanstriche an den oft senkrechten Felswänden im Bereich der Schießscharten, die Zufahrtswege und das Leitungssystem sind ständig auszubessern; schließlich wurde ein großer Teil der Festungswerke während des Zweiten Weltkriegs oder noch früher erbaut.

– Festungswächter überwachen auf regelmäßigen Kontrollgängen die militärischen Anlagen, sie weisen Unbefugte weg und setzen das Fotografierverbot durch, kurzum: sie sorgen für den Schutz der militärischen Anlagen.

– Sie helfen maßgeblich bei der Ausbildung der Truppen in der Bedienung der Festungswaffen und im Leben in den beengenden Verhältnissen der Festungen mit.

– Wenn's sein muß, werden die Festungswächter auch kämpfen: als Infanteristen wie als Artilleristen. Sie müssen einen Teil der Festungswerke bis zum Eintreffen der Truppe verteidigen können.

– Wann immer das zivile Leben die Interessen der Festungsverteidigung ritzt, muß der zuständige Kompaniekommandant mit seinen Mitarbeitern eingreifen. Er begutachtet und überwacht die Bautätigkeit im Bereich der Werke, verhandelt mit Liegenschaftsbesitzern und Gemeindebehörden. Gewässerschutz, Kehrichtabfuhr, Straßenwesen, Grundstückerwerb durch Ausländer in sicherheitsempfindlichen Gebieten – das sind nur einige Stichworte aus dem Problemkatalog.

– Festungswächter sind auch für den militärischen Strafvollzug auf dem Zugerberg verantwortlich.

Handwerker in Feldgrau

Über 60 Berufe, darunter etliche, die nirgendwo anders ausgeübt werden können, sind im schweizerischen Festungswachtkorps vertreten. Neben den gängigen Berufen der Metall- und Holzbearbeitung werden Mechaniker aller Art, Elektriker, Heizungs-, Lüftungs- und Klimaspezialisten, Maurer, Gipser und Maler benötigt. Deshalb werden bei der Anstellung von Festungswächtern Leute mit einer Berufslehre bevorzugt. Viele qualifizieren sich in den ständig stattfindenden Fachkursen und -prüfungen zu Sprengobjekt- und Munitionsspezialisten, Geschützmechanikern und AC-Spezialisten (Abwehr atomarer und chemischer Kampfstoffe).

Genaugenommen ist das Festungswachtkorps ein verfassungsrechtliches Unikum: Die Bundesverfassung untersagt dem Bund den Unterhalt stehender Truppen; aber nach der Auffassung der Juristen hat sich dieses Verbot aus der politischen Situation von 1848 heraus gegen ein bundeseigenes Söldnerheer gerichtet.

An der militärischen Führung und Organisation dieser Truppe von Fachbeamten in Uniform wird festgehalten, weil die Aufgaben des Festungswachtkorps sehr eng mit denen der Feldarmee verzahnt sind. Deshalb erhielten die Festungswächter erst nach dem Zweiten Weltkrieg das heute selbstverständliche Recht, sich gewerkschaftlich zu organisieren wie andere Bundesbeamte auch. Noch heute unterstehen sie auch in Friedenszeiten – bei allen Rechten, die sie wie alle anderen Beamten genießen – dem militärischen Regime. Es kommt, wenn auch selten, vor, daß Kompaniekommandanten insbesondere bei Verletzung von Sicherheits- und Geheimhaltungsvorschriften ihre Mitarbeiter disziplinarisch bestrafen müssen.

Strenges Regiment

Rekrutierungsschwierigkeiten hat die Truppe kaum je gekannt. Sie ging einerseits aus den alten Fortwachen am Gotthard und in St-Maurice hervor, anderseits aus den freiwilligen Grenzschutztruppen, die sich vor allem während der drückenden Arbeitslosigkeit in der krisenhaften Zwischenkriegszeit eines unerhörten Interesses erfreuten: Tausende meldeten sich ab 1936 zu diesen Grenzschutztruppen, um vorerst zum Gradsold eine Probezeit von sechs Monaten zu bestehen. Erst 1939 wurde die soziale Sicherheit im Sinne einer Lohnausfallentschädigung vorläufig geregelt. In der offiziellen Jubiläumsschrift des Festungswachtkorps steht, wie es damals zuging:

«Arbeitszeitregelungen, begriffsfremd für ein militärisches Korps, gab es keine. Der Grenzschutzsoldat hatte 24 Stunden täglich zur Verfügung zu stehen. Nach drei Monaten Dienst konnte (nicht mußte) man ihm einen besoldeten Urlaub von 8 Tagen gewähren. Die Disziplin war eine harte; auf Verfehlungen folgte die fristlose Entlassung. Trotz dieser harten Bedingungen riß sich die damalige Jugend um diese ‹Anstellung›. (...) Und nach der Anstellung preßten die Männer das Äußerste aus sich heraus, weil Arbeitslosigkeit und Armut auf die Ungenügenden und Versager warteten.»

Seit 1942 besteht das Festungswachtkorps in seiner heutigen Form, und seine rund 1700 Angehörigen sind der Sorge um die soziale Sicherheit enthoben. Eins aber hat sich nicht geändert: Noch immer wird viel, sehr viel von ihnen verlangt. In einer Zeit der zunehmenden Spezialisierung müssen sie handwerkliche Allrounder sein, die sich auch über ihr erlerntes Fachgebiet hinaus zu helfen wissen. Festungswächter klettern nicht nur auf Brücken herum, sie patrouillieren auf Skiern im Hochgebirge und in schnellen Booten auf den Seen. Sie leisten Feuerwehrdienst und reparieren über den Abgründen des Hochgebirges ihre eigenen Seilbahnen.

Noch immer wird der Dienst im Festungswachtkorps von vielen jungen Berufsleuten als das empfunden, was er ist: eine echte Herausforderung.

Die Anstellungsbedingungen: bestandene Rekrutenschule, abgeschlossene Berufsausbildung erwünscht, gute Gesundheit und tadelloser ziviler und militärischer Leumund. Trotz dieser hohen Anforderungen ist es immer wieder möglich, die größtenteils altersbedingten Abgänge zu ersetzen.

Die mächtigen Filtergruppen *(oben)* stellen die Versorgung eines ganzen Festungswerks mit Frischluft sicher. Sie benötigen ebenso regelmäßige und technisch sachkundige Kontrollen wie die Heizungs- und Klimaanlagen *(unten)*. Festungswächter sind eben weit mehr als uniformierte Abwarte. In eigenen Werkstätten *(Mitte)* müssen sie vielseitig improvisieren können.

Verbindung um jeden Preis

Die Übermittlungstruppen – das Nervensystem der Armee

Ein Stück Draht, um einen Zaunpfosten geschlungen, verliert sich im Grün der Wiese. Hätten wir die Geduld, diesem eisernen Faden querfeldein zu folgen, würden wir Überraschungen erleben. Vor der Kellertür des mächtigen Bauernhauses am Dorfrand würde ein Wehrmann in Helm und Kampfanzug aus der Deckung schnellen: «Halt!» Hinter dem Holzstoß verborgen lauert sein Kamerad. Er sichert mit der Waffe die Aktion des Wächters.

Stünde uns die Kellertür dennoch offen, würden wir von tief unten das Rauschen und Piepsen von Funkgeräten, das Hämmern der Fernschreiber und den gedämpften Laut harter Männerstimmen vernehmen: «Verstanden – antworten – ich verbinde...»

Ich verbinde! Was hilft es denn, wenn der Stoßtruppführer weiß, was im feindlichen Gelände vor sich geht? Erst die Möglichkeit, seine Beobachtung schnell weiterzumelden, macht aus der Erkenntnis eines einzelnen eine Information, die allen nützt. Was wären die goldbekränzten Herren der hohen Stäbe samt ihren ausgeklügelten Aufmarschplänen, ihren taktischen Ideen und ihren Kriegslisten ohne die Truppe, die alle Register der modernen Kommunikationsmittel zu ziehen versteht? Erst der durch Funk, Telefon, Fernschreiber und Richtstrahlverbindungen zielgerichtet verbreitete und vervielfältigte Befehl setzt Infanterie, Artillerie und Panzer in Marsch, lenkt die Kampfflugzeuge in die Zielgebiete, sichert den Nachschub und rettet das Leben der Verwundeten.

Die Männer im Keller mit ihren Geräten gehören zur unsichtbarsten Truppengattung der Armee, zu den Übermittlungstruppen mit den silbergrauen Kragenspiegeln. Als Elektronikspezialisten der Armee erfüllen sie wesentliche Aufgaben nicht nur durch den Aufbau und den Betrieb der verschiedensten Verbindungsnetze unter feldmäßigen Bedingungen, sondern auch in der elektronischen Kriegführung, d. h. in der Aufklärung sowie in der Störung und Täuschung des Gegners.

Schon heute ist einer von zehn Schweizer Wehrmännern Übermittler – sei es bei den Übermittlungstruppen selbst oder in den Übermittlungsdiensten der anderen Truppengattungen.

6000 Fuß in 32 Minuten...

Kein anderer Bereich als das Übermittlungswesen zeigt deutlicher, wie sehr die Armee von der Technik Besitz ergriffen hat. Daß 1853 der erste Direktor der Telegrafenwerkstätte in Bern, ein gewisser Herr Hipp, in nur 32 Minuten und – wie er stolz hervorhob – «mit ganz ungeübten Leuten» auf der Thuner Allmend eine 6000 Fuß lange Militärtelegrafenleitung vom Schießplatz ins Stabsbüro errichtet und damit einen ersten Schritt in Richtung elektrischer Übermittlung in der Schweizer Armee getan hat, mutet beim stürmischen Entwicklungstempo der elektronischen Mittel heute geradezu archäologisch an. 125 Jahre später plant die Armee des gleichen Landes das Integrierte Militärische Fernmeldesystem (IMFS 90). Es soll im Endausbau Verbindungen – von Landesregierung und Heereseinheitskommandanten bis zur Bataillonsstufe – unabhängig vom zivilen Netz sicherstellen: Funk, Telefon, Fernschreib-, Bild- und Datenleitungen, mit festen und fahrenden Stationen und fast unbeschränkten Verbindungsmöglichkeiten. Natürlich sorgt eine automatische Verschlüsselung dafür, daß alle Gespräche und der gesamte Informationsfluß nicht abgehorcht werden können.

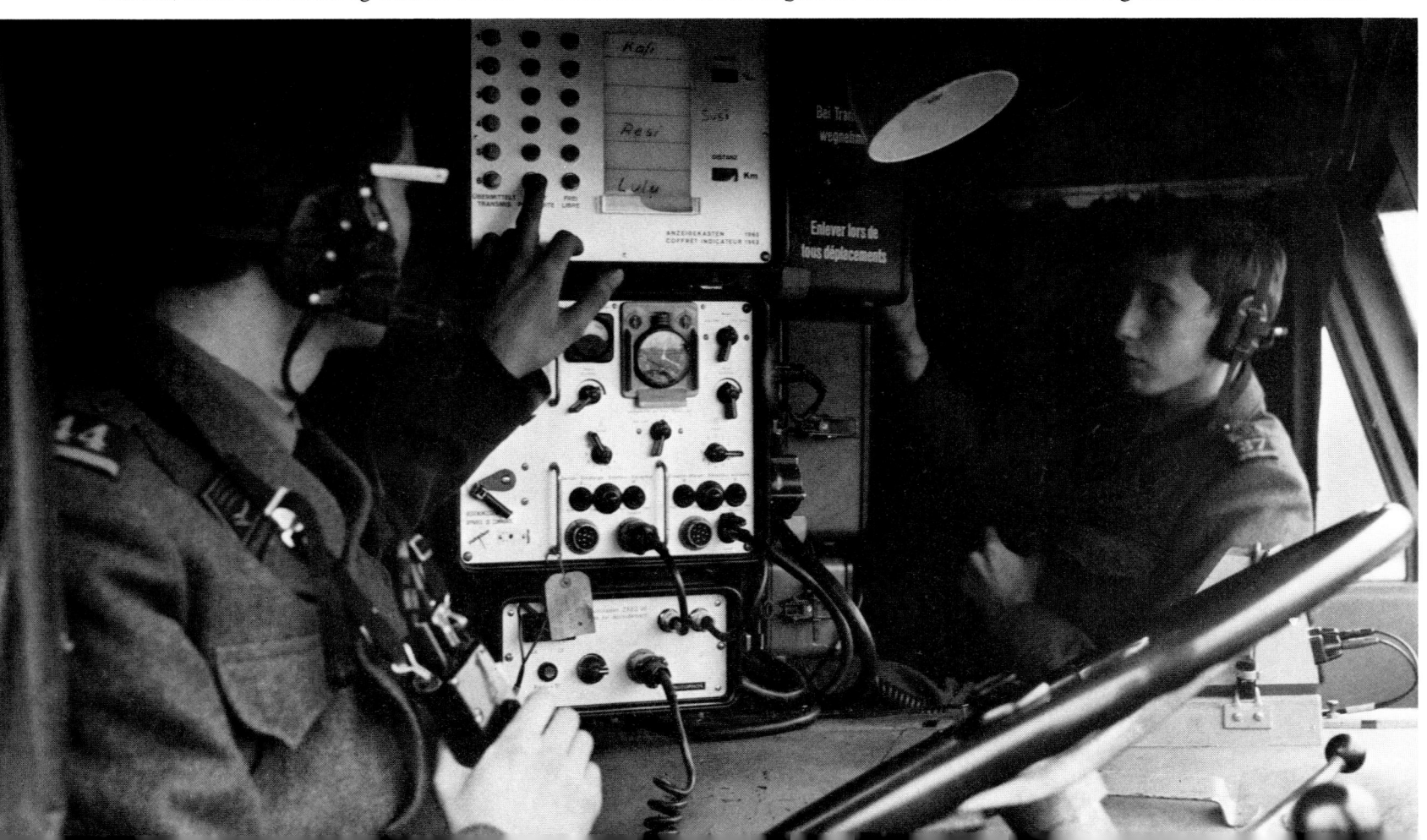

Wie in einem Konzern

Unsere Armee ist die komplexeste Organisation mit den meisten Dienstzweigen, das größte «Unternehmen» der Schweiz mit rund 600 000 «Beschäftigten». Das sind beinahe siebenmal so viel, wie Post und Bahn zusammen aufweisen. In jedem großen Unternehmen, das zudem noch auf viele hundert, häufig wechselnde Standorte im ganzen Land verteilt ist, stellt die Kommunikation eine Führungsaufgabe von entscheidender Wichtigkeit dar. Spezialisierung und Arbeitsteilung sind unerläßlich. Entsprechend sind die Übermittlungstruppen organisiert. Ihre Aufgabe ist es, die Verbindungen zwischen der Armeeleitung und den Großen Verbänden (Armeekorps, Divisionen, Brigaden) bis hinab zum Regiment sicherzustellen. Für die Kommunikationsbedürfnisse auf den unteren Stufen unterhält jede einzelne Truppengattung zusätzlich einen eigenen Übermittlungsdienst. Dazu kommt als Sonderfall die getrennte Übermittlungsorganisation der Flieger- und Flabtruppen, die durch deren besonderen Bedürfnisse gerechtfertigt ist.

Die Männer, die den Draht auf die grüne Wiese gelegt haben, und ihre Kameraden im scharf bewachten Keller gehören zu einer Filiale des unsichtbaren «Übermittlungskonzerns» der Armee, der Nachrichtenzentrale eines Regiments. An diesem Beispiel wird zugleich die Arbeitsteilung zwischen silbergrauen Übermittlungstruppen und dem Übermittlungsdienst der jeweiligen Truppengattung deutlich: Die Übermittlungstruppen haben die Leitung von der Division zum Regiment gebracht, die Regimentsübermittler richten die Zentrale selbst ein und betreiben ihr Netz.

Im Gegensatz zu dem zivilen Großunternehmen, das seine Konkurrenten zwar überflügeln, aber nicht vernichten will, benötigt die Übermittlungstruppe eine Vielzahl von verschiedenen Nachrichtenmitteln als Schutz gegen gegnerische Störaktionen. An erster Stelle stehen Drahtverbindungen für Telefon und Fernschreiber, die von den Telegrafenpionieren mit ihren Leitungsbauwagen in harter Arbeit verlegt werden. Sie sind leistungsfähig, verhältnismäßig sicher und benötigen wenig Unterhalt; die Verbindungsqualität ist ausgezeichnet. Sozusagen als Rückversicherung stehen Drahtleitungen des zivilen PTT-Netzes zur Verfügung. Richtstrahlverbindungen, die die Signale für den Telefon- und den Fernschreibverkehr elektronisch bündeln und unsichtbar durch den Äther befördern, sind schnell erstellt, verlangen dagegen einen großen Betriebsaufwand. Sie sind enorm leistungsfähig, aber auch der elektronischen Kriegführung des Feindes ausgesetzt: Er kann sie orten, abhören, stören und zerstören.

Funkverbindungen schließlich werden nicht nur im taktischen Naheinsatz auf Zugs-, Kompanie- und Bataillonsebene, sondern auch in den höheren Sphären der Übermittlungstruppen als schnelle und bewegliche Verbindungsmittel geschätzt. Begrenzt ist freilich die Einsatzdistanz, kritisch die Sicherheit: Es ist kein Problem, den Standort einer Funkstation – und damit eines Kommandopostens – zu peilen.

Links: «Kafi von Rio, antworten!» Fahrbare Funkstationen stellen die Verbindungen im stark verästelten Netz der Armee sicher.

Rechts: Übermittlungssoldaten beim Bau einer Feldtelefonleitung. Dieser Arbeitsbereich der Übermittlungstruppen erfordert ein hohes Maß an Körperkraft, Ausdauer und Zähigkeit.

Kuriere mit Flügeln

Brieftauben sind noch lange nicht veraltet

Keine andere Spezialeinheit ist in der Armee so häufig die Zielscheibe gutmütiger Witze wie die «Brieftübeler». Dabei ist das uralte Nachrichtenmittel mit den findigen Vögeln so aktuell wie eh und je. Rund 1100 Offiziere, Unteroffiziere, Soldaten und FHD sind in den Brieftaubenzügen von 23 Übermittlungsformationen der Armee eingeteilt. Im Kriegsfall würden sie über rund 30 000 gurrende Kameraden verfügen.

Noch hat die Forschung nicht herausgefunden, weshalb die Tauben über Hunderte von Kilometern hinweg mit traumwandlerischer Sicherheit ihren heimatlichen Schlag finden. Es ist wie bei der Akupunktur: Es funktioniert, aber keiner weiß wie.

Unabhängig von Geländebeschaffenheit und Feindlage können die Brieftauben in den an Beinen oder Brust befestigten Kapseln Nachrichten, Skizzen und Filme bis zu einem Gewicht von 80 Gramm befördern. Mit einer Durchschnittsgeschwindigkeit von 60 km/h – und in der Luftlinie – sind sie bedeutend schneller als motorisierte Kuriere. Keine feindliche Fliegerabwehr kann ihnen etwas anhaben; ein Treffer aus einem gegnerischen Gewehr wäre ein unerhörter Zufall.

Im praktischen militärischen Einsatz sind die Brieftauben die geschätzten Gefährten der Wehrmänner, die in vorgeschobenen Beobachtungsposten mit Aufklärungsaufgaben betraut sind. Namentlich bei abgesetzten oder eingeschlossenen Verbänden leisten sie ausgezeichnete Dienste. Wenn der Funk vom Feind gestört wird oder wenn er schweigen muß, damit er den Standort der eigenen Truppen nicht verrät, sind sie oft die einzige Übermittlungsmöglichkeit. Dies gilt auch für Katastrophenfälle, wenn alle anderen Nachrichtenmittel versagen.

Die im Zentralverband schweizerischer Brieftaubenzüchter-Vereine zusammengeschlossenen rund 550 schweizerischen Züchter sorgen für ausreichende Taubenbestände. Was sich in der Weltgeschichte so lange bewährt hat, wird auch im Zeitalter der mit Hilfe von Computern geführten Armee Bestand haben. Schließlich hat schon Noah auf seiner Arche von einer Taube die Nachricht vom Ende der Sintflut erhalten.

Funk kann verräterisch sein! Er ist am meisten gefährdet.

Geschickte Hände, helle Köpfe

Die Vielfalt und die technische Kompliziertheit der bestehenden und erst recht der zukünftigen Übermittlungsaufgaben und -geräte prägen auch das Anforderungsprofil für die Wehrmänner in dieser Truppengattung. Es versteht sich von selbst, daß die Übermittlungstruppen noch mehr als andere darauf bedacht sind, sich die zivilen Kenntnisse und Fertigkeiten des einzelnen zunutze zu machen. Berufsleute und Stu-

Samuel Morses letztes Gefecht

Das Lang-Kurz-Alphabet des amerikanischen Malers Samuel Morse stammt aus dem Jahre 1837 und hat in den modernen Schweizer Übermittlungstruppen längst ausgedient – mit einer einzigen Ausnahme: Ausgerechnet in der verschwiegensten und zukunftsgerichtetsten Sektion der Übermittlungstruppen, die ihren Sitz in einem unauffälligen Haus irgendwo in den Voralpen hat, wird das Morse-Alphabet noch eifrig gelehrt und gelernt. Die Rede ist von den Spezialformationen für elektronische Kriegführung.

Wie alles, was der Lebensqualität und dem technischen Fortschritt dient, ist auch die elektronische Nachrichtentechnik zu einem Kampfmittel der Armeen geworden. Elektronische Kriegführung umfaßt, schlicht gesagt, alles, was die Verbindungen des Gegners stört und die eigenen schützt. Zu den Gegenmaßnahmen gehört mehr als nur das Stören. Man versucht, durch die elektronische Aufklärung die Lage des Feindes zu ermitteln und ihn gegebenenfalls durch Falschmeldungen zu täuschen. Zu den Schutzmaßnahmen gehören taktische, betriebliche und technische Vorkehren, zum Beispiel das Gebot, möglichst wenig zu senden, oder der Einsatz von komplizierten, kaum entschlüsselbaren Codes auf speziellen Geräten. Mit elektronischer Kriegführung wird man aber nicht allein den drahtlosen Verkehr zwischen Kommandoposten und Führern sowie zwischen den einzelnen Kampfverbänden erschweren oder verunmöglichen; besonders wichtig ist sie bei Kampfmitteln, die nicht an die sichereren Drahtverbindungen angeschlossen sein können, zum Beispiel bei Flugzeugen, Panzern, Raumwaffen und dergleichen. Funk- und Richtstrahlverbindungen dienen ja nicht nur der Vermittlung von Gesprächen, sie lenken und steuern auch Raketen und andere Fernlenkgeschosse oder werden als Fernbeobachtungsmittel eingesetzt (Radar, Fernsehen, Film).

Hier allerdings ist mit dem Morse-Alphabet allein nichts mehr auszurichten. Es wird vielmehr von den Abhorchspezialisten angewandt, sprachkundigen und reaktionsschnellen Wehrmännern, die nötigenfalls die durch den Äther schwirrenden langen und kurzen Pieptöne auffangen und in Text umsetzen würden, damit unser Nachrichtendienst daraus nützliche Schlüsse ziehen kann.

Elektronische Täuschungsmanöver bestehen zum Beispiel darin, daß man mit sogenannten Düppeln – kleinen, Radarwellen reflektierenden Flugkörpern – dem gegnerischen Radarschirm Flugzeuge vortäuschen kann, die in Wirklichkeit gar nicht vorhanden sind. Das gleiche Ziel kann man auch mit aktiven elektronischen Maßnahmen erreichen, d. h. mit der elektronischen Erzeugung von vermeintlichen Hindernissen für feindliche Flugzeuge. Schließlich können sich die Täuschungsspezialisten der elektronischen Kriegführung auch verbal in gegnerische Netze einschalten, ihnen Falschinformationen (Spielmaterial) zukommen lassen und sie so zu falschem Handeln verleiten. Elektronische Täuschung ist die Hohe Schule des Erfindergeistes und der Gerissenheit der Anwender. Daß der Schweiz in Friedenszeiten größte Zurückhaltung beim Üben solcher Täuschungsmanöver auferlegt ist, versteht sich bei einem neutralen Staat von selbst.

Der Computer als Waffe

Was ursprünglich bei der amerikanischen Armee begonnen und später den Informationsfluß und die Informationsverarbeitung in Industrie, Handel, Verkehr und Verwaltung revolutioniert hat, prägt auch die Gegenwart und Zukunft der Übermittlungstruppen: die elektronische Datenverarbeitung (EDV).

Die gesamte Datenverarbeitung verdankt ihre stürmische Entwicklung letztlich dem Einsatz von Rechnern für militärische Zwecke. Die ersten, noch mit Röhren betriebenen Rechner, die ganze unterirdische Räume füllten, fanden ihren ersten Einsatz im Rahmen der gigantischen Luftverteidigungsanlagen der USA. Daraus entwickelten sich, wie schon oft, Anregungen und Anwendungen für das zivile Leben. Heute ist in beinahe allen Lebensbereichen der Computer fast nicht mehr wegzudenken. Viele finden das schade; es wird darauf ankommen, wie und wozu er von Menschen in Zukunft eingesetzt wird.

Die Übermittlungstruppen sind das Instrument der Führung, und ihr Mittel ist die umfassende Kommunikation. In diesem Sinne erlangt die EDV zentrale Bedeutung, weil der hohe Organisationsgrad einer modernen Armee auf ein gut funktionierendes Verbindungssystem zur Nachrichten-, Informations- und Befehlsverarbeitung stark angewiesen ist. So können beispielsweise lagegerechte Entschlüsse nur gefaßt und als Aufträge wirksam werden, wenn die Entscheidungsgrundlagen signifikant und zeitgerecht vorliegen. Es gibt kein anderes Mittel als die EDV, wenn es darum geht, die besonders auf höherer Führungsebene auftretenden Informationsflüsse und Probleme zu ordnen, zu vereinfachen und Wege aufzuzeigen, über die aber letztlich der Mensch allein zu entscheiden hat.

Auch in der Armee wird der Computer nie ein Superhirn sein, das schließlich die Macht ergreift und Entscheide fällt. Er ist ein Werkzeug – wenngleich ein kompliziertes und teures!

denten aus der Elektro-, der Elektronik- und der Datenverarbeitungsbranche sind besonders willkommen. Außerdem werden Männer – und in den Übermittlungszentralen auch freiwillige Frauen – aus dem kaufmännischen Bereich benötigt, die sich über organisatorische Fähigkeiten und geistige Belastbarkeit ausweisen.

Übermittler heißen im militärischen Sprachgebrauch «Pioniere». Unterschieden wird zwischen drei Gattungen:

– Telegrafenpioniere bauen und betreiben Telefonanlagen. Die Baupioniere erstellen die Draht- und Kleinrichtstrahlnetze. Die Zentralenpioniere sind für Anschluß und Betrieb von Telefonzentralen und Zusatzgeräten verantwortlich. Die Richtstrahlpioniere arbeiten mit Großrichtstrahlstationen.

– Funkerpioniere werden an Funkfernschreibern und Sprechfunkstationen ausgebildet. Besonders qualifizierte Funkerpioniere können Spezialisten der elektronischen Kriegführung werden.

– Betriebspioniere schließlich bedienen die Fernschreiber der Drahtnetze, sind für die Verschlüsselung der Nachrichten besorgt und stellen den reibungslosen Dokumentenfluß sicher, auch durch den Kurier- und den Brieftaubendienst.

Großes Gewicht wird bei der Ausbildung darauf gelegt, daß jeder Spezialist auch über die Arbeit seines Kollegen von der benachbarten Fakultät Bescheid weiß: Der Baupionier muß auch eine Zentrale bedienen, der Zentralist eine Leitung bauen oder mit Schreibtelegraf und Fernschreiber umgehen können.

Der rasende technische Fortschritt auf dem Gebiet der elektronischen Kommunikation hat die Ausbildung der Übermittlungstruppen revolutioniert. Wohl keine andere Truppengattung muß so oft Neues lernen; keine andere Waffe hat in den letzten Jahren so viel zusätzlichen Stoff bewältigen müssen. Deshalb wird in den Schulen und Kursen der Übermittlungstruppen weit häufiger und intensiver als anderswo mit modernsten Methoden, von der Netzplantechnik bis zum programmierten Unterricht, gearbeitet. In den ersten acht Wochen einer Übermittlungsrekrutenschule lernt der Betriebspionier unter viel anderem, auch wenn er vorher nie eine Tastatur gesehen hat, bis zu 200 Anschläge pro Minute fehlerfrei tippen. Dies und die hohen technischen Anforderungen haben den Übermittlungstruppen den Ruf eingetragen, ihren Angehörigen besondere und wertvolle Kenntnisse für das zivile Berufsleben mitzugeben. Der Beweis für diesen Ruf ist schon wiederholt auch bei «zivilen» Einsätzen geleistet worden, als Übermittlungssoldaten zu Hilfe gerufen wurden: zum Beispiel beim Brand der Telefonzentrale Zürich Hottingen, als die Pioniere außerordentlich schnell mit einem auf Armeezentralen beruhenden Notnetz zur Stelle waren.

Der Mensch zählt, nicht die Uniform

Die neue Konzeption der Sanität – praktizierte Gesamtverteidigung

«Der Feind muß vernichtet werden», zischt der Korporal in der letzten Deckung, bevor er mit seiner Füsiliergruppe stürmt. Weiß er eigentlich, was «vernichten» bedeutet?

Die Kugeln aus den Sturmgewehren werden weiches, warmes Menschenfleisch zerreißen. Handgranaten werden Körper zerfetzen. In den Bäuchen der getroffenen Panzer werden Männer bei lebendigem Leib verbrennen und verglühen. Die Bomben aus den Kampfflugzeugen und die Granaten der Artillerie werden Häuser und Stellungen zertrümmern; Menschen wie du und ich werden unter Bergen von Balken und Schutt ersticken. Und alles, was wir dem feindlichen Eindringling antun, wird er uns zurückzahlen. Die Hölle des organisierten und rationellen Tötens, die man gemeinhin als «modernen Krieg» bezeichnet, wird keinen Unterschied machen zwischen kämpfenden Soldaten und wehrlosen Kindern oder Frauen. Chemische Kampfstoffe werden unsere Nerven lähmen und den Wahnsinn in unsere Gehirne tragen. Die unvorstellbare Grausamkeit der atomaren Massenvernichtung kann die Todespein vertausendfachen.

Krieg bedeutet töten, um selbst zu überleben. Krieg ist Blut und Brand, Schmerz und Tod für Tausende. Gewiß: Die Schweizer Armee rüstet zum Krieg, um den Krieg von den Grenzen unseres Landes fernzuhalten. Das gut ausgerüstete und bestmöglich ausgebildete Heer setzt den Eintrittspreis in unser Land so hoch an, daß ein möglicher Angreifer zu rechnen beginnt und vielleicht zur Überzeugung kommt, daß sich das Risiko doch nicht lohnt.

Aber es wäre pure Augenwischerei, sich nicht gründlich und illusionslos mit dem zu befassen, was auf uns zukäme, wenn es trotzdem geschähe. Eine weitverzweigte Organisation bereitet sich darauf vor, Volk und Armee vor den Folgen des Krieges zu schützen: Luftschutz, Zivilschutz, das System der zivilen Spitäler – und die Sanitätstruppe der Armee. Sie gehört zu den Hilfstruppen und bildet einen wichtigen Bestandteil der Logistik, d.h. der Gesamtheit aller Einrichtungen und Maßnahmen zur Versorgung und Unterstützung der kämpfenden Truppe.

Das Pflichtenheft der Sanität

Drei Hauptaufgaben sind der Sanitätstruppe zugedacht:

– Im Frieden liegt das Schwergewicht auf der Vielfalt der Maßnahmen zur Gesunderhaltung der Truppe, also auf der Vorbeugung. Der Sanitätsdienst und seine Ärzte führen die sanitarische Eintrittsmusterung bei jedem Dienst durch und erfassen kranke und damit dienstunfähige Wehrmänner. Truppenärzte haben die hygienischen Verhältnisse, die Verpflegung und die Bekleidung der Truppe zu kontrollieren und Abhilfe durchzusetzen, wenn sie gesundheitsgefährdende Mißstände feststellen. Von Anpassung und Kontrolle des

Schnelle und fachkundige Kameradenhilfe bildet die Grundlage des modernen Sanitätsdienstes.

Oben: Sanitätssoldaten lernen, wie man fachgerecht ein gebrochenes Bein einschient.

Unten: Der von seinen Kameraden geborgene Verwundete wird von der Sanität abtransportiert.

Gehörschutzes über den Bereitschaftsdienst bei Gefechtsschießen bis zu den Impfungen und zur besonderen Fürsorge für Wehrmänner, die mit Bleibenzin und giftigen Substanzen umgehen müssen, versieht der Truppenarzt eine große Zahl von vorbeugenden Handreichungen und Maßnahmen.

— Die Sanität behandelt und pflegt erkrankte und verunfallte Wehrmänner. Sie übernimmt sie von der Truppe und bringt sie in rückwärtige Behandlungsstellen mit dem Ziel, sie nach Möglichkeit wieder gesund zu machen.

— Schließlich obliegt der Sanitätstruppe der Nachschub von Sanitätsmaterial aller Art an die einzelnen Truppenteile.

— Organisatorisch sind drei Stufen des Armeesanitätsdienstes zu unterscheiden: die Truppensanität, die einem bestimmten Verband in irgendeiner Truppengattung fest zugeteilt und die für die ersten sanitätsdienstlichen Hilfeleistungen zuständig ist. Unterstützt und ergänzt wird die Truppensanität durch Sanitätsformationen der zweiten Stufe, von Fachtruppen also, die auf der Stufe der Divisionen sanitätsdienstliche Schwerpunkteinrichtungen, nämlich Verbandplätze, errichten. Als dritte Stufe werden die Sanitätsformationen bezeichnet, die in bundeseigenen Anlagen oder improvisiert in größeren Ortschaften, oft in Anlehnung an Zivilspitäler, eigentliche Militärspitäler zu betreiben haben.

Sanitätsdienst heute...

Schon in der Rekrutenschule lernt jeder Wehrmann, wie der Sanitätsdienst im Ernstfall ablaufen würde. Am Anfang stehen die Selbsthilfe und die Kameradenhilfe von Mann zu Mann. Die wichtigsten Grundbegriffe werden in allen Diensten immer wieder repetiert. Handelt es sich um eine ernste Verletzung, holen die Kameraden den Verwundeten — wenn's sein muß unter Lebensgefahr — aus dem unmittelbaren Kampfbereich und bringen ihn an einen gegen Kälte, Wetter und Splitterwirkung notdürftig geschützten Platz, in das sogenannte Verwundetennest. Hier werden Selbst- und Kameradenhilfe fortgesetzt und wird der Verwundete für den Rücktransport in die Sanitätshilfsstelle möglichst gut vorbereitet. Es ist Sache der Truppensanität, die für den Rücktransport der Verwundeten in die Sanitätshilfsstelle nötigen Leute und Fahrzeuge zur Verfügung zu stellen. Auf der Sanitätshilfsstelle kommt der Verwundete erstmals in die Hände eines Arztes, der die Behandlung nach Dringlichkeit anordnet. Hier werden Schmerz und Schock bekämpft und gegebenenfalls Notoperationen durchgeführt. Der Weitertransport der transportfähigen Verwundeten ist Sache der Sanitätstruppen und geht zunächst auf einen Verbandplatz. Erneut wird die Transportfähigkeit überprüft, und dann leitet man den Verwundeten in ein Militärspital. Daß an die Truppensanität hohe Anforderungen gestellt werden, zeigt zum Beispiel das Pflichtenheft einer Sanitätshilfsstelle: Sie muß innert 24 Stunden 50 Patienten aufnehmen und transportfähig machen können. Das bedeutet — immer in der genannten 24-Stunden-Frist — drei bis fünf lebensrettende Eingriffe (Notoperationen), zwischen 100 und 200 Injektionen, 30 Infusionen, 15 Gipsverbände und 20 bis 30 Wundversorgungen.

...und morgen

Die verheerende Wirkung moderner Waffensysteme zwingt zu einer grundlegenden Überprüfung dieser alten, mehrstufigen Konzeption des Armeesanitätsdienstes. Drei Ziele werden angestrebt: Die Erste Hilfe durch Nichtsanitäter, d. h. die Selbst- und die Kameradenhilfe, muß durch eine intensivere Ausbildung auf allen Stufen verbessert werden; zweitens soll auch im Krieg jeder Patient innert sechs Stunden in einem Spital sein; dies führt — drittens — notwendigerweise dazu, daß das militärische mit dem zivilen Gesundheitswesen eng zusammenarbeiten muß. Armeesanitätsdienst, ziviler Gesundheitsdienst und Zivilschutzsanitätsdienst sollen im sogenannten Koordinierten Sanitätsdienst (KSD) zu einem humanitären System zusammengefaßt werden, in dem zwischen zivilen und uniformierten Patienten kein Unterschied mehr gemacht wird.

Diese Koordination ergibt sich zwingend aus dem, was wir aller Voraussicht nach in einem Krieg zu erwarten hätten.

In Friedenszeiten treten täglich etwa 3500 Patienten neu in schweizerische Allgemeinspitäler ein; täglich werden etwa 1750 chirurgische Eingriffe durchgeführt. Im Fall eines bewaffneten Konflikts, an

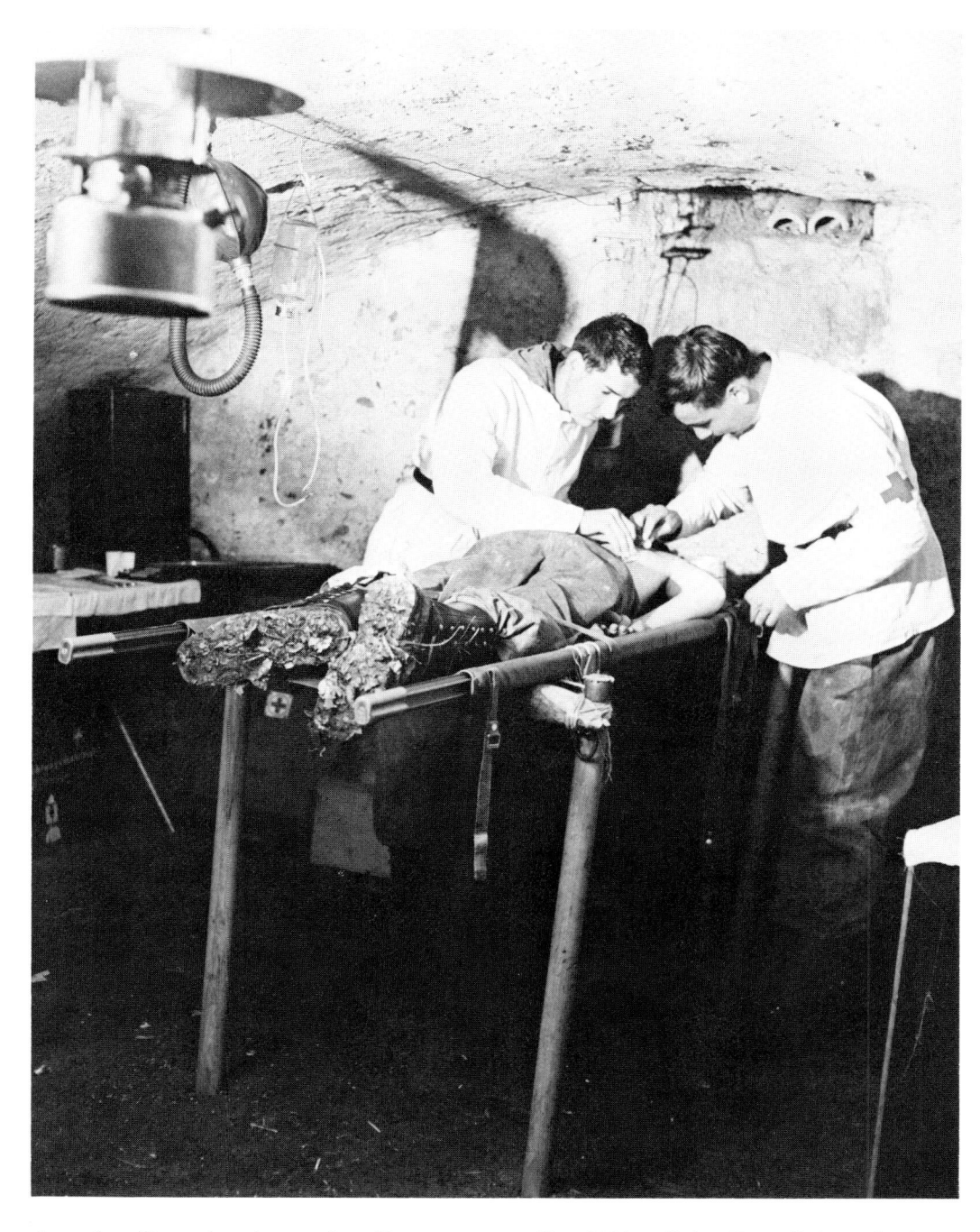

In der oft behelfsmäßig eingerichteten Sanitätshilfsstelle kommt der Patient erstmals in die Hände eines Arztes. Hier werden Schmerz und Schock bekämpft und Notoperationen ausgeführt.

dem das Gros der Armee beteiligt wäre, könnte die Zahl der Patienten – Zivil und Militär – auf 15 000 täglich emporschnellen, von denen 9000 operiert werden müßten. Bei Einsatz von Massenvernichtungswaffen könnten die Verluste wesentlich höher liegen. Weder die Armee- noch die zivilen Spitäler könnten, je auf sich allein gestellt, diese Arbeitslast bewältigen. Zusammenarbeit tut not. Gerade in diesem Fall wird deutlich, was Gesamtverteidigung bedeutet: die Zusammenfassung aller zivilen und militärischen Mittel zu Erreichung des gesteckten Ziels.

In der Praxis bedeutet Koordinierter Sanitätsdienst, daß zum Beispiel auch in Militärspitälern Beatmungsmasken für Kinder oder ein gynäkologisches Instrumentarium vorhanden sein wird, daß aber umgekehrt auch in zivilen Spitälern etwa die Schäden durch chemische Kampfstoffe behandelt werden können, daß es dort Ärzte gibt, die sich auf Kriegschirurgie verstehen, und daß geschützte Operationsstellen und Liegetrakte zur Verfügung stehen.

Um 1983 soll der Koordinierte Sanitätsdienst verwirklicht sein.

Mittelgösgen zum Beispiel

Vorläufer dieses Koordinierten Sanitätsdienstes sind etliche kombinierte Spitalanlagen von Zivilschutz und Armee, die seit der Mitte der sechziger Jahre an verschiedenen Orten in der Schweiz errichtet worden sind. Sie ersetzen die in Barackenlagern untergebrachten Militärspitäler des alten Typus und gewähren Patienten und teilweise auch dem Pflegepersonal Schutz vor Luftangriffen und anderen Kampfhandlungen. Solche Normoperationstrakte gibt es in Langnau BE, Drognens FR, Fiesch VS, Disentis GR, Glarus GL und Meiringen BE. Die Spitalanlage Mittelgösgen im Kanton Solothurn, die 1975 in Betrieb genommen werden konnte, weist am weitesten in die Zukunft der gemeinsamen Bemühungen von Militär- und Zivilbereich um die Opfer von Kriegs- und Katastrophenfällen.

Möglich wurde die Verwirklichung dieser Musteranlage durch den Bau eines Kreisschulhauses. In seinem Untergrund wurden Operationsräume und Bettenstationen für insgesamt gegen 500 Patienten erstellt, ergänzt durch einen Pflegebereich mit oberirdischen Bettenstationen für weitere 450 Menschen. Außerdem wurde eine Produktionsanlage für die Herstellung von Medikamenten durch spezialisiertes Personal der Sanitätstruppen eingebaut. In Friedenszeiten kann diese für rund 13 Millionen Franken erstellte Anlage zur Ausbildung von Sanitätseinheiten sowie als Pflege- und Bettenreserve für den zivilen Katastrophenfall benutzt werden. Mittelgösgen dient überdies als eine Art Diagnoseklinik der Armee. Zweimal jährlich leisten hier hochqualifizierte Spezialärzte ihren Militärdienst. Ihnen obliegt die genaue Überprüfung von Patienten mit schwierigen Befunden, deren Diensttauglichkeit abgeklärt werden muß. Dies kann der Sanitätsdienst auf den einzelnen Waffenplätzen mit seinen zwangsläufig eingeschränkten Mitteln nicht tun. Indem aber auch hier die aus dem Zivilleben vorhandenen personellen Reserven zielgerichtet ausgeschöpft werden, spart die Armee allein durch diese Zusatznutzung jedes Jahr ein paar hunderttausend Franken, die sonst für teure Honorare ziviler ärztlicher Gutachter ausgegeben werden müßten.

Vorbeugen ist besser...

Noch in einem anderen Bereich macht sich der Armeesanitätsdienst den hohen Stand der schweizerischen medizinischen und biologischen Forschung zunutze: in der Einheit, die die rätselhafte Bezeichnung «B-Kompanie» trägt. «B» steht für «Biologie». Diese Kompanie sucht bei plötzlich auftauchenden rätselhaften Erkrankungen, die sich zu Epidemien auswachsen könnten, die Erreger und arbeitet Therapie- und vor allem Vorbeugemaßnahmen aus. Den sechs Territorialzonen ist je ein Laborzug mit gleichen Aufgaben zugeteilt; diese Züge arbeiten in geschützten, ortsfesten Laboratorien der großen Agglomerationen.

Die Bedeutung solcher Spezialdienste wird häufig unterschätzt, denn noch immer herrscht der irrige Glaube, das Problem des Armeesanitätsdienstes sei vorwiegend die Behandlung von Verletzungen aller Art. Der Vietnamkrieg hat – freilich in tropischen Verhältnissen – ganz andere Erfahrungszahlen zutage gefördert: Von 100 Militärpatienten des Vietcong waren nur 11 bei Kampfhandlungen verwundet worden; weitere 14 erlitten Unfälle, 75 Prozent, also drei Viertel aller Pflegefälle, hatten Krankheiten.

Tiere in der Armee

Das Pferd bleibt, die Veterinärtruppe auch

Pferd oder Motor? Diese im Zusammenhang mit der heftigen öffentlichen Diskussion über die Abschaffung der Kavallerie oft gehörte Frage ist falsch gestellt. Wenn auch die Schweizer Armee nicht mehr über eine berittene Kampftruppe verfügt, kann sie doch beim Train der Infanterie nicht auf die Dienste des geduldigen und zähen Trag- und Zugtiers verzichten. Gebirgiges und schwer zugängliches Gelände, wie wir es in den Voralpen und in den Alpen antreffen, ruft nach dem Pferd, wenn die Armee ihren oft schweren Nachschub auch in die entlegensten Kampfzonen bringen will, und dies bei jedem Wetter, vor allem im Winter. Zudem ist es durchaus denkbar, daß im Zeichen der sich zuspitzenden Energiekrise der «Hafermotor» auch in der Armee eine völlig neue Bedeutung erlangt. Jedenfalls sind entsprechende Anzeichen in der Landwirtschaft schon unverkennbar. Das Interesse am Pferd als Arbeitstier steigt wieder.

Klein, aber oho!

Die Veterinärtruppen sind die zahlenmäßig kleinste Truppengattung der Schweizer Armee. Das hat sich mit dem Wegfall der Kavallerie und mit der laufenden Konzentration des Traineinsatzes auf das Gebirge so ergeben. Noch immer besitzt die Armee aber rund 10 000 Trainpferde und Maultiere. Für sie zu sorgen ist eine der Aufgaben der Veterinärtruppen unter der Leitung des Oberpferdearztes.

Angehörige der Veterinärtruppen sind in der Regel Berufsleute, die aus dem Zivilleben einschlägige Fachkenntnisse mitbringen: Hufschmiede und Tierärzte. Die Hufschmiede-Rekrutenschule und die entsprechende militärische Weiterbildung legen deshalb die Schwergewichte auf die Fachausbildung, die während der 17 RS-Wochen rund 400 Stunden Theorie und Praxis umfaßt. Hufschmiede arbeiten in speziellen Feldschmieden, wo sie nicht nur für das «Ordonnanz-Schuhwerk» der vierbeinigen Kameraden besorgt sind, sondern auch die nötigen Spezialbeschläge, zum Beispiel für Schnee und Eis, anfertigen. Damit sie die Verbundenheit mit dem Pferd in ihrer schönsten und anspruchsvollsten Art pflegen können, erhalten die angehenden Hufschmiede auch Reitunterricht.

Veterinäroffiziere müssen sich über ein Fachstudium in Tiermedizin ausweisen. Die Rekrutenschule absolvieren sie in der Regel beim Train, den Unteroffiziersgrad verdienen sie in einer halben Hufschmiede-RS ab. Nach Studienabschluß werden dann die Veterinäroffiziere je nach Bedarf und Neigung zur Behandlung kranker und verletzter Tiere oder als Veterinärhygieniker für Fleischschau, Lebensmittelhygiene und Seuchenbekämpfung eingesetzt.

Neben den Pferden zählen auch Hunde zu den in der Armee verwendeten Diensttieren. Sie werden vor allem für Bewachungsaufgaben sowie als Sanitäts-, Lawinen- und Katastrophenhunde abgerichtet. Die Aufsicht über das Militärhundewesen obliegt ebenfalls dem Bundesamt für Militärveterinärdienst, das hinsichtlich der Rekrutierung und Ausbildung der Tiere eng mit der Schweizerischen Kynologischen Gesellschaft und dem Schweizerischen Alpenclub zusammenarbeitet.

Die in den Versorgungsregimentern eingeteilten Veterinäroffiziere befassen sich mit Lebensmittelhygiene und Fleischschau sowie zusammen mit dem Sanitätsdienst mit der Bekämpfung von Zoonosen, d.h. den vom Menschen auf das Tier und umgekehrt übertragbaren Krankheiten.

Zu den Stabskompanien der Versorgungsregimenter gehören Seuchenbekämpfungszüge, die für Reinigung und Desinfektion der Schlachtstätten und der Lebensmittellager verantwortlich sind. Im Rahmen des Koordinierten Veterinärdienstes leisten sie im Bedarfsfall auch den zivilen Veterinärbehörden Hilfe.

Die Veterinärabteilungen schließlich bilden die den Territorialzonen zugeteilte Infrastruktur zur klinischen Betreuung kranker Pferde und Hunde, zur Abgabe von gesunden Pferden und Maultieren an die Truppe sowie zum Nachschub von Veterinärmaterial. Offiziere (Pferdeärzte) und Mannschaften (Hufschmiede, Trainsoldaten) dieser Truppenkörper befinden sich im Landsturmalter.

Links: Eine Trainkolonne bricht auf. In unwegsamem Gelände und bei mißlichem Wetter ist das Pferd als Transportmittel in der Armee nach wie vor unentbehrlich.

Rechte Seite:

Oben: Das Pferd benötigt zur Erfüllung seiner Aufgaben nicht einmal feste Wege.

Mitte: Hufschmiede sorgen für das «Schuhwerk» der vierbeinigen Kameraden.

Unten: Für Such- und Bewachungsaufgaben werden in der Armee auch Hunde gebraucht.

111

Mehr als nur Spatz im Topf

Versorgung und Verpflegung in der Armee

Es ist alles ganz einfach: Man nehme 20 Kilo Fleisch, je zwei Kilo Zwiebeln, Rüebli, Lauch und Sellerie, vier Kilo Kabis oder Kohl sowie Salz, Muskat, Lorbeer, Nelken und 50 Liter Wasser.

Das Fleisch wird ausgebeint, entfettet und in Portionen geschnitten. Dann verteilt man das Wasser auf die notwendigen Kochkessel und läßt es aufkochen. Die Fleischportionen werden in die Kochkessel gegeben, gesalzen, gewürzt und 40 Minuten lang vorgekocht. (Unreglementarische Anmerkung: Falls das betreffende Rindvieh in Achtungstellung erschossen worden ist, erhöht sich die Kochzeit nach Maßgabe des Fingerspitzengefühls des Küchenchefs bzw. der Hosensackwärme.)

Am Schluß wird das feingeschnittene Gemüse beigegeben und aufgekocht. Nach dem Abschmecken und Nachwürzen werden die Kochkessel geschlossen, sorgfältig in die Kochkisten verpackt und frühestens nach vier Stunden geöffnet.

Das Ergebnis unserer Kochübung heißt Siedfleisch, besser bekannt unter dem Namen «Spatz», Position R. 297 im Reglement «Kochrezepte für die Militärküche». Es ist ganzen Generationen schweizerischer Aktivdienstsoldaten auf das intimste vertraut als kräftige, würzige und – im Glücksfall – fleischreiche Feldnahrung.

Das obige Rezept ist übrigens für 100 Mann berechnet...

Haushalt für 600 000

Große Mengen sind für die Versorgungstruppen etwas Alltägliches. Aber mit der großen Kelle wird dennoch nicht angerührt: Derzeit steht dem Fourier pro Wehrmann und Tag ein Kredit von Fr. 4.95 (Rekrutenschulen: Fr. 4.30) für die Verpflegung zur Verfügung. Dafür soll er in Zusammenarbeit mit dem Küchenchef eine einfache, zweckmäßige, aber schmackhafte und ausreichende Nahrung auf den Tisch bringen. Das Reglement «Truppenhaushalt» betont: «Nur ein richtig ernährter Wehrmann ist zu den Leistungen befähigt, die der Militärdienst schon in Friedenszeiten, besonders aber in Kriegszeiten von ihm verlangt. Bei ungenügender Ernährung nimmt seine Widerstandsfähigkeit gegen Krankheiten rasch ab. Die Truppenverpflegung ist für die Kampfkraft der Truppe von großer Bedeutung.»

Jeder kann es bestätigen: Nichts vergrämt den Soldaten so sehr wie knappes, verspätetes, kaltes oder schlecht zubereitetes Essen; nichts stellt ihn so schnell und nachhaltig wieder auf wie eine kräftige, bekömmliche Mahlzeit. Schon im Kasernendienst und an festen WK-Standorten ist diese Forderung nicht leicht zu erfüllen. Wohl gibt es unter den Militärküchenchefs zahlreiche professionelle Köche aus dem Gastgewerbe, die ihren ganzen Ehrgeiz daran setzen, ihren gewohnten Qualitätsstandard beizubehalten, so gut es eben geht; aber viele Militärküchenchefs üben im Zivilleben andere Tätigkeiten aus. Doch ist es immer wieder verblüffend, zu sehen, mit wie viel Eifer und praktischer Geschicklichkeit sie mit der ungewöhnlichen Aufgabe fertig werden, «Hausfrau» für 100 oder 200 Kameraden zu sein. Wenn die Truppe Felddienst leistet, wenn die Küche ständig dislozieren und sich alle paar Tage an einem anderen Ort – manchmal in

Verpflegungsdienst im Felde ist Schwerarbeit, insbesondere für Küchenchef und Küchenmannschaft, denn oft sind die Feldküchen improvisiert.

Militärrezepte einst und jetzt

Ältere Soldaten werden es bestätigen: Auch die Armeeverpflegung hat sich grundlegend gewandelt. Sie ist abwechslungsreicher, schmackhafter und gesünder geworden. Der Vergleich einiger Rezepte und Menüpläne von einst und jetzt beweist es.

Aus der Zeit vor der Grenzbesetzung 1914–18 stammen die folgenden drei Rezepte für militärische Standardgerichte:

*

Brennesselsuppe
Brennesselschosse, Kohl, Lauch und Sellerieblätter werden geputzt, geschnitten, mit kochendem Wasser und Salz aufs Feuer gebracht. Mit Pfeffer und Muskat würzen. Vor dem Anrichten quirlt man etwas Reis oder Grieß an die Suppe und gibt eine Zwiebelschweize darüber.

*

Pferdepfeffer für 150 Mann
Das Fleisch (etwa 30 kg) wird in Spatzengröße geschnitten, mit 2 l Essig, Salz, Pfeffer, Lorbeerblättern und Zwiebeln 1 Tag mariniert. In ½ kg Fett und mit Öl wird das Fleisch angebraten und mit 1 kg Mehl abgedämpft. Die Beize dazugießen und mit Wasser oder Fleischbrühe auffüllen. Vor dem Anrichten werden 3–4 l Schweins- oder Kalbsblut in die Sauce legiert.

*

Milchreis
Den Reis waschen und im Wasser aufquellen lassen, etwas salzen. Man gießt allmählich Milch dazu und läßt den Reis mit geriebener Zitronenschale fertig kochen. Beim Anrichten gibt man Zucker und Zimtpulver dazu.

Aus den über 400 Rezepten des geltenden Armeekochbuches greifen wir zwei typische Militärgerichte sowie als letztes ein spezielles Gericht für günstige Koch- und Kassenverhältnisse heraus; die Rezepte sind je für 100 Mann berechnet.

*

Pilaw
Zutaten: 8 kg Fleisch, 10 kg Reis oder Teigwaren, 1 kg Fett, 1 kg Zwiebeln, 5 Zehen Knoblauch, 500 g Tomatenpüree, 2 kg Käse, Salz, Pfeffer, Muskat, 3 Stück Lorbeer, 5 Stück Nelken, Grundbrühe oder Wasser (25 l).

Fleisch ausbeinen, grob hacken oder fein schnetzeln. Fett stark erhitzen, Fleisch partienweise leicht anbraten und herausnehmen. Feingehackte Zwiebeln und Knoblauch anziehen, Fleisch und Tomatenpüree beigeben, dünsten, mit Grundbrühe ablöschen oder aufkochen lassen, salzen und würzen. 1 Stunde bei schwachem Feuer sieden lassen. 30 Minuten vor dem Fassen Reis oder Teigwaren beigeben, umrühren und aufkochen lassen. Feuer entfernen und bei gedecktem Kochkessel etwa 15 Minuten ziehen lassen. Mit 2–3 l kaltem Wasser abschrecken, auflockern, geriebenen Käse sorgfältig daruntermischen, abschmecken.

Fotzelschnitten
Backteig: 6 kg Mehl, 20 Eier, 8 l Milch oder 2 Dosen Vollmilchpulver, Salz, Muskat. Teig 4–5 Stunden vor der Mahlzeit herstellen.

15 kg Brot, 4 kg Zucker, 100 g Zimtpulver. 15 l Fritüre aufsetzen (Öl- und Fettverbrauch 7 l).

Brot in 1 cm dicke Scheiben schneiden, Fritüre erhitzen. Die Brotschnitten im Teig wenden und in der Fritüre braun backen. Fotzelschnitten auf ein Sieb legen, abtropfen lassen, Zucker und Zimt mischen, die Schnitten darin wenden und warmstellen.

*

Kutteln nach Schiffer-Art
Zutaten: 15 kg Kutteln, 10 kg Kabis, 1 kg Fett, 3 kg Zwiebeln, 10 Zehen Knoblauch, 4 kg Tomatenpüree, 50 g Kümmel, Salz, Pfeffer, Muskat, Lorbeer, Nelken, Grundbrühe oder Wasser (10 l).

Kutteln in feine Streifen schneiden. Kabis rüsten und in gleichmäßige, kleine, quadratische Stücke schneiden. Kabis gut waschen und blanchieren. Abschütten und gut abtropfen lassen. Die gehackten Zwiebeln anziehen, Knoblauch und Kutteln beigeben, mitdünsten. Tomatenpüree und Kümmel dazugeben und sorgfältig dämpfen. Den blanchierten Kabis daruntermischen und mit 5 l Flüssigkeit ablöschen, salzen und würzen. 1–2 Stunden mit wenig Flüssigkeit kochen lassen. Wenn nötig restliche Brühe nach und nach beigeben, abschmecken.

*

Wieviel bekommt der Schweizer Soldat zu essen? Das Verwaltungsreglement für die schweizerische Armee hat die normale Tagesportion wie folgt festgesetzt:

500 g Brot, 250 g Kuhfleisch, 4 dl Milch, 70 g Käse, 10 g Butter, 200 g Reis, Teigwaren, Hülsenfrüchte, Suppenartikel, Trockenfrüchte usw. oder an derer Stelle die nötigen Mengen frisches Gemüse, Kartoffeln, frisches Obst usw.; 40 g Speisefett/Speiseöl, 40 g Konfitüre, 40 g Zucker, 25 g Kakaopulver, 7,5 g gerösteter Kaffee, 6 g Tee, 20 g Kochsalz, dazu Gewürze.

*

Freßpäckli überflüssig?
Früher waren die Wehrmänner nicht selten darauf angewiesen, die eintönige und besonders in Aktivdienstzeiten manchmal recht knapp bemessene Verpflegung durch «Freßpäckli» und private Verpflegung aufzubessern. Noch immer ist die schwergewichtige Feldpostgröße beliebt, vor allem wenn sie das enthalten, was die Militärküche nicht liefern kann: haltbare Wurst- und Fleischwaren, Süßigkeiten, Zigaretten und – warum nicht? – einen mehr oder weniger hochprozentigen Tropfen. Der Vergleich von zwei schweizerischen Militärmenüs von 1909 und 1979 zeigt aber, daß kaum ein Soldat mehr auf das Freßpäckli angewiesen ist, um satt zu werden.

	1909	1979
Frühstück	Milchkaffee 750 g Brot	Milchkaffee 200 g Brot 20 g Butter Konfitüre
Mittagessen	Fleischsuppe 320 g Spatz	Bouillon mit Einlagen 200 g Braten Kartoffelstock Kopfsalat
Nachtessen	Reissuppe	Konservensuppe Teigwaren napolitaine Endiviensalat Früchte

einem Schulhauskeller, bisweilen aber auch in einer Waschküche – einrichten muß, wird der Verpflegungsdienst erst recht zur Schwerarbeit. Dann sind Arbeitstage von 14 und mehr Stunden durchaus nichts Ungewöhnliches. Reibungslose Zusammenarbeit zwischen Fourier und Küchenchef, gute Planung und Organisation sowie peinlichste Sauberkeit sind dann die Voraussetzungen für den Erfolg, für die Zufriedenheit und Leistungsfähigkeit der Truppe.

Die Tücken der Kalorien

Je nach der Art ihrer Arbeit wechselt der Speisezettel der Truppe ab. Im Wach- und Bereitschaftsdienst, wenn die körperliche Beanspruchung nicht besonders groß ist, werden leichte, kräftige Speisen angeboten. Im Gebirge und bei großer Kälte braucht es ein kräftigeres Frühstück, mehr Fett und Eiweiß und viel heißen Tee. Wenn die Truppe marschiert, werden die Mengen eher bescheiden gehalten und leichtverdauliche Speisen bevorzugt. Schließlich spielt es auch eine große Rolle, woher die zu verpflegenden Wehrmänner kommen. Tessiner essen keine «Fotzelschnitten», Berner können sich mit Polenta kaum befreunden. Die kräftigen Bauernsöhne einer Trainkompanie erwarten eine ganz andere Verpflegung als die urbanen Kopfarbeiter einer Übermittlungseinheit.

Kluger Rat: Notvorrat

Wie jeder private Haushalt braucht auch die Armee einen Notvorrat. Diese Vorräte, Zehntausende von Tonnen, sind in dezentralisierten Verpflegungsmagazinen gelagert. Natürlich müssen sie regelmäßig umgeschlagen, also verbraucht und durch frische Bestände ersetzt werden. Das große Problem besteht nun darin, daß die Armee Vorräte für über 600 000 Mann, d. h. für den Mannschaftsbestand bei Kriegsmobilmachung, unterhalten muß, in Friedenszeiten aber durchschnittlich nur 25 000 Mann pro Tag verpflegen kann. Das Problem wird auf zwei verschiedenen Ebenen gelöst: Erstens muß jede dienstleistende Einheit eine bestimmte Menge dieser Vorräte abnehmen und verbrauchen; deshalb gibt es manchmal zum Frühstück Militärbiskuits statt frisches Brot oder am Abend Fleischkonserven statt eine Wurst. Zweitens werden in den Verpflegungsmagazinen nur Lebensmittel gelagert, die zwei bis vier Jahre lang haltbar sind. Frischwaren kommen nicht in Frage, ebensowenig – dies allerdings aus Kostengründen – teure küchenfertige Artikel wie Bratensauce und Spezialitäten. Auf Tiefkühlprodukte muß die Armee wegen der teuren Lagerung und des hohen Stromverbrauchs ohnehin verzichten. Alkohol schließlich ist in der Armeeverpflegung verpönt – mit zwei Ausnahmen: Pro Soldperiode (10 Tage) dürfen zu Lasten des Verpflegungskredits für Bratensaucen vier, für ein Fondue elf Liter Wein auf 100 Mann eingekauft werden. Die tägliche Schnapsration zulasten der Verpflegungskasse, die in den Gebirgstruppen als vermeintlicher Schutz gegen die Kälte bis zum Zweiten Weltkrieg vereinzelt noch gebräuchlich war, ist heute verboten. Auch hier achtet die Armee auf die Grundsätze der modernen Ernährungswissenschaft.

Supermärkte – feldgrau und bargeldlos

Bevor die Truppe essen kann, muß sie sich versorgen. Hinter jedem Fourier und jedem Küchenchef steht eine ausgeklügelte, 1977 von Grund auf erneuerte Versorgungsorganisation. Natürlich umfaßt sie nicht nur den Verpflegungsdienst, sondern alles, was die Truppe zum Leben und zum Kämpfen braucht. Eingebunden in dieses Versorgungskonzept sind:
– der **Munitionsdienst;**
– die **Materialtruppen,** die Waffen, Fahrzeuge und Geräte aller Art warten und reparieren;

Militärisches «Picknick» im Wintermanöver: je kälter das Wetter, desto kräftiger die Speisen...

– der **Betriebsstoffdienst,** der die Treibstoffe und Schmiermittel lagert und liefert,
– der **Veterinärdienst,** der für Futtermittel und Tierversorgung zuständig ist;
– die **Feldpost,** die die Verbindung mit der Außenwelt aufrechterhält.

Zusammengefaßt sind diese Dienste in Versorgungsregimentern und -bataillonen. Sie organisieren und betreiben die über das ganze Land verteilten ortsfesten Basisversorgungsplätze – Supermärkte in Feldgrau und mit bargeldlosem Zahlungsverkehr, denen eigentliche Reparaturzentren angegliedert sind und die vorwiegend im «Abendverkauf», d. h. im Schutz der Dunkelheit, betrieben werden.

Eigene Produktionsbetriebe ergänzen das Vorrats- und Nachschubsystem der Armee. Metzgerdetachemente schlachten Kühe, Rinder und Schweine und richten sie in eigenen mobilen Schlächtereien für die Truppenküche zu. Mit dem Mehl aus eigenen Feldmühlen backen Bäckerkompanien in mobilen Feldbäckereien das schmackhafte und haltbare Militärbrot. Andere Formationen beschäftigen sich mit der Wasseraufbereitung. In der Stabskompanie des Versorgungsregiments stehen auch Spezialisten für Notfälle bereit: Experten für die Bekämpfung von Mineralölbränden, Ölwehrsoldaten und Seuchenbekämpfungszüge.

Die einzelnen Stationen des Basisversorgungsplatzes sind dezentralisiert in zivilen Gebäuden oder ortsfesten militärischen Anlagen einer oder mehrerer benachbarter Ortschaften zu finden. In der Nacht fahren die Versorgungsstaffeln der Truppe mit ihren Lastwagen heran, werden von ortskundigen Lotsen empfangen und in verblüffender Geschwindigkeit auf den Versorgungsparcours geführt. Posten 1: Die Container mit den kaputten Gewehren, den defekten Geräten und Motoren wechseln den Besitzer. Materialsoldaten schieben den bestellten Ersatz über die Rampe. Posten 2: Die Feldpost wird ausgetauscht. Posten 3: Brot, Fleisch, haltbare Lebensmittel und Brennmaterial kommen hinzu. Unterdessen tanken die Zisternenwagen die Bidons der Truppe auf. Innert kürzester Zeit hat die Versorgungsstaffel ihr Kampfbataillon retabliert und neu ausgerüstet. Der nächste, bitte...

Der längere Atem

Über eine Milliarde Steuerfranken sind allein in die Bauten für das Vorrats- und Nachschubnetz der Armeeversorgung investiert worden. Mehr als 280 000 verschiedene Artikel, mit dem Spezialmaterial der Flieger- und Fliegerabwehrtruppen sogar über 1,2 Millionen Katalogpositionen, sind in unserem Kriegsreservesortiment enthalten. Das Gewicht der eingelagerten Versorgungsgüter wird auf 650 000 Tonnen geschätzt. Die Lager befinden sich, differenziert nach den voraussichtlichen Bedürfnissen, in den verschiedenen operativen Räumen des Landes, vorzugsweise in unterirdischen und atomgeschützten Kavernen, mit einer Gesamtlänge von über 100 Kilometern. Warum das alles? Divisionär Edmund Müller, Unterstabschef Logistik:

«Aufgrund unserer sicherheitspolitischen Zielsetzung hat unsere Armee einen lange dauernden und zähen Kampf zu führen. Dieser Kampf wird aber, je nach den operativen Räumen, unterschiedlich lang zu veranschlagen sein. Im modernen Krieg ist auch damit zu rechnen, daß die einzelnen Gefechte rascher ablaufen werden. In Berücksichtigung dieser Gegebenheiten haben wir große Kriegsvorräte angelegt, die es uns erlauben, die Truppe während der ganzen unserer Planung zugrunde gelegten Kampfdauer mit großer Sicherheit unterstützen zu können. Wir können es uns deshalb auch nicht leisten, zu irgendeinem Zeitpunkt auf ausländische Lieferanten angewiesen zu sein, und wir rechnen auch nicht mit einer industriellen Kriegsproduktion in unserem Lande.»

Die Armee als Fabrik

Wohl ist die Zusammenarbeit mit der einheimischen zivilen Versorgungswirtschaft eng. Für zusätzliche Mengen zu den Armeevorräten und für Artikel mit kurzer Haltbarkeit hat die Armee mit zivilen Grossisten und Fabrikanten Sicherstellungsverträge abgeschlossen. Die Lieferanten verpflichten sich – gegen angemessene Entschädigung natürlich –, bestimmte Waren in einer festgelegten Menge ständig auf Lager zu halten und sie im Fall des Aktivdienstes der Armee auf Abruf zu liefern. Eine ähnliche Rückversicherung besteht auch im Bereich der Brennstoffversorgung, wo die armeeeigenen Lager durch zivile Pflichtlager ergänzt werden. Es gehört zu den Aufgaben der Gesamtverteidigung, die Bedürfnisse der zivilen Welt mit denen des Militärs zu koordinieren. So gibt es zum Beispiel für den Ernstfall eine Organisation, die es erlauben würde, die großen zivilen Tankanlagen durch Angehörige der Versorgungstruppen zu betreiben.

Wenn aber alle Stricke reißen, wird die Armee zumindest in besonders sicherheitsempfindlichen Teilbereichen auch zum industriellen Produktionsbetrieb. In den durch strenge Geheimhaltung geschützten unterirdischen Kavernen vor allem des Alpenraums stehen leistungsfähige Fabriken für die Herstellung von Medikamenten, Batterien, Druckgasen sowie Brot und Fleisch bereit. Im Fall einer Kriegsmobilmachung würden diese im Frieden ruhenden Betriebe zu produzieren beginnen. Gleichzeitig würden die schon in Friedenszeiten stark dezentralisierten Vorratslager noch weiter über das ganze Land gestreut.

Insgesamt ist das Versorgungssystem der Armee zweifellos eine der stärksten Stellen der Landesverteidigung. Kaum eine andere Armee der Welt hat so gut vorgesorgt, kann mit so kurzen Nachschubdistanzen rechnen und die Versorgung über eine ähnlich lange Kampfzeit hinweg garantieren!

Löschen – retten – bergen

Luftschutztruppen im Umbruch

Die Sirenen geben Fliegeralarm. Es wird Zeit. In der Nähe des Hauses finde ich den gedeckten Splittergraben. Am Eingang stehen einige Männer, meist ältere Herren aus den umliegenden Einzelhäusern. Einer reicht eine Schnapsflasche herum. Die letzten Zigaretten werden aufgeraucht, während die Augen zwischen den segelnden weißen Wolken die anfliegenden Feindformationen suchen. Da kommt die erste Welle.

Krieg bedeutet Vernichtung und Tod, Schmerz und Angst. Der kämpfende Soldat hat eine Chance: Er kann sich wehren. Aber seine Frau, seine Kinder, seine betagten Eltern sind wehrlos der mörderischen Wirkung moderner Waffen ausgeliefert. Im Zeitalter der Massenvernichtungswaffen sind die Gefahren, die Opfer und die Leiden für die Zivilbevölkerung weit größer als für die Armeen.

Löschen, die erste Aufgabe des Luftschutzes. In Brandschutzanzügen geht's gegen das Feuer.

Ernstfall ohne Krieg

Luftschutztruppen helfen auch bei zivilen Katastrophen

Als das Telefon klingelte, war es fünf Minuten nach sieben Uhr in der Frühe. Am anderen Ende war der Gemeindeschreiber von Mesocco GR. Sein Dorf hatte die schlimmste Nacht seit Menschengedenken hinter sich.

«Wir brauchen Hilfe», meldete der Beamte. Ein Unwetter von sintflutartiger Gewalt hatte in der Nacht Straßen zerstört, Häuser weggefegt, Erdhänge ins Rutschen und ganze Brücken zum Verschwinden gebracht. In den meterhohen Dreckmassen steckten Dutzende von Autos.

8. August 1978: Regenfälle, wie sie in den letzten Jahrzehnten in der Schweiz nie mehr registriert worden waren, hatten im Thurgau, in den Tälern von Italienisch-Bünden und des Tessins gewütet, als sei der Jüngste Tag gekommen. Die blitzschnell angeschwollenen Bäche lösten Erdschlipfe und Rüfen aus, entwurzelten halbe Wälder und unterspülten das Kulturland. Straßen wurden unterbrochen, Brücken verschüttet, Dörfer verwüstet, Zeltplätze weggeschwemmt. Ganze Dörfer waren von der Umwelt abgeschnitten, viele Menschen obdachlos, Betriebe lahmgelegt, Strom-, Wasser-, Telefon- und Kanalisationsleitungen blockiert. Innerhalb von nur 48 Stunden schwemmte die Urgewalt der Natur eine Million Kubikmeter Geröll in den Stausee von Palagnedra – gleichviel wie in den ganzen 24 Jahren zuvor. Im Tessin fanden acht Menschen den Tod.

Der Anruf aus Mesocco löste die bisher größte und schnellste Katastrophenhilfsaktion der Armee aus. Geleitet wurde sie von der Koordinations- und Leitstelle des EMD beim Bundesamt für Luftschutztruppen. Zwei Jahre zuvor, im Gefolge der Dürre des Sommers 1976, hatte das EMD diese ständig im Pikettdienst arbeitende Stelle ins Leben gerufen.

Sofort setzte die Zentrale in Bern Teile des Ls Bat 28 und starke Geniekräfte nach dem Misox in Marsch. Die Katastropheneinsatzkompanie wurde zurückbehalten, denn Bern rechnete mit noch mehr Hilferufen. Und in den folgenden Stunden hagelten sie förmlich herein.

Stichwort Einsatzkompanie: Seit 1976 steht jahrein, jahraus (ausgenommen über Weihnachten und Ostern) eine vollmotorisierte Schwere Luftschutzkompanie mit Baumaschinen für solche Notfälle im Wechsel auf Pikett.

Im Gefolge der Sintflut vom August 1978 leisteten Truppen des Luftschutzes, der Genie und der Infanterie während insgesamt 20 000 Mann-Tagen und mit 7000 Baumaschinenstunden hochgeschätzte Erste Hilfe. Die Wehrmänner räumten in unzähligen Überstunden Straßen und Bachbette, sicherten Gebäude und Brückenpfeiler, bauten Straßen und Notbrücken und entfernten Treibholz und Geschiebe. Die Fliegertruppen unterstützten sie mit Helikoptern. Der Einsatz kostete über zwei Millionen Franken.

In seinem Schlußbericht schrieb der Chef der Koordinations- und Leitstelle:

«Die Truppe war allgemein für den Katastropheneinsatz motiviert. Teile der Armee konnten praktisch zeigen, über welche Mittel unser Land im Rahmen der Gesamtverteidigung verfügt. Die Hilfeleistung wurde überall sehr positiv aufgenommen. Kommandanten schrieben, daß die Truppe vielerorts den Vortritt genieße. Mit diesem Einsatz hat die Truppe dazu beigetragen, das Vertrauen in die Behörden und Bevölkerung in die Armee zu stärken.»

Für den Beizug militärischer Hilfe bei Lawinenniedergängen, Überschwemmungen, Erdbeben, Erdrutschen, Großbränden, Explosionen und anderen Katastrophen gilt: Die verfügbaren zivilen Rettungsmittel – auch der Zivilschutz – müssen zuerst voll beansprucht werden. Truppen in der Nähe des Katastrophenorts haben sofort spontan zu helfen. Die zivilen Behörden bleiben voll verantwortlich für die Hilfeleistung und erteilen den militärischen Kommandanten die verbindlichen Aufträge.

Behörden, die Hilfe brauchen, erreichen die Koordinations- und Leitstelle beim Bundesamt für Luftschutztruppen über Telefon 031 - 67 12 11, außerhalb der normalen Arbeitszeit über die Pikettstelle des Eidgenössischen Militärdepartements: Telefon 031 - 45 66 44.

Noch im Ersten Weltkrieg fanden zwanzigmal mehr Soldaten als Zivilisten den Tod. Im Zweiten Weltkrieg mit seinen 50 Millionen Opfern war das Verhältnis schon nahezu 1:1. Im Koreakrieg kamen fünfmal mehr, im Vietnamkrieg zwanzigmal mehr Zivilisten als Uniformierte ums Leben. Für den atomaren Krieg der Zukunft, den es nie geben darf und der dennoch droht, rechnen die Experten auf einen getöteten Soldaten 100 zivile Opfer. Doch was sagen solche trockenen Verhältniszahlen? Am Ende ist jeder mit seiner Todesangst und seinem Lebenswillen allein. Der Bericht eines Überlebenden aus einem der schlimmsten Bombardemente Deutschlands im Zweiten Weltkrieg schildert, wie es damals zuging:

«Der zickzackförmige, gedeckte Splittergraben ist voller Menschen. In den winzigen Nischen der betonierten Wände stecken brennende Kerzen. Flackerndes Helldunkel. Ich stolpere über Koffer und finde Helene, die sich schon vorher hierher gerettet hat. Das Flakschießen ist nur gedämpft zu hören und bildet den grollenden Untergrund zu halblaut geführten Gesprächen.

Die ersten Bomberwellen ziehen über uns hinweg

Das Dröhnen ihrer Motoren erfüllt den unterirdischen Raum mit drohender Gewalt. In diesem Augenblick beginnt die Erde zu beben. Mir bleibt fast das Herz stehen, und mit raschem Griff nehme ich Helene in die Arme.

Ein Flächenwurf! Ich weiß nicht, ob es Sekunden oder Minuten sind, in denen die Einschläge wie eine brüllende Walze auf uns herunterprasseln, in denen der Boden unter uns schwankt, die Wände des Bunkers zittern und taumeln und die Eingangstür mit hartem Knall aufspringt, in denen das Licht verlöscht und Luftstöße wie harte Mauern gegen uns prallen. Dann ist es wieder still. Ein paar Sekunden bin ich noch gelähmt von der gräßlichen Angst, in einer einzigen feurigen Explosion den Schlußpunkt unter mein Leben gesetzt zu sehen, das ich doch so liebe. In der anderen Ecke des Bunkers beginnen einige Frauen zu schreien. Eine Stimme gellt: ‹Diese Schweine, diese Schweine!› Urplötzlich ist wieder Stille. Wir treten heraus. Ich höre das Rauschen des Windes in den Bäumen und das aufreizende Klirren brechenden Glases.»

Damals gab es noch keine ferngelenkten Raketen, keine Computer, die mit kalter Gnadenlosigkeit die tödliche Fracht ins Ziel lenkten. Aber schon 1945 blitzten über Hiroshima und Nagasaki die Fanale des Krieges der Zukunft, heller als tausend Sonnen: Atom!

Hoffnung für Hunderttausende

Wenn es zum Schlimmsten kommt, ruht die Hoffnung von Hunderttausenden auf dem Luftschutz. In enger Zusammenarbeit mit dem Zivilschutz werden die Luftschutztruppen die zivilen Behörden bei der Hilfe an die Bevölkerung unterstützen. Hauptaufgabe der Luftschutztruppe, der jüngsten Truppengattung der Armee, ist die Rettung verschütteter, eingeschlossener und durch Brand oder andere Gefahren bedrohter Menschen.

Luftschutz ist härteste Arbeit. Ein deutscher Luftschutzsoldat erinnert sich an seinen Einsatz in den Bombentrümmern einer Großstadt:

«Eine Stunde nach Mitternacht. Jedes Zeitmaß hat aufgehört. Wir kämpfen uns durch das Gestrüpp zerrissener Straßenbahn- und Starkstromleitungen, über Barrikaden von schwelenden Balken und durch wogende Brandwolken. Wir brechen Feuergassen für unsere Fahrzeuge.

Die Hölle ist los!

Die Luft zittert vor Glut. Es knistert, kracht und poltert aus fressendem Brand. Die Hitze packt uns mit Gewalt. Wir kuppeln Schlauchleitungen, legen Brücken darüber, turnen über schwankende Leitern und Stege. Unsere gefühllosen Hände zerren an glimmenden Balken, sind um Äxte, Hacken und Stahlrohre verkrampft, tragen wippende Bahren. Wir ducken uns unter zerbröckelnde Wände. Erzwingen, jede Sekunde vom Einsturz bedroht, Wege durch Trümmer. Kriechen durch trübe Gerinnsel, die warm aus Bränden glühen. Waten durch voll Wasser stehende Keller! Unsere Gesichter brennen, Lippen und Mund sind vertrocknet. Wir können nicht mehr rufen, nur noch heiser krächzen. Unsere Nasen sind ausgelaugt von Hitze und Gestank. Die Lungen verschleimt von Qualm, Mörtelstaub und Phosphordunst. Knie und Hände sind blutig verschrammt. Aber wir bewegen uns weiter...»

Das schweizerische Schutzkonzept

Der Schutz der Bevölkerung darf nicht erst beginnen, wenn das Unglück schon geschehen ist, und die Hilfe für Kriegs- und Katastrophenopfer ist nicht allein Sache des Militärs. Seit das Schweizervolk am 17. Dezember 1958 im zweiten Anlauf den Zivilschutzartikel in die Verfassung aufgenommen hat, ist in unserem Lande unter der Verantwortung der zivilen Behörden eine Schutzorganisation entstanden, deren Aufbau noch lange nicht beendet ist.

Das schweizerische Schutzkonzept ruht auf zwei Säulen. Die passiven Schutzmaßnahmen bedeuten, daß Gemeinden und Privatleute Schutzräume bauen. Dieser bauliche Zivilschutz hat mächtige Fortschritte gemacht, doch ist das Ziel – jedem Schweizer ein Schutzplatz – noch lange nicht erreicht. Die aktiven Maßnahmen, d. h. die Rettung im Katastrophenfall, sind zunächst Sache der gemeindeweise gegliederten Zivilschutzorganisationen. Formationen der Armee, insbesondere die Luftschutztruppe, werden als Schwergewichtsmittel zur Bewältigung besonders schwerer und ausgedehnter Schadenslagen eingesetzt und dem Zivilschutz zur Zusammenarbeit zugewiesen. Daraus geht klar hervor, daß der direkt am Ort des Geschehens liegende Zivilschutz der entscheidende Faktor für die erste Abwehr ist. Die Luftschutztruppen bilden das Element der Verstärkung.

Tempo bedeutet Überleben

Feuer, Wasser, Strahlenverseuchung und Panik – das Verhängnis breitet sich, einmal losgelassen, mit rasender Geschwindigkeit aus. Entscheidend für den Erfolg ist es deshalb, schnell helfen und diese sogenannten dynamischen Schäden, auf die schon in den bombardierten Städten Deutschlands im Zweiten Weltkrieg 70 Prozent der Gesamtschäden entfallen sind, möglichst rasch eindämmen zu können. Ob die in den Trümmern gefangenen, vom Erstickungstod bedrohten oder von Wasserfluten eingeschlossenen Menschen mit dem Leben davonkommen, ist vor allem eine Frage der Zeit. Um im Chaos einer allgemeinen Katastrophe und bei zerstörten Nachrichtenverbindungen unverzüglich helfen zu können, wird das Gros der Luftschutztruppen vorsorglich für den Einsatz in den meistgefährdeten Ortschaften und Agglomerationen bereitgestellt. Kader und Mannschaften der neun Luftschutzregimente mit ihren insgesamt 165 Kompanien kennen aus vielen Wiederholungskursen die Verkehrswege, die wichtigen Objekte, die Wasserbezugsorte und die Partner von den örtlichen Zivilschutzorganisationen. Ein kleiner Teil der Luftschutzkompanien, derzeit etwa ein Sechstel, bildet die Einsatzreserve der Territorialzonen für besonders schwere Schadenfälle.

Luftschutz im Jahre 2000

Verletzliches Land braucht beweglicheren Schutz

Die schweizerischen Luftschutztruppen der Zukunft müssen flexibler gestaltet werden, technisch und hinsichtlich ihres Einsatzes. Die Gefahr eines zukünftigen Krieges, der uns hoffentlich erspart bleiben wird, zwingt dazu. Die Technik der Vernichtungswaffen wird immer perfekter, die möglichen Zerstörungen werden schwerer sein, länger dauern und sich über größere Flächen fortpflanzen. Das Wachstum des Landes und die Konzentration der Bevölkerung in großen Ballungsräumen haben die Schweiz zusehends verletzlicher gemacht. Die Vorwarnzeit wird drastisch sinken, wird vielleicht sogar gleich Null sein. Fliegerabwehr als Schutz von ganzen Städten ist eine Illusion. Die Aussichten sind düster, die Überlebenschancen ohne entsprechende Schutzmaßnahmen sinken. Wie planen die Luftschutztruppen das Jahr 2000?

Ein erster Reorganisationsschritt soll im Rahmen der Verwirklichung des Armeeleitbildes 80 getan werden. Gliederung, Ausbildung und Ausrüstung der Truppe werden – so sehen es die entsprechenden Pläne vor – verbessert. Außer den bisherigen klassischen Funktionen des Luftschutzes soll die Truppe vermehrt in Sanität, Räumung, Entstrahlung und in der Mithilfe bei der Wiederherstellung der Infrastruktur (Verkehrswege, Wasser-, Gas- und Stromversorgung) trainiert werden.

Inzwischen sind ja auch die örtlichen Zivilschutzorganisationen – je nach Region freilich sehr unterschiedlich – stärker geworden. Der bauliche Zivilschutz hat große Fortschritte gemacht, während die Ausbildung von Kader und Mannschaften noch zurückliegt. Für die Zukunft wird ins Auge gefaßt, Zivilschutz und Luftschutztruppen teilweise zu entflechten. Falls der Bundesrat zustimmt, würden die Luftschutztruppen in Zukunft nicht mehr einzelnen Gemeinden oder Städten, sondern den Kantonen zur Zusammenarbeit zugewiesen, wobei die vorsorgliche Bereitstellung auf bestimmte Agglomerationen beibehalten würde. Dies würde ermöglichen, die Zahl der frei verfügbaren Luftschutzkompanien (Einsatzreserven der Territorialzonen) zu verdoppeln.

Wenn die Truppe stärker motorisiert und weiterhin technisch großzügig ausgerüstet werden kann, werden die Luftschutztruppen des Jahres 2000 weit mehr sein als die «Feuerwehr der Armee», nämlich eine universell ausgerüstete und ausgebildete, über das ganze Land verteilte Spezialtruppe, die gezielt an den Schauplätzen der schlimmsten Schadenereignisse eingesetzt wird.

100 Schweizer Ortschaften bombardiert

Zusammen mit den Flieger- und den Fliegerabwehrtruppen waren die Luftschutzkräfte während des Zweiten Weltkriegs die einzigen Teile der Schweizer Armee, die sich im Ernstfall zu bewähren hatten.

Vom Sommer 1942 bis Kriegsende wurden rund 100 Schweizer Ortschaften von alliierten Bombern irrtümlich angegriffen oder mit Bordwaffen beschossen. Dabei wurden gegen 100 Personen getötet, und die Sachschäden beliefen sich auf rund 40 Millionen Franken. Jedesmal wurden die örtlichen Luftschutzorganisationen für die Rettungs- und die Löscharbeiten eingesetzt. Bei kleineren Fällen traten die Hauswehren in Aktion.

Am schwersten betroffen wurden Schaffhausen (1. April 1944), Stein am Rhein (22. Februar 1945) und Basel (4. März 1945). In Stein am Rhein wurden neun Menschen getötet, 33 verletzt und 30 Häuser zum Teil völlig zerstört. In Basel schlugen 437 Brandbomben ein, 79 Häuser wurden getroffen. 61 davon konnten von den Hausfeuerwehren gerettet werden.

In einem fürchterlichen Bombardement starben in der Grenzstadt Schaffhausen 40 Menschen; rund 100 wurden verletzt. 50 viermotorige Bomber hatten aus ihren Schächten 60 Tonnen Bomben auf die Munotstadt geleert. Nach etwas mehr als 30 Sekunden war der tödliche Spuk vorbei.

General Henri Guisan erkannte früh die Bedeutung der zivilen und der militärischen Schutzorganisationen. Nach dem russisch-finnischen Krieg (1939/40) erließ er einen Aufruf, in dem es u. a. hieß:

«Der moderne Krieg trifft auch das Hinterland. Wie die Armee an der Front, so muß das ganze Volk kraftvoll standhalten. Der Luftschutz will und kann – Finnland beweist es – Verluste an Leben und Gut verhindern oder doch stark herabsetzen.

Aber *jetzt*, solange noch Zeit ist, muß gehandelt werden: Verdunkelung, Entrümpelung – gegen Angriffe Gasmasken und möglichst viele Schutzräume!»

Männer, die zupacken können

Entsprechend sind die Anforderungen, die an Kader und Mannschaften der modernen Luftschutztruppen gestellt werden. Gefragt sind nicht die hochmögenden Strategen und die raffinierten Taktiker, sondern gestandene Männer, die mit Kopf,

Der Sinn aller Mühen: Ein verschütteter Verletzter wird gerettet. Luftschutz ist Lebensrettung.

Herz und Händen bei der Sache sind. Sie werden sich durch höllisches Feuer durchkämpfen und im Angesicht des erbärmlichsten menschlichen Elends ihre Pflicht erfüllen wollen. Robustheit des Körpers, Belastbarkeit der Seele und praktische Intelligenz kennzeichnen deshalb das Anforderungsprofil des Luftschutzsoldaten. Die Bauberufe, die Mechaniker und die Landwirte sind besonders stark vertreten. Bei den Luftschutzoffizieren fällt der unterdurchschnittliche Anteil an Akademikern auf; zwei von drei Offizieren entstammen technischen oder handwerklichen Berufen.

Ein einziger Wille der Abwehr

Unser Augenzeuge aus der zerbombten deutschen Großstadt schildert dramatisch, wie die Wehrmänner vom Luftschutz im Ernstfall gefordert werden:

«Retten, löschen, räumen! Nichts mißt uns mehr die Zeit. Wird Essen gebracht, schlingen wir es ungeduldig herunter. Unsere Körper sind auf geheimnisvolle Weise im Ausnahmezustand. Unser Wille auch. Wenn das nicht wäre, würden wir vor dem Übermaß der Glut zusammenschrumpfen. Wir sind nicht mehr der Gefreite Müller oder Meier. In den glühenden Öfen der Straßen und Häuser verschmelzen wir zu einem einzigen Willen der Abwehr.

Der Abend kommt. Wir sind leergepumpt und ausgedörrt. Haben wüste Schädel und weiche Knie. Verpflegung wird gebracht. Wir schlingen wortkarg und hastig Brot und Wurst in uns hinein und wundern uns, daß es etwas gibt, das nicht abscheulich brandig schmeckt. Einer kommt und berichtet, daß fünf Kameraden gefallen sind. Zwei wurden von Langzeitzündern zerrissen, drei bei Rettungsarbeiten verschüttet. Wir hören schweigend zu. Über uns geht nun ein kalter Wind. Er bringt frische Luft. Jetzt frieren wir.»

Handwerker in Uniform

Die Vielfalt der Materialtruppen

Es gibt Truppen, mit denen man keinen Krieg gewinnen kann. Aber wenn man diese Truppen nicht hat oder wenn sie nicht bestmöglich arbeiten, wird man den Krieg mit Sicherheit verlieren. Die Rede ist von jenen Teilen der Armee, die das sicherstellen, was die Experten als Logistik bezeichnen.

Ein Blick ins Lexikon: «*Logistik*, Bereitstellung und Einsatz der für militärische Zwecke zur Verfügung stehenden Hilfsquellen eines Staates zur Unterstützung der Streitkräfte; die materielle Versorgung der Truppe mit Waffen, Munition, Betriebsstoff, Fahrzeugen, Gerät, Verpflegung und Bekleidung sowie deren Pflege und Instandsetzung, außerdem das Transport- und Verkehrswesen der Streitkräfte, Planung und Durchführung von Personal- und Materialtransporten, Bau und Unterhalt der Verkehrswege, Verkehrsregelung und Schutz der Transporte, Transport von Verwundeten und Kranken sowie Bereitstellung von Lazarettbetten...»

Greifen wir aus diesem gewaltigen Aufgabenkatalog zwei Stichwörter heraus: Pflege und Instandstellung. 35 000 Mann in allen Truppengattungen der Schweizer Armee sind ausschließlich damit beschäftigt: die Materialtruppen.

Im Sprachgebrauch der modernen zivilen Wirtschaft würde man von einem Mischkonzern mit hohem technologischem Leistungsstandard und ausgeprägten Ausbildungsbedürfnissen sprechen. Man stelle sich vor: 24 verschiedene berufliche Funktionen und 165 Spezialistenkategorien in einem einzigen Betrieb, gegliedert auf zwei Ebenen, Basis (d.h. geschützte Versorgungsanlagen, meist unterirdisch eingelagerte Vorräte und leistungsfähige Reparatureinrichtungen) und Truppe (will heißen Unterhalt einer Vielfalt von zunehmend anspruchsvollerem Material: Waffen, Geräten, Panzern und Motorfahrzeugen mit den Mitteln der bei der Truppe eingeteilten Truppenhandwerker). Dazu für Friedenszeiten eine zivile Infrastruktur von 57 eidgenössischen Zeughausbetrieben in allen Landesgegenden, dazu acht Armeemotorfahrzeugparks für die Bereitstellung von Panzern und Motorfahrzeugen aller Art, dazu die Oberaufsicht über die kantonalen Zeughäuser – macht zusammen eine Berufsorganisation von nochmals 6000 zum Teil hochqualifizierten und -spezialisierten Technikern und Handwerkern, die der Kriegsmaterialverwaltung (KMV) unterstehen. Ihr Chef mit dem dazugehörigen Stab nimmt zugleich die Aufgaben des Waffenchefs der Materialtruppen wahr. Da zeigt sich, wie sehr gerade in diesem vielfältigen, dem explosiven Tempo techni-

Oben: Ausbau eines Panzermotors.

Unten: Feinarbeit bei der Reparatur eines Übermittlungsgerätes.

scher Neuerungen besonders ausgesetzten Bereich einer der roten Fäden unseres schweizerischen Milizsystems eine entscheidende Leitschnur ist: die Nutzbarmachung ziviler Kenntnisse für die Belange der Armee, die Verzahnung des zivilen Bereichs mit dem militärischen.

Die Armee – ein hochtechnisiertes System

Was ist mit den jährlich wiederkehrenden Militärkrediten von nunmehr rund drei Milliarden Franken und den regelmäßig wiederkehrenden Rüstungspaketen in drei- und vierstelliger Millionenhöhe geschehen? Unsere Streitkräfte sind von einer fast reinen Infanteriearmee in ein hochtechnisiertes Kampfinstrument verwandelt worden. Selbst die Infanterie als Rückgrat und Hauptträger unserer Verteidigungsbereitschaft ist eine stark technisierte und motorisierte Truppe geworden. Der Beweis: Das Korpsmaterial eines Infanterieregiments stand vor dem Ersten Weltkrieg mit 370 000 Franken zu Buch, 1939 mit etwa dreieinhalb Millionen. Heute sind es gut und gerne zehn Millionen – Motorfahrzeuge, Sturmgewehre und Munition nicht gerechnet! Oder: 1939 besaß die Armee 600 Motorfahrzeuge, heute sind es 27 000.

Nur wenn die Truppe an all den teuren Geräten und Waffensystemen in allen Truppengattungen gründlich ausgebildet wird und wenn sie – zweitens – lernt, sie fachgemäß und gründlich zu pflegen und zu reparieren, haben diese gewaltigen Investitionen aus Steuergeldern einen Sinn. Vor diesem Hintergrund erhalten Bedeutung und Verantwortung der Materialtruppen ihr wirkliches Gewicht.

Ein Panzer – acht Berufe

Der Panzer, der gerade noch in stiebender Fahrt über das Gefechtsfeld gestürmt ist, bleibt liegen. Der Entpannungspanzer eilt herbei und schleppt den lahmen Koloß in Deckung. Die Stunde der Spezialisten! Eine Diagnostikergruppe macht sich über das defekte Fahrzeug her. Wenn sie den Schaden nicht schnell beheben kann, baut sie den kaputten Motor aus und setzt einen neuen ein; der Defekt wird in der unterirdischen Kriegswerkstätte behoben, die von einer Materialkompanie betrieben wird.

Was sich anhand dieses Beispiels aus dem Truppenalltag so leicht liest, ist in Wirklichkeit das Werk einer eingespielten Organisation und – in diesem Spezialfall – einer Materialtruppe, die allein für die Behebung von Schäden am Schweizer Panzer 68 acht verschiedene Spezialistenkategorien hat ausbilden und einsetzen müssen: Waffen-, Geschütz- und Panzermechaniker, Entpannungspanzermechaniker, Panzerelektriker, Stabilisatorenmechaniker...

Die Armee ist ein gewaltiges Konglomerat von verschiedensten Betrieben: Hoch- und Tiefbauunternehmen, Transportorganisation, Feuerwehr und Spital, Fluglinie, Lagerhaus, Eisenbahnnetz, Postbetrieb, Fernmeldeorganisation, Computerzentrale, dazu ganze Ketten von riesigen Tankstellen, Bäckereien, Metzgereien, Mühlen, Beherbergungs- und Verpflegungsbetrieben, Pferdestallungen, Apotheken, Forschungsinstituten und, und, und... Die Armee betreibt fast vom ersten bis zum letzten Tag des Jahres im 24-Stunden-Dauerlauf Motorfahrzeuge vom Jeep bis zum schweren Lastwagen, Kompressoren und Schneidbrenner, Verpackungsmaschinen und Wetterballons, Kameras, Computer und optische Geräte, Stromgeneratoren und dazu das ganze Arsenal der Waffensysteme: Panzer, Flugzeuge, Geschütze, Lenkwaffen, Radargeräte, Funksysteme, aber auch die einfachen Dinge, die der einzelne Wehrmann mit sich trägt: Sturmgewehr, Rucksack, Hosengurt... All das und all das andere, das hier unerwähnt bleibt, ist nur gerade so viel wert wie die Unterhaltsstellen, die es fit halten.

Ausbildung entscheidet

Wer sich der Technik verschrieben hat, erfährt es täglich: Die Entwicklung steht nicht still! Was gestern noch als brandneu galt, ist heute ein alter Hut. Übermittlungsgeräte zum Beispiel: Innert weniger Jahre schritt auch in der Armee die Entwicklung von den konventionellen Röhrengeräten über gemischt mit Röhren und Transistoren bestückte Apparate zu reinen Halbleitergeräten, Systemen mit integrierten Schaltungen und Einrichtungen in Modulbauweise. Das Anforderungsprofil des Unterhaltsprofis hat sich von der vertrauten Gestalt des Mannes mit dem Lötkolben in Richtung «Eierkopf» für Systemanalyse verschoben. Die lawinenartige technische Umwälzung geht weiter. Hier wie überall gilt: Wer nicht auf dem laufenden ist, kommt unweigerlich unter die Räder. Praxisorientierte, flexible Ausbildung ist die Schicksalsaufgabe der Materialtruppen – genau wie sie die Schicksalsaufgabe aller ist, die in den vielfältigen Bereichen der zivilen Technologien oben bleiben wollen.

1000 Mann pro Tag

Um dieser Ausbildungsaufgabe zu genügen, stehen – im Durchschnitt gerechnet – vom 1. Januar bis zum 31. Dezember jeden Jahres täglich rund 1000 Mann in den Ausbildungsdiensten der Materialtruppen, sei es in Rekrutenschulen, sei es in Kaderschulen oder in einem der vielen Spezialkurse, die nötig sind, um die annähernd zwei Dutzend Truppenhandwerkerfunktionen in ihren 165 Spezialistenkategorien ständig auf dem laufenden zu halten. Daß die Materialtruppen deshalb über einen überdurchschnittlich hohen Bestand an Instruktionspersonal verfügen müssen, liegt auf der Hand. Neueinführungen und Umschulungen sind an der Tagesordnung. In den Rekrutenschulen genügt die normale Ausbildungszeit von 17 Wochen meist nicht; die jungen Truppenhandwerker werden deshalb zu zusätzlichen drei- bis sechswöchigen Fachschulen aufgeboten, die als Wiederholungskurse angerechnet werden. Jedes Jahr bilden die Materialtruppen etwa 1700 neue Truppenhandwerker aus – vom biederen Sattler bis zum Übermittlungsgerätemechaniker, der die Sprache der Computer versteht.

Materialsoldaten – mehr als Magaziner

Im Bereich der Basisversorgung leisten die Materialsoldaten einen oft wenig beachteten, aber überaus wichtigen Dienst. Sie sind in erster Linie für den Umschlag und die Verwaltung von Ausrüstungsgegenständen aller Art verantwortlich. Das ist aber nicht alles. Materialsoldaten sind mehr als uniformierte Magaziner! Sie erfüllen auch eine wichtige Funktion als Übermittler, namentlich als Telefonisten und Leitungsbauer. Sie führen außerdem zahlreiche gängige Reparaturen selbständig aus und betreiben hochwichtige, wenngleich wenig bekannte armeeeigene Fabrikationsanlagen; denn für ihre Belange muß die Armee Sauerstoff, Stickstoff, Druckluft, Wasserstoff, Azetylen und Lachgas selbst herstellen können. Diese teils mobilen, teils stationären Gewinnungsanlagen sind den Materialsoldaten anvertraut, ebenso wie die Fabrikationseinrichtungen für Trockenbatterien.

Haben die Materialtruppen der Schweizer Armee Zukunftsprobleme? Gewiß! Sie liegen natürlich im Ausbildungsbereich und betreffen das Bedürfnis, das vielfältige Schul- und Kurssystem der Truppengattung so rasch wie möglich den ständig wandelnden Bedürfnissen der Praxis anzupassen. Spezialisten der Materialtruppen müssen einiges an zivilen Kenntnissen in den Dienst mitbringen. Schon bei der Rekrutierung ist man bemüht, die vorhandenen zivilen Ressourcen optimal auszuschöpfen.

Umgekehrt vermittelt besonders diese Truppengattung ihren Wehrmännern wichtige zusätzliche und im Zivilleben direkt nutzbare Kenntnisse. Der Begriff der «differenzierten Tauglichkeit» spielt gerade in diesem Bereich eine entscheidende Rolle.

Ein hochqualifizierter Elektroniker mit zuwenig Brustumfang ist als Übermittlungsgerätemechaniker noch gut tauglich.

Oder mit anderen Worten:

Die Materialtruppen leben nicht allein von den Muskeln, sondern auch vom technischen Können ihrer Angehörigen.

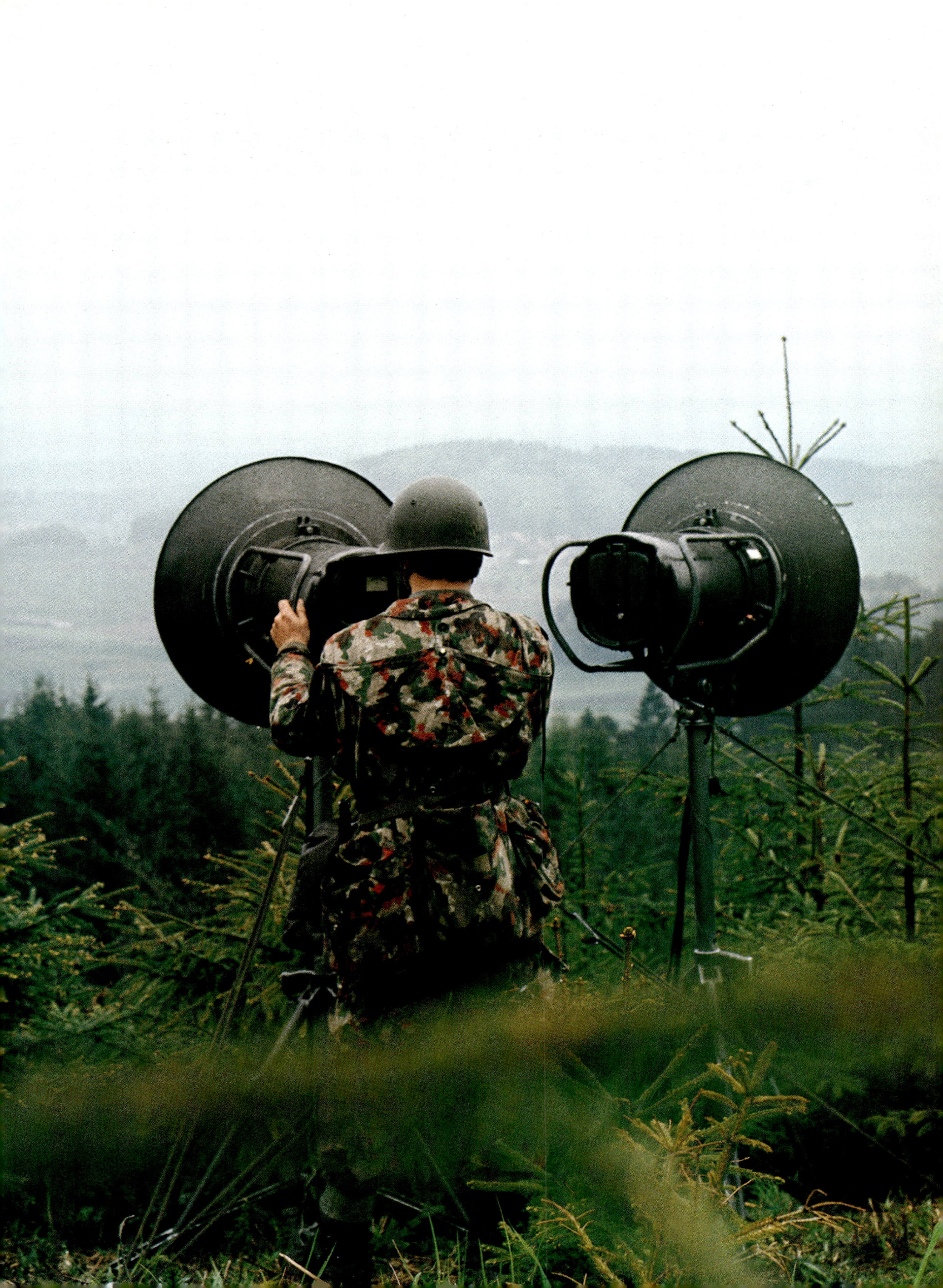

Oben: An seiner Tischzentrale 64 stellt der Zentralenpionier die Telefonverbindungen zwischen höheren Kommandostellen her. Die Übermittlungstruppen sind das Nervensystem der Armee.

Links: In der in einem Keller improvisierten Abhörstation betreiben sprachkundige Spezialisten elektronische Aufklärung – ein Teil der geheimen elektronischen Kriegführung!

Vorhergehende Seite: Richtstrahlverbindungen sind enorm leistungsfähig, aber der elektronischen Kriegführung des Gegners ausgesetzt.

Rechte Seite

Oben links: Mit Gurt und Steigeisen erklettert dieser Pionier einen Telefonmast, um sein militärisches Netz an das zivile anzuschließen.

Oben rechts: Funkfernschreiber und Funkstation SE 415 für den Einsatz auf oberster Armeestufe.

Unten: Funkerpionier am Sprechfunkgerät SE 412.

123

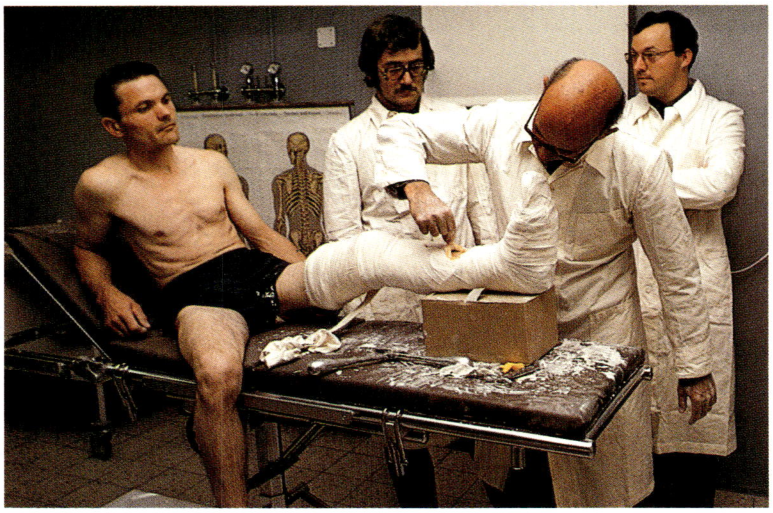

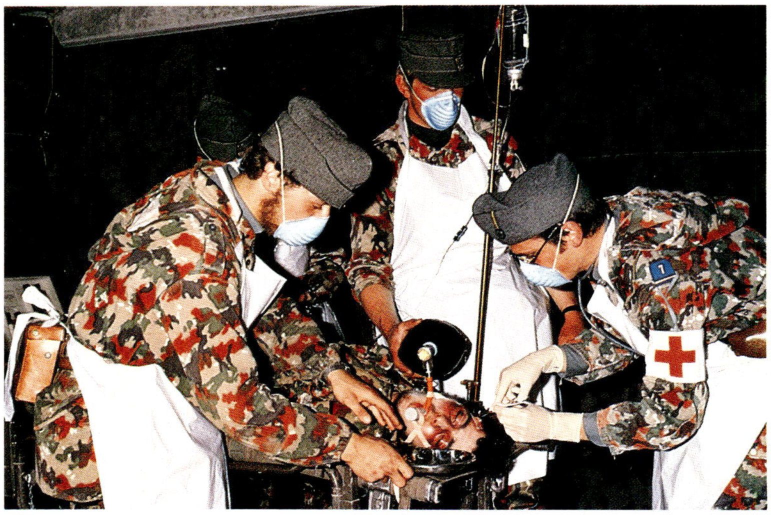

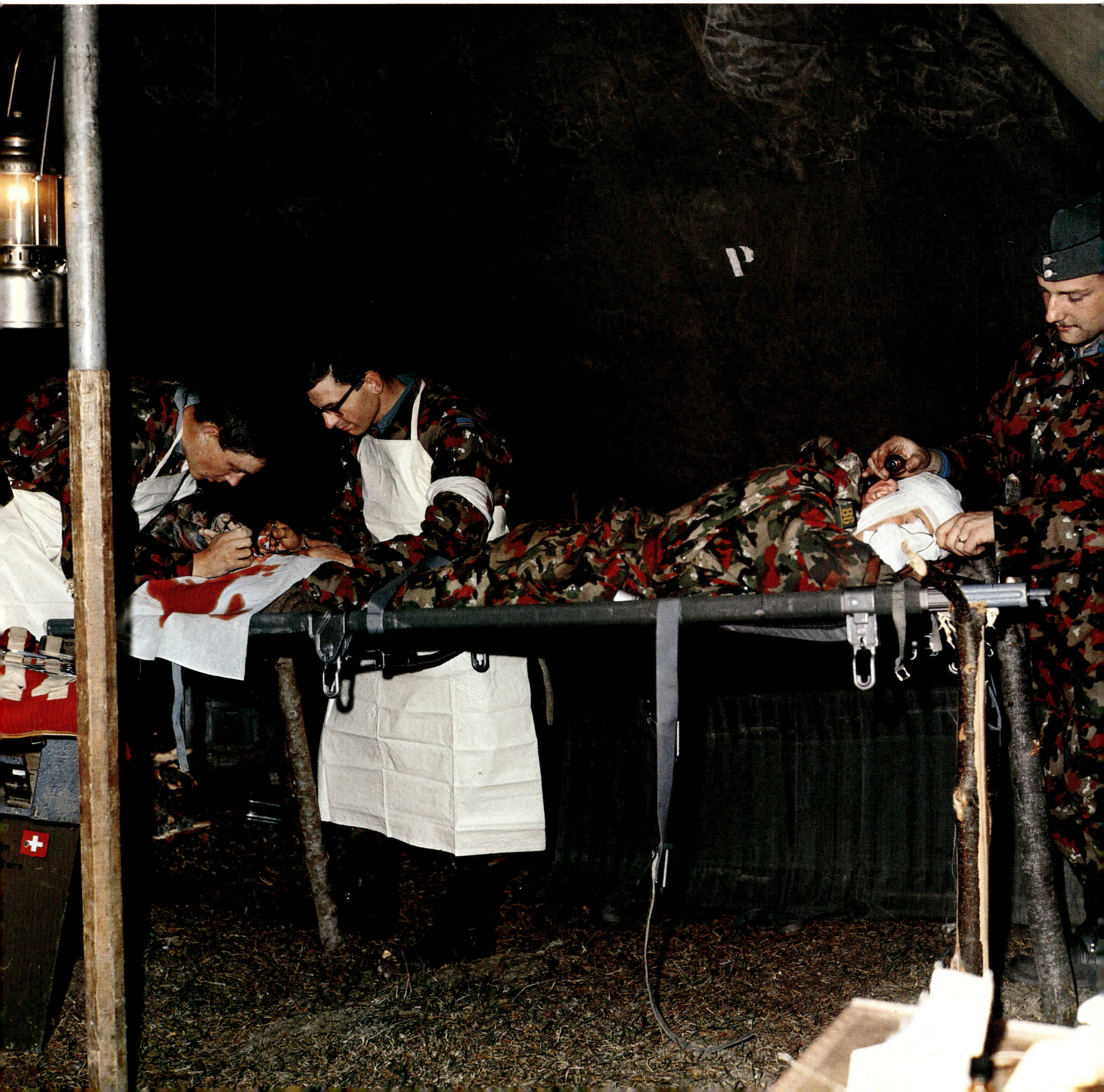
P

Rechte Seite

Oben: Löschen, Retten, Helfen sind die drei Grundfunktionen des Luftschutzes. Diese Wehrmänner gehen in Brandschutzanzügen gegen ein noch schwelendes Feuer vor.

Rechts: Suchhunde sind unentbehrliche Helfer beim Aufspüren von Verschütteten. Sie werden in enger Zusammenarbeit mit zivilen Kynologen ausgebildet und erreichen verblüffende Leistungen.

Linke Seite

Oben links: In der Sanitätshilfsstelle wird ein gebrochenes Bein eingegipst.

Oben rechts und unten: Wundversorgung unter delikaten Bedingungen im Zelt der Sanitätshilfsstelle. Innert 24 Stunden muß eine solche Hilfsstelle bis zu 50 Patienten aufnehmen, 20 bis 30 Wundversorgungen und drei bis fünf Notoperationen ausführen.

Linke Seite

Oben: Die Versorgungsstaffel eines Bataillons deckt sich auf dem getarnten Basisversorgungsplatz mit allem Lebensnotwendigen ein.

Unten links: Blick in ein Verpflegungslager. Das Problem ist, daß Vorräte für 600 000 Mann gehalten werden müssen, im Frieden aber nur etwa 25 000 Mann pro Tag verpflegt werden.

Unten rechts: Kräftige, reichliche und schmackhafte Nahrung hebt Truppenmoral und Kampfwert.

Rechte Seite

Oben links: Spezialisten der Materialtruppen wechseln einen Panzermotor aus. In dieser Truppengattung gibt es 165 Spezialistenkategorien.

Oben rechts: Angehörige der Versorgungstruppen, die aus einem Zisternenwagen leere Benzinkanister volltanken.

Unten: Schrötig, aber nötig: Lastwagenkolonne unterwegs. Ein Schwergewicht der Militärmotorfahrer-Ausbildung liegt auf der Verkehrssicherheit.

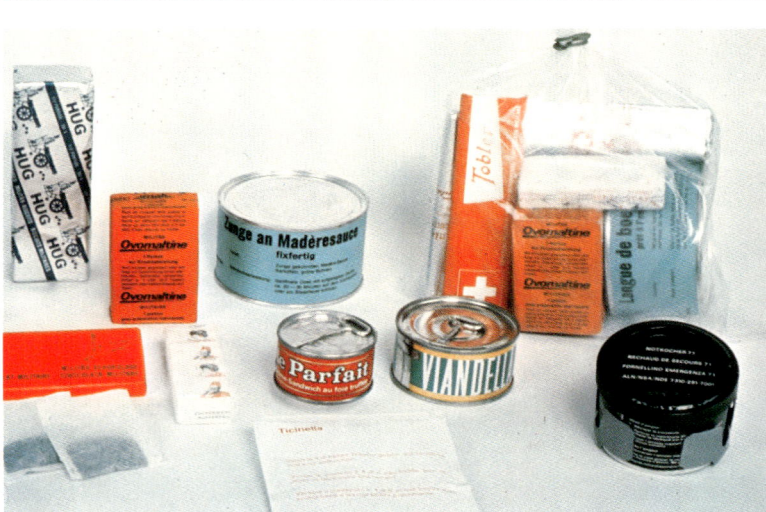

127

Ganz oben: FHD des Fliegerbeobachtungsdienstes tragen an der Lagekarte die neuesten Informationen ein; sie bekleiden Schlüsselstellungen.

Mitte links: FHD im Brieftaubendienst der Übermittlungstruppen mit zwei geflügelten Kurieren, deren Heimfindevermögen phantastisch ist.

Mitte rechts: Im Rotkreuzdienst stellen sich Frauen in den Dienst der Landesverteidigung, die aus Pflege- und verwandten Berufen kommen.

Rechts: Angehörige eines Betreuungsdetachements mit einer Behinderten, der die Armee in diesem Lager sogar einen Heli-Flug ermöglichte.

Dienst auf 100 000 Rädern

Die Transporttruppen in Krieg und Frieden

Sie kommen einem immer dann in die Quere, wenn man es am eiligsten hat: endlose Kolonnen von Militärfahrzeugen auf den ohnehin schon verstopften Straßen! Je beweglicher die Armee sein soll und je schneller sich die Kampftruppen verschieben müssen, desto unentbehrlicher sind die Dienste der Transporttruppen – schrötig, aber nötig!

Rund 30 000 Motorfahrzeuge rollen in Friedenszeiten mit feldgrauen Nummernschildern: Personenwagen, Lieferwagen, Lastwagen aller erdenklichen Größen und Typen, Geländefahrzeuge, Baumaschinen, Hub- und Gabelstapler, Raupenfahrzeuge. Dazu kommen rund 20 000 Anhänger. Jeder siebte eingeteilte Wehrmann führt im Dienst ein Motorfahrzeug; rund 70 000 Mann sind als Motorfahrer speziell ausgebildet. Die «Motorwägeler» sind in den einzelnen Truppengattungen eingeteilt und werden von ihnen auch nach Maßgabe der sehr unterschiedlichen Bedürfnisse geschult. Dagegen werden Ausbildungswesen und Organisation des Transportdienstes zentral geführt. Zuständig dafür ist das Bundesamt für Transporttruppen, die seit 1976 im Rang einer selbständigen Truppengattung stehen, nachdem das Reparaturwesen, wie es der Logik des militärischen Alltags und der rationellen Betriebsführung entspricht, den Materialtruppen zugeschlagen worden ist. Organisatorisch gesehen sind die Transporttruppen in ihrer heutigen Form ein Stab ohne Mannschaft, wenn man von den Straßenpolizeikompanien, den Eisenbahndetachementen und den Transportformationen absieht.

Im Ernstfall 50 000 mehr

Es entspricht dem Wesen einer Milizarmee und spart außerdem Kosten, wenn so viele Einrichtungen des zivilen Lebens wie möglich im Kriegsfall in die Armee eingegliedert werden. Dies gilt speziell für das Transportwesen; denn wenn es zur Kriegs-

Oben und unten: Auch Frauen stellen im Transportwesen der Armee ihren Mann: die FHD-Motorfahrerinnen einer Sanitätstransportkolonne.

Verkehrsregelung, Kontrolle und Wegweiserdienst obliegen der militärischen Straßenpolizei.

zeioffiziere ist das Bundesamt für Transporttruppen auch für die rund 100 militärischen Fahrlehrer verantwortlich, die, auf die einzelnen Waffenplätze verteilt, ihrerseits die Motorfahrer der Truppen ausbilden. Jeder dieser Berufsunteroffiziere durchläuft eine 18 Monate dauernde Spezialausbildung, die neben Personenwagen auch Lastwagen und Motorräder beschlägt und die den Vergleich mit der zivilen Fahrlehrerausbildung nicht zu scheuen braucht. Sodann gilt der Grundsatz, daß jeder Wehrmann, der im Dienst ein Fahrzeug führt, einen zivilen Führerausweis besitzen muß. Ein elektronisches Datenverarbeitungssystem sorgt dafür, daß zivile Ausweisentzüge auch vom Militär sofort registriert werden. Ein anderes Computerprogramm des Bundesamtes für Transporttruppen, das hier auch die Funktion eines «eidgenössischen Straßenverkehrsamtes» erfüllt, speichert die Daten jedes zugelassenen zivilen Fahrzeuges, einschließlich der Umschlaggeräte, der Schiffe und der Boote. Schon oft hat dieser wenig bekannte Computer geholfen, vertrackte Fälle von Fahrerflucht abzuklären. Wo anders wollte die Polizei nachforschen, wenn Augenzeugen zum Beispiel nur «einen roten Volvo mit Endzahl 77», nicht aber das Kantonskennzeichen wahrgenommen haben?

Wie wird man Militärmotorfahrer?

Längst ist die Auswahl der Militärmotorfahrer in den einzelnen Truppengattungen nicht mehr allein dem Zufall und dem Fingerspitzengefühl der Aushebungsoffiziere oder der Einheitskommandanten überlassen; Kandidaten, von denen angenommen wird, daß sie die erforderlichen geistigen, charakterlichen und manuellen Voraussetzungen erfüllen, haben eine mehrstündige Eignungsprüfung zu bestehen. Eine vergleichbare Anforderung wird Bewerbern für den zivilen Lernfahrausweis nicht auferlegt.

Von Verkehrspsychologen eigens für die Armee entwickelte Testapparate prüfen Sehschärfe, Reaktionsfähigkeit, Aufmerksamkeit, Beobachtungsgabe und handwerkliche Geschicklichkeit der angehenden Militärmotorfahrer. Nach einem Testgespräch des Psychologen mit dem Kandidaten wird der Bewerber tiefenpsychologisch beurteilt. Im Schnitt fallen etwa 27 Prozent der Prüflinge durch. Das Testverfahren der Armee wurde bei den PTT nachgeprüft: PTT-Chauffeure, die Unfälle verursacht hatten, wurden in den gleichen Test geschickt. Prompt wurden dabei etwa drei Viertel dieser Fahrer als potentielle Unfallverursacher definiert – ein überzeugender Erfolgsbeweis!

Und wenn trotzdem einmal ein militärischer Verkehrsunfall geschieht? Dann wird

mobilmachung kommen sollte, würden rund 50 000 besonders armeetaugliche Zivilfahrzeuge eingezogen (requiriert) und von der Truppe für militärische Zwecke verwendet werden. Dabei handelt es sich vor allem um Nutzfahrzeuge (Lastwagen, Sattelschlepper, Lieferwagen), Geländewagen, Baumaschinen, Umschlaggeräte (Hub- und Gabelstapler usw.) sowie um Personenwagen ausgewählter, gängiger Marken, die ohnehin schon in der Armee verwendet werden und für die entsprechende Ersatzteillager bestehen (zum Beispiel Mercedes, Opel, VW).

Wer ein stellungspflichtiges Fahrzeug besitzt, muß es bei der Mobilmachung der Truppe abliefern, ehe er selber einrückt. Die Truppe kann den Überbringer, soweit er nicht anderweitig dienstpflichtig ist, als Fahrer zurückbehalten; dies gilt auch für Frauen, sofern sie schriftlich ihr Einverständnis bekunden. Die requirierten Fahrzeuge verkehren ohne zivile Nummernschilder; die Armee tritt in die Versicherungspflichten ein und entschädigt den Gebrauch der Fahrzeuge nach Maßgabe einer Schätzung.

Ausbildung im Vordergrund

Wer erinnert sich nicht an die anklagenden Schlagzeilen bei militärischen Verkehrsunfällen: «Übermüdeter Motorfahrer verunglückt!» «Rekrut ohne Lastwagenerfahrung mußte 30 Kameraden transportieren!» Eine gründliche Reform der Ausbildungstätigkeit sowie ein intensives militärisches Verkehrserziehungs- und Unfallverhütungsprogramm haben in den letzten Jahren wirksame Abhilfe geschaffen.

Neben den Schulen und Kursen für Motorfahrer-, Transport- und Straßenpoli-

Der Militäreisenbahndienst hat die Aufgabe, zerstörte Streckenteile wiederherzustellen.

die vielzitierte Verantwortung des Motorfahrers bedeutend strenger beim Wort genommen als im zivilen Bereich. Motorfahrer, die schuldhaft einen Unfall verursachen, müssen mit disziplinarischer Bestrafung (von Verweis bis Arrest) oder, in schweren Fällen, mit einem militärischen Untersuchungs- und allenfalls gar mit einem Divisionsgerichtsverfahren rechnen. Bei grober Fahrlässigkeit muß der einzelne Mann auch an die Deckung des dem Bund verursachten Schadens beitragen. Je nach dem Grad des Verschuldens und den finanziellen Verhältnissen des Wehrmannes werden Schadenbeteiligungen zwischen 10 und – in ganz seltenen und krassen Fällen – 100 Prozent angeordnet; im bisher schwerwiegendsten Fall mußte ein finanziell gut gestellter Wehrmann 20 000 Franken bezahlen.

Straßenpolizei – ein Kind des «Blitzkriegs»

Eine Sonderstellung innerhalb des militärischen Transportwesens nehmen die 30 Straßenpolizeikompanien ein. Sie wurden in der Nachkriegszeit aufgrund der Erfahrungen der deutschen Wehrmacht und der Amerikaner gebildet. Der «Blitzkrieg» der motorisierten und mechanisierten Verbände von 1940 gegen Holland, Belgien und Frankreich und vor allem die Endkämpfe in Europa, die einen riesigen, die Verkehrswege blockierenden Flüchtlingsstrom ausgelöst hatten, zeigten deutlich, daß nur eine spezielle militärische Verkehrsorganisation den flüssigen Ablauf der militärischen Bewegungen auf den Straßen gewährleisten kann. Entsprechend lauten die Hauptaufgaben der militärischen Straßenpolizei: Verkehrsregelung und Truppenwegweiserdienst mit den bekannten kleinen gelb-schwarzen Jalons. Außerdem führen die Straßenpolizeiformationen Verkehrskontrollen durch. Sie eskortieren Kommandostaffeln und Spezialtransporte, leisten bei Verkehrsunfällen Hilfe und nehmen den Tatbestand auf; schließlich können sie auch zur Überprüfung der Tarnung der kämpfenden Truppen herangezogen werden.

Nicht zu verwechseln ist die Straßenpolizei mit der Heerespolizei, die einen eigenen Dienstzweig bildet und – analog zur zivilen Polizei – für die Durchsetzung von Befehlen sowie für Ermittlungs- und Fahndungsaufgaben im Zusammenhang mit kriminellen oder militärischen Delikten zuständig ist.

Fast unbekannt ist schließlich die Militärische Verkehrskontrolle, eine ständige Formation von 24 Berufsunteroffizieren mit Polizeiausbildung. Sie sind das ganze Jahr in der ganzen Schweiz unterwegs, überwachen die Einhaltung der militärischen Verkehrsregeln, instruieren die Verkehrsregelung, halten bei der Truppe Vorträge über Unfallverhütung und sind zuständig für Spezialbewilligungen, zum Beispiel für Truppenbewegungen auf Autobahnen und für die Verschiebung von Raupenfahrzeugen.

Armee auf der Schiene

Der Militäreisenbahndienst, auch ein Zweig der Transporttruppen, verfügt über Eisenbahn- und Eisenbahnfahrleitungsformationen, Spezialtruppen, die sich im Gleis- und Fahrleitungsbau auskennen und die in der Lage sind, zerstörte Schienenstränge wieder befahrbar zu machen. Im Aktivdienst würden sämtliche Bahnen der Schweiz, öffentliche wie private, diesem Dienst unterstellt, und 12 000 Bahnbeamte würden unter dem Kommando von Eisenbahnoffizieren, die im Zivil ihre Vorgesetzten sind, ihren normalen Dienst bewaffnet und in Bahnuniform mit eidgenössischer Armbinde als Bahnpolizeiorgane versehen. Hier wird die Verzahnung des Milizheeres mit einem wichtigen öffentlichen Verkehrszweig besonders deutlich. Die Schweizerischen Bundesbahnen haben denn auch für den Kriegsfall vorgesorgt: Rund 100 Diesellokomotiven könnten bei Stromausfall einen eingeschränkten Bahnbetrieb aufrechterhalten, auf dem natürlich das Militär die Priorität hätte. Außerdem stehen 150 Panzertransportwagen und zwölf Sanitätseisenbahnzüge zur Verfügung. Der Militäreisenbahndienst untersteht militärisch direkt dem Armeekommando und stellt sich im Rahmen der Gesamtverteidigung sowohl der Kriegswirtschaft, wie auch dem Zivilschutz und der Zivilbevölkerung zur Verfügung.

Praktizierte Partnerschaft

Der Frauenhilfsdienst in der Schweizer Armee

Die Armee ist ein Männerreservat – oder besser: Die Männer tun so, als ob sie eins wäre. Dabei waren das letzte Mal, als es wirklich ernst galt, die Frauen unentbehrlich: 1941, als der Kriegssturm um unser Land tobte, waren 23 000 Frauen freiwillig in Formationen der Armee eingeteilt; bis zum Ende des Zweiten Weltkriegs waren es nie weniger als 3000, die gleichzeitig Aktivdienst leisteten. Heute gibt es in der Schweiz rund 2000 eingeteilte FHD, rund 1500 weniger als der

Fröhliche, selbstbewußte Frauen beim FHD: Es wird Zeit, daß sich die Männerwelt vom Vorstellungsbild der «Flintenweiber» trennt!

Sollbestand. Eine ungemein vielseitige Truppe, die genau das verwirklicht, was eigentlich auf der Linie des modernen Lebens liegt: Auflockerung und Abbau der traditionellen Rollenverteilung zwischen Mann und Frau, Gleichberechtigung, Partnerschaft.

Kampf gegen Vorurteile

Machen wir uns nichts vor: Die FHD-Frauen haben gegen eine Menge von Vorurteilen zu kämpfen! Männer, die nie gelernt haben, den Frauen ebenbürtige Leistungen zuzutrauen und sie für voll zu nehmen, beargwöhnen sie als eine Schar von Zukurzgekommenen, die mit Hilfe der Uniform ihr angeschlagenes Selbstwertgefühl heben möchten, bezeichnen sie verächtlich als «Feldhäsli» oder, schlimmer noch, als «Flintenweiber».

Merkwürdig ist bloß: Die schnöden Sprüche und die faulen Witze fallen nur dort und nur unter denen, die noch nie den Vorzug hatten, im Militärdienst mit Angehörigen des Frauenhilfsdienstes von gleich zu gleich zusammenzuarbeiten. Wo immer dies wirklich geschieht – derzeit in neun Dienstbereichen der Armee –, stellt sich nach wenigen Stunden ein – wenn auch manchmal nicht offen eingestandener – Sinneswandel ein. Schon mancher Mann hat dabei gelernt, daß eine Frau am richtigen Platz bisweilen die geforderte Arbeit besser, schneller und ausdauernder tut als seinesgleichen.

Die sachlichen Gründe sprechen ohnehin für die Mitarbeit der Frau in der Armee auf der Basis der Freiwilligkeit und des unbewaffneten Zustandes. An Frauen im Kampfeinsatz denkt bei uns selbstverständlich niemand.

In einer Zeit, da die geburtenschwächeren Jahrgänge militärdienstpflichtig werden, sind Kommandanten aller Stufen froh, wenn Frauen mit ihrer Dienstleistung männliche Kameraden für eigentliche Kampfaufgaben freistellen und damit einen Beitrag an die Behebung der Bestandskrise leisten.

Warum geht ein Mädchen zum FHD?

Moderne junge Frauen orientieren sich nicht mehr an der traditionellen Rollenverteilung früherer Tage. Im Berufsleben haben sie längst viele für uneinnehmbar gehaltene Männerbastionen eingenommen. Man braucht dabei nicht einmal an ausgefallene Beispiele – die Kranführerin, die Kaminfegerin – zu denken; im Verwaltungs- und im Produktionsbereich der Industrie, in den Behörden, an den Schulen und Universitäten leisten Zehntausende von Frauen seit Jahr und Tag hochqualifizierte Arbeit. Zögernd und teilweise widerstrebend haben die Schweizer Männer ihren Frauen vor nicht allzu langer Zeit die politische Gleichberechtigung zugestanden, die seither zu einer Selbstverständlichkeit geworden ist. Ist es da nicht nur natürlich und konsequent, daß Frauen, die die Fähigkeiten und die Neigung dazu haben und die mehr leisten wollen, als obligatorisch ist und verlangt wird, freiwillig staatsbürgerliche Pflichten in der Armee übernehmen? Für nicht wenige FHD ist der freiwillige Dienst in der blauen Uniform eine logische Folge der hart erkämpften bürgerlichen Gleichberechtigung.

Immer mehr Frauen treten dem FHD auch bei, weil sie von der militärischen Ausbildung eine Erweiterung ihrer beruflichen Kenntnisse erwarten, weil sie überdies die Abwechslung lieben und gerne die Herausforderung des ungewohnten militärischen Dienstbetriebs auf sich nehmen.

Um sich einen Mann zu angeln, wird jedenfalls keine dem FHD beitreten; die allermeisten könnten mit ihrer Persönlichkeit auch im nichtuniformierten Leben an jedem Finger einen haben...

Frauen im Aktivdienst

Helfen wollen, für sein Land etwas Besonderes tun und zugleich den Anspruch auf politische Emanzipation durch ein spürbares persönliches Opfer glaubhaft machen – das waren auch die Beweggründe der Frauen, die den FHD begründet haben. Schon 1938 boten verschiedene Präsidentinnen kantonaler und eidgenössischer Frauenorganisationen angesichts des heraufziehenden Weltgewitters den Behörden ihre Hilfe an. Das Interesse der regierenden Männerwelt war, von den Instanzen des Roten Kreuzes abgesehen, eher gering. Immerhin wurden bereits zu Beginn des Jahres 1939 in verschiedenen Städten Pflegerinnenkurse durchgeführt und Samariterinnen ausgebildet, die schon deshalb dringend benötigt wurden, weil der Luftschutz ausgebaut werden mußte.

Die Initialzündung gab der Bundesrat am 3. April 1939 mit seinem Aufruf an die Schweizer Männer und Frauen, freiwillig Hilfsdienst zu leisten. Das Echo war überwältigend: In den folgenden Monaten melden sich rund 30 000 Frauen! Diese Welle der Dienstbereitschaft traf Regierung und Armee ziemlich unvorbereitet. Natürlich handelte es sich bei den Hilfsdienstwilligen überwiegend um Frauen, die durch Familien- und Berufspflichten an ihren Wohnort gebunden waren und deshalb nur zivilen Hilfsdienst leisten konnten. Erst im Februar 1940 schufen Bundesrat Rudolf Minger und General Henri Guisan die rechtlichen Grundlagen für einen militärischen Frauenhilfsdienst. Er sollte durch die Territorialkommandanten in Verbindung mit den jeweiligen kantonalen Militärbehörden organisiert werden.

In der Folge leisteten Schweizer Frauen rund 3,7 Millionen Aktivdiensttage: als Späherinnen auf Fliegerbeobachtungsposten, als Telefonistinnen und Telegrafistinnen in Übermittlungs- und Auswertezentralen, als Krankenschwestern, Laborantinnen und Rotkreuzfahrerinnen, als Betreuerinnen von Brieftauben und Kriegshunden, als Fürsorgerinnen in Flüchtlingslagern, als Sekretärinnen und Rechnungsführerinnen in Stäben und Einheiten, als Köchinnen, Feldpostgehilfinnen und Schneiderinnen in Zeughäusern, als Leiterinnen von Flickstuben in Interniertenlagern und als Soldatenmütter in den Soldatenstuben.

Seine heutige Rechtsform und damit eine gesicherte Grundlage erhielt der Frauenhilfsdienst im Jahre 1948; die Samariterinnen und die Krankenschwestern bilden seither eine eigene Organisation: die Rotkreuzdetachemente, unter der Leitung des Rotkreuz-Chefarztes.

Ganz oben: Praktizierte Partnerschaft zwischen Mann und Frau in der Armee, z. B. bei der Feldpost.

Oben: Antreten zum Hauptverlesen. FHD präsentieren sich ihren Vorgesetzten.

Neunmal FHD

In der heutigen Heeresorganisation sind Angehörige des Frauenhilfsdienstes in verschiedenen Truppengattungen, Dienstzweigen und in den Territorialorganisationen anzutreffen.

– **Fliegerbeobachtungsdienst:** In den Auswerte- und Meldezentralen der Flieger- und Fliegerabwehrtruppen leisten FHD Dienst als Telefonistinnen, Telexistinnen, Auswerterinnen, Luftlage-Sprecherinnen und Nachrichten-FHD. Sie bearbeiten Meldungen über Fliegertätigkeit, Erdbeobachtungen, Wetter und allfällige Radioaktivität. Vereinzelte FHD sind in der Funktion von Nachrichtenoffizieren im Nervenzentrum der Luftverteidigung, der Einsatzzentrale der Flieger- und Fliegerabwehrtruppen, anzutreffen.

– **Übermittlungsdienst:** In den Übermittlungszentralen der großen Truppenverbände sind FHD als Zentralentelefonistinnen und Telexistinnen eingesetzt.

– **Warndienst:** Der Warndienst der Territorialzonen hat die Aufgabe, Bevölkerung, Zivilschutz und Truppen rechtzeitig vor Gefahren aus der Luft, atomaren und chemischen Bedrohungen sowie vor Überflutungen (zum Beispiel bei einem Staudammbruch) zu warnen; die Frauen, die in unterirdischen Warnsendestellen arbeiten, werden u. a. auch als Radiosprecherinnen ausgebildet. Weibliche Stimmen werden erfahrungsgemäß bei kritischer Leitungsqualität besser verstanden als männliche.

– **Administrativer Dienst:** Als Sekretärinnen in Uniform werden viele FHD in den Kanzleien der höheren Stäbe beschäftigt, wo sie den Bürobetrieb in Schwung halten.

– **Feldpostdienst:** In Zusammenarbeit mit den männlichen Kameraden versorgen Feldpost-FHD die Truppe mit Post.

– **Brieftaubendienst:** Dieser alte und bewährte Zweig des Übermittlungswesens erfordert sorgfältige Pflege und Aufzucht der Tauben sowie intensives Training der geflügelten Kuriere. FHD in diesem Bereich lernen ein faszinierendes Gebiet der Natur kennen.

– **Motorfahrerdienst:** Als Sanitätsfahrerinnen transportieren FHD auf Militärfahrzeugen Verwundete, Kranke und Rekonvaleszenten.

– **Kochdienst:** Vorwiegend für die Versorgung der Kurse des Frauenhilfsdienstes werden Frauen als Köchinnen benötigt.

– **Fürsorgedienst:** In den Betreuungsabteilungen der Territorialzonen finden FHD bei der Aufnahme und der Betreuung von Flüchtlingen und Obdachlosen eine erfüllende humanitäre Aufgabe.

Für die Aufnahme in den Frauenhilfsdienst kommen Frauen zwischen 18 und 35 Jahren in Frage. Allgemeine Anforderungen sind: gute Auffassungsgabe, Einsatzbereitschaft, Anpassungsfähigkeit (Fähigkeit, im Team zu arbeiten), Zuverlässigkeit und sportliche Tüchtigkeit.

Die Dienstverpflichtung besteht in einem 27 Tage dauernden Einführungskurs und einem Ergänzungskurs von höchstens 13 Tagen pro Jahr, wobei manche Gattungen nur alle zwei bis drei Jahre aufgeboten werden. Insgesamt leistet eine FHD 91 Tage Dienst. (Einführungs- und Kaderkurse werden an die Dienstpflicht nicht angerechnet.) Entlassen wird sie mit 50 bzw. 55 Jahren (bei Offiziersgrad) oder wenn sie das Schweizer Bürgerrecht verliert; die Möglichkeit einer vorzeitigen Entlassung besteht bei Mutterschaft oder wenn eine FHD pflegebedürftige Familienangehörige betreuen muß. Im übrigen ist die FHD hinsichtlich Ausrüstung, Rechten und Pflichten dem Wehrmann gleichgestellt, der einen obligatorischen Dienst leistet; auch untersteht sie dem militärischen Disziplinar- und Strafrecht, muß aber keine Inspektionen bestehen.

Geeignete FHD können Karriere machen. In der Organisation vorgesehen sind die Grade der Gruppenführerin (Unteroffizier), der Dienstführerin oder Rechnungsführerin (höhere Uof, d.h. Feldweibel bzw. Fourier) sowie die Offiziersgrade, die beim FHD «Dienstchef» bzw. «Kolonnenführerin» genannt werden. (Nähere Auskünfte: Dienststelle Frauenhilfsdienst, Neuengaß-Passage 3, 3011 Bern.)

Warum eigentlich «Hilfs»-Dienst?

Was nicht in den Reglementen steht, aber von vielen Angehörigen des FHD als unvergeßliches Erlebnis geschätzt wird, ist die fröhliche Kameradschaft innerhalb der Truppe, einer Truppe, die keineswegs nur ein charmanter Farbtupfer in der feldgrauen Männerwelt, sondern ein vielseitiger Dienstzweig ist, ohne den die Armee in ernsthafte Verlegenheit käme.

Fragt sich eigentlich nur, weshalb man auch offiziell immer noch vom Frauen*hilfs*dienst spricht und den Freiwilligen damit unwillkürlich zu verstehen gibt, sie seien möglicherweise halt doch nicht ganz vollwertige Angehörige der Armee.

Es sind Bestrebungen im Gange, dies zu korrigieren, was allerdings eine Änderung der Militärorganisation und damit einen Parlamentsbeschluß voraussetzt. Dann werden die eidgenössischen Politiker Gelegenheit haben, den häufigen Beschwörungen der Partnerschaft zwischen Mann und Frau auch eine Tat folgen zu lassen.

Im Zeichen der Menschlichkeit

Der Rotkreuzdienst in der Schweizer Armee

Neben dem Frauenhilfsdienst gibt es noch einen anderen Dienstbereich, in dem Frauen freiwillig Armeedienst leisten können: den Rotkreuzdienst.

Im Unterschied zum Frauenhilfsdienst ist diese Dienstleistung aber nur im Frieden freiwillig. Im Kriegsfall können Frauen mit den entsprechenden zivilberuflichen Qualifikationen zum obligatorischen Dienst aufgeboten werden.

Der Rotkreuzdienst übernimmt im Kriegs- oder Katastrophenfall die Pflege verwundeter und kranker Militär- und Zivilpersonen in den Militärspitälern. Deshalb bilden die Rotkreuzformationen einen Teil des Armeesanitätsdienstes; sie sind dem Rotkreuz-Chefarzt unterstellt, der seinerseits dem Oberfeldarzt als dem Kommandanten der Sanitätstruppen verantwortlich ist.

In den Rotkreuzdienst werden Schweizerinnen ab erfülltem 18. Altersjahr aufgenommen, die sich mit ihrer zivilen Tätigkeit für die pflegerische Tätigkeit qualifiziert haben. In erster Linie kommen deshalb Angehörige der Spital- und Pflegeberufe (Ärztinnen, Krankenschwestern, Operationsschwestern) in Frage, sodann in medizinischen Hilfsberufen Tätige, wie Laborantinnen, Röntgenassistentinnen, Apothekerhelferinnen, Arzt- und Zahnarztgehilfinnen. Willkommen sind aber auch Frauen mit Ausbildung und Erfahrung in häuslicher Krankenpflege und Erster Hilfe, zum Beispiel ehemalige Pfadfinder- oder Wolfsführerinnen, Hausbeamtinnen und andere Fachkräfte aus dem hauswirtschaftlichen Bereich. (Nähere Auskünfte erteilt die Dienststelle Rotkreuz-Chefarzt, Werkstraße 18, 3084 Wabern.)

Bereitschaft auf allen Ebenen

Die Dienstzweige der Armee

Die Truppengattungen allein machen die Armee noch nicht aus. Ein derart komplexes, alle Landesgegenden und Lebensbereiche umfassendes Unternehmen wie das Militär benötigt eine große Zahl von Spezialdiensten, die bestimmte organisatorische Spezialbereiche betreuen, die Verbindung mit zivilen Behörden auf allen Stufen aufrechterhalten und sich um jene Anliegen der Truppe kümmern, die weder mit Waffen noch mit Befehlen allein zu erfüllen sind.

In den insgesamt neun Dienstzweigen der Armee leisten Wehrmänner Dienst, die altershalber oder aufgrund ihrer besonderen beruflichen Qualifikation dorthin versetzt worden sind; es gibt also keine eigenen Rekrutenschulen der Dienstzweige.

Territorialdienst: Bindeglied zum zivilen Bereich

Den Territorialdienst gibt es, weil der Krieg, der uns bedrohen könnte, ein totaler Krieg wäre. Er würde nicht allein mit Waffengewalt ausgetragen, sondern auch mit wirtschaftlichen, psychologischen und subversiven Machtmitteln. Wer wird denn behaupten wollen, daß es zum Beispiel nicht möglich wäre, die Industrienationen des Westens durch künstliche Erdölverknappung einem aggressiven Willen gefügig zu machen? Oder wer möchte bestreiten, daß Massenvertreibungen wie diejenigen von 1978/79 in Vietnam als Druckmittel gegen Nachbarstaaten eingesetzt werden könnten, denen man die Sorge um die hilflosen und kranken Massen aufbürdet?

Im Warndienst der Territorialzonen arbeiten Frauen und Männer zusammen. Sie warnen Behörden und Verwaltungsstellen sowie – via Telefonrundspruch – die Zivilbevölkerung vor Talsperrenbrüchen, Lawinen, Fliegerangriffen und anderen Überraschungen.

Dieser totalen Bedrohung hat die Schweiz die Konzeption der Gesamtverteidigung entgegengesetzt. Sie beruht auf den von Bundesrat und eidgenössischen Räten aufgestellten Richtlinien über die Sicherheitspolitik der Schweiz und stützt sich auf fünf Säulen: die aktive Außenpolitik, die Armee, den Zivilschutz, die kriegswirtschaftliche Vorsorge und den Bereich Information/psychologische Abwehr/Staatsschutz.

Zu den sicherheitspolitischen Grundsätzen der Schweiz gehören u. a. die Zusammenfassung aller – vor allem der zivilen und der militärischen – Kräfte des Landes, der angemessene Einsatz der Mittel, die ständig angepaßte Bereitschaft und der Schutz an Ort und Stelle. Armee und Volk bilden eine Schicksalsgemeinschaft; einer muß dem andern helfen. Damit in den vielen praktischen Bereichen die Koordination klappt, gibt es den Territorialdienst.

Die schweizerische Territorialorganisation ist geographisch deckungsgleich mit den politischen Kantons- und Gemeindegrenzen innerhalb der Schweiz. Die Truppen des Territorialdienstes sind somit ortsfest; sie kennen die Verhältnisse in ihrem Kanton, in ihrer Stadt, verfügen über die nötigen Querverbindungen und können damit schon die erste wichtige Aufgabe erfüllen: Nachrichten über die militärische Lage, über die Versorgung und über besondere Gefahren liefern. Eine bedeutende Nachrichtenquelle ist der Warndienst, der insbesondere wichtige Neuigkeiten über Gefahren aus der Luft, über Talsperrenbrüche, Wetter, Lawinen und dergleichen an alle interessierten Behörden- und Verwaltungsstellen weiterleitet. Sodann sind dem Territorialdienst der Schutz und die Bewachung bedeutender Objekte – Bahnhöfe, Flughäfen, Verkehrsknotenpunkte, Radio- und Fernsehsender usw. – anvertraut. Weiter fallen ihm Spezialaufgaben im Bereich der Elektrizitätswirtschaft zu, zum Beispiel das Absenken gefährdeter Stauseen. Die Territorialdienste verfügen auch über Betreuungsdetachemente, die sich der Flüchtlinge und der Obdachlosen annehmen. Die territorialdienstliche Hilfspolizei unterstützt die zivilen Polizeikräfte. Besonders wichtig ist der Beitrag des Territorialdienstes an die kriegswirtschaftliche Organisation, zum Beispiel durch Aufgaben bei der Requisition von Fahrzeugen und Vorräten, bei der Evakuation kriegswichtiger Güter und bei der Unbrauchbarmachung von Produktionsmitteln und Versorgungsstätten, die einem allfälligen Gegner nicht intakt in die Hände fallen sollen. Schließlich würde der Territorialdienst Kriegsgefangene, Deserteure und Internierte betreuen und die entsprechenden Lager führen. Im Rahmen des Zivilschutzes können ihm Aufgaben zur Verhinderung von Massenflucht, für den Kulturgüterschutz und für die Verbindung zu den Luftschutztruppen übertragen werden.

Munitionsdienst: Sicherheit in allem

Der Munitionsdienst ist im Rahmen des Versorgungskonzepts der Armee für den Munitionsnachschub an die kämpfende Truppe verantwortlich. Dies bedeutet auch die Sorge um die fachgerechte Lagerung in den über das ganze Land nach operativen Bedürfnissen verteilten, überwiegend unterirdisch angelegten Munitionsmagazinen. In enger Zusammenarbeit mit Oberkriegskommissariat und Kriegsmaterialverwaltung müssen für diese Aufgaben wie auch für den Munitionsdienst bei der Truppe laufend Wehrmänner aller Grade ausgebildet werden. Daß viele Lagerarbeiten durch Truppen des Munitionsdienstes ausgeführt werden, bedeutet außerdem eine ansehnliche Kostenersparnis für den Bund; im Jahre 1977 zum Beispiel betrug sie rund 40 000 Arbeitsstunden. Oberstes Gebot im Munitionsdienst ist die Sicherheit. Dabei gehen die größten Gefahren heute nicht mehr von der Munition aus, sondern vom Menschen, der sie mißbrauchen will. Die Sicherung der Munitionsdepots gegen Einbrüche zum Beispiel ist ein überaus aktuelles Problem, wenn man an die Ausbreitung des internationalen Terrorismus und an die sprunghafte Zunahme der Munitionsdiebstähle aus Armeebeständen denkt.

Heerespolizei: was sie ist, was sie darf

Die Heerespolizei, die überwiegend aus ehemaligen oder noch aktiven Polizeibeamten und aus Angehörigen verwandter Berufe (Untersuchungsrichter, Gerichtsschreiber usw.) besteht, besorgt den militärischen Polizeidienst bei der Truppe und somit eigentlich das gleiche, was die zivile Polizei für die Bevölkerung einer Stadt oder eines Kantons tut. Eine Ausnahme freilich ist anzumerken: Mit der militärischen Verkehrsregelung hat die «Hepo» nichts zu tun; diese ist Sache der zu den Transporttruppen gehörenden Straßenpolizeiformationen.

Die Heerespolizei ist die allgemeine Sicherheits-, Kriminal-, Sitten- und Gesundheitspolizei im militärischen Bereich; sie fahndet nach unbekannten Tätern und setzt Gesetze und Befehle durch. Im Einvernehmen mit den zuständigen Behörden

Die Betreuungsdetachemente der Territorialzonen betreuen Flüchtlinge und Obdachlose.

kann sie auch zur Bewachung der Grenzen eingesetzt werden. Zivile Polizeibehörden sind verpflichtet, der Heerespolizei zu helfen, doch bleiben ihre Zuständigkeitsbereiche gewahrt. Grundsätzlich hat die Heerespolizei die gleichen Befugnisse wie die Zivilpolizei: vorsorgliche Festnahme und Beschlagnahmung, Durchsuchung usw.

Feldpost: Draht nach außen

In enger personeller und fachlicher Koordination mit den PTT-Betrieben besorgt der Feldpostdienst die Verbindung zwischen den dienstleistenden Wehrmännern und der zivilen Außenwelt; denn im Gegensatz zu den Soldaten in anderen Armeen wird der Schweizer Wehrmann – Bürger in Uniform – vom Zivilleben keineswegs abgeschnitten. Das Dienstreglement gesteht ihm im Instruktionsdienst ausdrücklich das Recht auf täglichen Postempfang zu. Im Aktivdienst würde die Feldpost noch zwei ebenso wichtige wie wenig bekannte Funktionen übernehmen: Sie würde Telefongespräche für Wehrmänner an geheimen Standorten weitervermitteln und versprengte Soldaten (zum Beispiel zurückkehrende Urlauber, genesene Militärpatienten usw.) zu ihrer Einheit zurückbringen, denn niemand hat eine bessere Übersicht darüber, welche Truppe gerade wo Dienst leistet, als die Feldpost.

Militärjustiz: häufig umstritten

Schweizer Soldaten, die im Dienst ein Verbrechen oder ein Vergehen begangen haben, unterstehen einer Sondergerichtsbarkeit: der Militärjustiz. Seit die Dienstverweigererprozesse häufiger geworden sind, ist dieser Dienstzweig zusehends ins Schußfeld der öffentlichen Kritik geraten; wiederholt wurde seine Abschaffung verlangt und gefordert, militärische Delikte sollten von zivilen Richtern beurteilt werden. Bis jetzt hat sich aber die Auffassung durchgesetzt, daß der angeklagte Wehrmann in der Regel vor einem Divisionsgericht besser davonkomme als vor militärisch möglicherweise unerfahrenen zivilen Richtern. Die Kontroverse um die Militärjustiz dauert jedoch an. Zu unterscheiden ist bei den «Violetten» zwischen Justizoffizieren und Gerichten. Bei den Justizoffizieren gibt es Großrichter (Gerichtspräsidenten), Auditoren (Ankläger/Staatsanwälte), militärische Untersuchungsrichter und Gerichtsschreiber. Als Verteidiger ist vor Divisionsgerichten jeder mündige Schweizer Bürger zugelassen, ungeachtet seines militärischen Grades oder einer speziellen juristischen Ausbildung. In den insgesamt 14 Divisionsgerichten – einzelne Divisionen haben wegen der verschiedenen Sprachen zwei Gerichte – sitzen immer je drei Offiziere und drei Unteroffiziere oder Soldaten. Ihre Urteile können an das Militärkassationsgericht weitergezogen werden. Im Aktivdienst würden noch zehn Territorialgerichte (je eins für jede Territorialzone) hinzukommen. Der Oberauditor der Armee ist der Leiter des Dienstzweiges Militärjustiz; im Aktivdienst heißt er Armeeauditor.

Armeeseelsorge: nicht vom Brot allein...

In einem Land, dessen Verfassung die Glaubens- und Gewissensfreiheit garantiert, ist es eine Selbstverständlichkeit, daß jeder Wehrmann seine religiösen Pflichten auch im Dienst erfüllen kann. Deshalb hat es in allen Truppengattungen und Dienstzweigen katholische und protestantische Armeeseelsorger als Feldprediger. Sie vollziehen gottesdienstliche Handlungen bei der Truppe und stehen dem einzelnen Wehrmann bei persönlichen Problemen und seelischen Nöten zur Seite. Feldprediger haben den Grad, nicht aber den Rang von Hauptleuten.

Truppeninformationsdienst: Meinungsbildung

Früher hieß dieser Dienstzweig «Heer und Haus» und widmete sich im Aktivdienst 1939–1945 der geistigen Landesverteidigung, d.h. der geistigen Betreuung der Truppe, der Stärkung des Wehrwillens und der Abwehr der psychologischen Kriegsführung. 1977 wurde diese Zielsetzung unter dem Eindruck der veränderten politischen Verhältnisse und der immer wieder geäußerten Kritik an der einseitigen politischen Ausrichtung des Dienstes neu formuliert. Der Truppeninformationsdienst soll sachlich-neutrale Information im Sinne einer freien Meinungsbildung über Armee- und Sicherheitspolitik liefern; praktisch tut er das mit einer ausgedehnten Vortragstätigkeit bei der Truppe und mit Publikationen.

Stabssekretariat: geleitet von Managern in Uniform

Höhere Kommandostäbe in Brigaden, Divisionen und Armeekorps sind, mit zivilen Augen gesehen, mittlere bis große administrative Betriebe mit den entsprechenden organisatorischen und betrieblichen Problemen. Um diese kümmern sich die Stabssekretäre (Adjutant-Unteroffiziere und Offiziere): Sie leisten den Kanzleidienst und sind für den reibungslosen Gang der Geschäfte verantwortlich.

AC-Schutzdienst: gegen unsichtbare Feinde

Die grauenhaften Fanale von Hiroshima und Nagasaki, die Entlaubungsmittel im Vietnamkrieg und die teuflischen Nervengase, von denen man immer wieder hört und liest, haben die neue, gespenstische Dimension des totalen Krieges im Bewußtsein der Öffentlichkeit verankert. Der AC-Schutzdienst geht von der Binsenwahrheit aus, daß auch diese unsichtbaren Waffen nur dort eingesetzt werden, wo man Erfolge erwartet: bei einer schlecht geschützten und mangelhaft ausgebildeten Truppe. Somit sind die beiden Schwergewichte des AC-Schutzdienstes bereits formuliert. Er

Ein vom AC-SD ausgebildeter AC-Spürer einer Einheit im Einsatz.

will die Überlebenschancen des einzelnen Wehrmanns vergrößern, die Handlungsfreiheit nach Einsätzen atomarer oder chemischer Kampfstoffe zurückgewinnen helfen und die Kampfkraft der Armee erhalten, indem er Truppe und Kader im Erfassen von AC-Gefahren, in der Alarmierung, im taktisch richtigen Verhalten und vor allem im Schutz gegen diese Kampfstoffe ausbildet und das Arsenal der Schutzmittel den unaufhaltsam fortschreitenden Entwicklungen anpaßt. Neueste Errungenschaften auf diesem Gebiet sind Kampfstoffnachweis- und neue Atomspürgeräte zur Messung der radioaktiven Verstrahlung. Mit diesen Instrumenten soll die Truppe selbständig den Grad der jeweiligen Gefährdung feststellen und somit auch im verstrahlten oder vergifteten Gelände ihren Auftrag weiter wahrnehmen können.

Die Schweizer Armee im Jahre 2000

Von Oberst i Gst Gustav Däniker, Zürich

Nach der Betrachtung unseres heutigen Wehrwesens stellen sich unwillkürlich drei Fragen ein:
- Werden wir auch in Zukunft eine Armee brauchen?
- Wird diese Armee ihren Auftrag erfüllen können?
- Wie wird diese Armee aussehen?

Dieses Interesse an kommenden Entwicklungen ist gerade im neutralen Kleinstaat brennend, weil er sich nicht einfach auf Verbündete verlassen kann. Er muß seine Selbstbehauptung aus eigener Kraft gewährleisten; eine wahrhaft große Aufgabe, wenn man bedenkt, welche hochtechnisierten und kostspieligen Kampfmittel den Heeren der industrialisierten Staaten bereits heute zur Verfügung stehen.

Umgekehrt scheuen wir vielfach davor zurück, die erwähnten Fragen aufzugreifen, zu beantworten oder nur zu diskutieren. Natürlich ist es immer riskant, ein Bild der Zukunft zu entwerfen; die Gefahr der Täuschung und Enttäuschung ist entsprechend groß. Vor allem möchte man keine Unruhe schaffen, keine Zweifel säen und jenen, die voll gutem Willen in und an unserer Armee arbeiten, ein ruhiges Wirken ermöglichen.

Aber kein Staat und keine Armee können ohne Voraussicht und Mut zum Risiko erhalten und entwickelt werden. Nicht nur die Verantwortlichen müssen sich der heiklen Aufgabe unterziehen, in die Zukunft zu denken; alle Interessierten – und das sind letztlich das ganze Volk und alle Wehrmänner – haben sich bewußt zu sein, daß es in Sicherheitsfragen niemals einen Stillstand gegeben hat und niemals einen geben wird. Sie müssen innerlich bereit sein, den Wandel zu begreifen und die nötigen Folgerungen daraus zu ziehen.

Werden wir auch in Zukunft eine Armee brauchen?

Diese Frage kann verschiedenartig ausgelegt werden. Wenn wir sie zunächst in dem Sinne verstehen, ob die Schweiz auch in Zukunft bedroht sein wird, so muß sie wohl oder übel bejaht werden. Niemand, der die Geschichte der Staaten einigermaßen studiert hat, und niemand, der die Menschen vorurteilsfrei betrachtet, wird die Vorhersage wagen, daß – sagen wir bis zum Jahre 2000 – ein allgemeiner und dauerhafter Friede ohne Gefahr für einzelne Völker Wirklichkeit werden wird.

Wir alle hoffen auf eine wirkliche Entspannung, namentlich zwischen den Super-

Die Neutronenwaffe im Wirkungsvergleich mit der schon «klassischen» Atomwaffe.

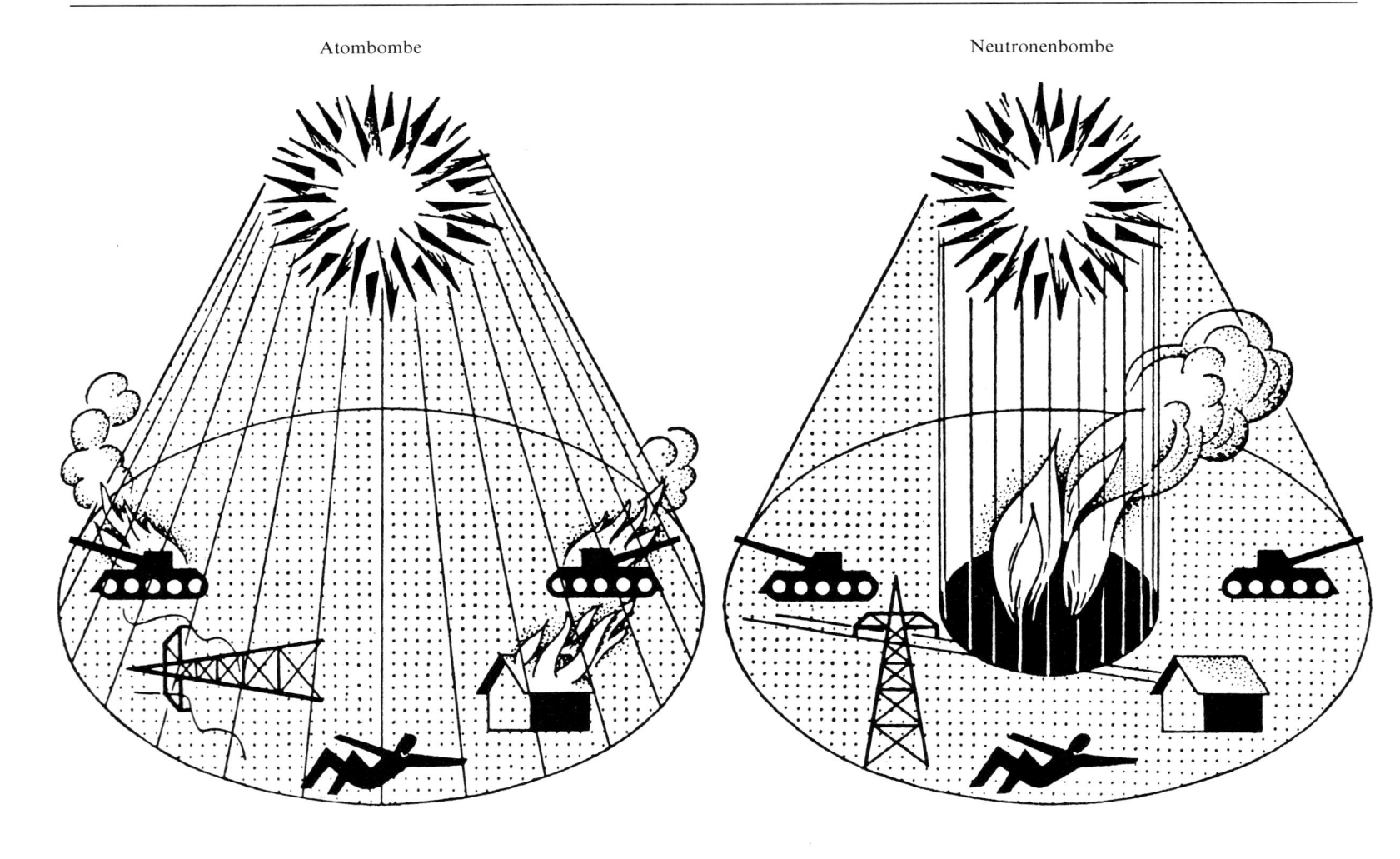

Atombombe   Neutronenbombe

mächten und vor allem für Europa. Aber trotz Verhandlungen und Abkommen über die Begrenzung der strategischen Rüstung (SALT) und trotz Gesprächen über einen beidseitig ausgewogenen Truppenabbau in Europa (MBFR) können wir kaum auf rasche Fortschritte rechnen. Das gegenseitige Mißtrauen, das geschichtlicher Erfahrung und unterschiedlicher Weltanschauung entspringt, wird sich kaum über Nacht abbauen lassen.

Obwohl wir uns im Herzen Europas seit über 30 Jahren einer kaum je dagewesenen Stabilität erfreuen konnten, dürfen wir nicht annehmen, daß sie uns für alle Zeiten garantiert bleibt. Auch das moderne Staatensystem, das haben rund 100 Kriege und offene Konflikte seit dem Zweiten Weltkrieg gelehrt, ist nicht so festgezimmert, daß nicht immer wieder Krisen ausbrechen und daraus auch gewaltsame Auseinandersetzungen entstehen könnten.

Weltpolitik ist Kampf um die Macht, Kampf um Einfluß- und Interessensphären, und jede Verschiebung der Machtverhältnisse birgt neue Gefahren für den Weltfrieden. Denn in unserer klein gewordenen Welt können fernste Ereignisse sehr rasch auch dort Auswirkungen zeitigen, wo man sich von den Problemen, die zu diesen Ereignissen führten, überhaupt nicht betroffen glaubt. Eindrückliche Beispiele sind die Energiekrise von 1973 und die heutige Zuspitzung der Energiesituation. Vor dem Hintergrund der Tatsache, daß das Erdöl rasch zur Neige geht, werden seine Förderung und Verteilung zur wirksamen Waffe im Kampf um die Unruhegebiete des Nahen Ostens. Sowohl Israeli wie Araber haben ihre Verbündeten und Freunde in aller Welt, und diese prallen denn auch überall aufeinander.

Wir möchten in den Spekulationen über mögliche Zukunftsentwicklungen nicht allzuweit gehen, aber doch möglichst eindrücklich unterstreichen, daß man sich vor Überraschungen nicht gefeit glauben darf. Vielleicht wird der heutige Zustand in Europa, das zwar prekäre, aber doch nicht allzu unstabile Gleichgewicht zwischen Nato und Warschauer Pakt, weiter andauern, aber es sind in dem Zeitraum von rund 20 Jahren, auf den wir nach vorne blicken, allerhand spektakuläre Entwicklungen denkbar – so politische Machtwechsel in Staaten hüben und drüben des Vorhangs sowie wirtschaftliche Krisen in einzelnen Ländern mit entsprechenden sozialen Unruhen, die bis zur Revolution führen können. Wer Phantasie genug besitzt, kann sich sogar vorstellen, daß die Schweiz eines Tages nicht mehr nur von Nato- und neutralen Staaten umgeben sein könnte, sondern daß militärische Angriffe von mehreren Seiten her denkbar werden. Die sogenannte Vorwarnzeit würde noch mehr zusammenschrumpfen.

Es kann sein, daß sich der Ost-West-Gegensatz wieder verschärft. Es kann aber auch sein, daß der Nord-Süd-Gegensatz die Hauptquelle der Gefahren für die Sicherheit der kommenden Jahrzehnte bildet. Er wird kaum nur mit wirtschaftlichen Mitteln ausgefochten werden. Dem Süden steht mit dem uns bereits bekannten und einexerzierten Terrorismus ein Kampfmodell zur Verfügung, das wie kaum ein zweites auf die Möglichkeiten von Entwicklungsländern und die Verwundbarkeit von Industriestaaten zugeschnitten ist. Zu dem von Sabotage, Überfällen und Geiselnahmen betroffenen Norden wird in diesem Falle auch die Schweiz gehören. Eine Anerkennung unserer Neutralität wird gerade in dieser Auseinandersetzung kaum erhältlich sein. Vermutlich stellen sich neue, bisher kaum ernsthaft angepackte Sicherheitsprobleme.

Zusammengefaßt: Es wäre unklug, sich auf diejenigen zu verlassen, die uns ununterbrochen weismachen wollen, die Schweiz sei im Grunde genommen gar nicht bedroht. Sie leugnen, trotz der riesigen Heere, die hier stehen, jede Kriegsgefahr in Europa; sie verharmlosen Terrorakte in aller Welt als notwendige Begleiterscheinungen von Freiheitsbestrebungen. Und was am schwersten wiegt: Sie versuchen die alte Weisheit lächerlich zu machen, die klar verlangt, daß gerade der Kleine vorsichtig sein muß und sich nicht auf Abrüstung verpflichten darf, bevor er nicht handfeste Beweise dafür hat, daß diejenigen, die den Frieden wirklich stören können, mit dem guten Beispiel vorangegangen sind.

Damit kommen wir zu einer eindeutigen Beantwortung der eingangs gestellten Frage: Nachdem militärische oder ganz allgemein gewaltsame Angriffe künftig nicht ausgeschlossen werden können, wird die Schweiz auch in Zukunft eine Armee brauchen. Unser Anspruch auf Selbstbestimmung ohne die Kraft zur Selbstbehauptung besäße wenig Glaubwürdigkeit und Abhaltewirkung.

Allerdings – und jetzt sind wir beim tieferen Sinn unserer Frage – wird die Schweiz nur so lange eine Armee benötigen, als sie sich wirklich verteidigen will. Hier liegt der Ansatzpunkt mancher Armeegegner. Sie möchten aus ideologischen Gründen auf eine wirksame Verteidigung verzichten und suchen uns deshalb den geistigen oder sozialen Widerstand schmackhaft zu machen. Sie müssen zwar zugeben, daß damit weder der Schweizer Boden behauptet noch unsere Bevölkerung vor Drangsal bewahrt werden könnte, aber sie behaupten unentwegt, daß ihr Weg, der Blut und Opfer spare, für einen Kleinstaat der richtige sei. Militärisch könnten wir ohnehin nicht mehr mithalten. Gewaltloser

Pazifisten an der Zürcher Wehrvorführung 1979: Es wäre unklug, sich auf die zu verlassen, die behaupten, die Schweiz sei gar nicht bedroht.

Widerstand – obwohl er nachweislich kaum je in der Geschichte funktioniert hat – sei die menschlich und politisch einzig richtige Lösung.

Das Schweizervolk hingegen, das solche Stimmen immer wieder hören mußte, wird eingedenk der großen europäischen Kriege von 1870/71 sowie 1914–18 und 1939–45, in denen unsere Neutralität nicht zuletzt deswegen respektiert wurde, weil sie bewaffnet war, nicht von seiner Armee lassen. Es wird sie als Garant der Unabhängigkeit unseres Landes behalten und ausbauen wollen. Wir gehen kaum fehl, wenn wir diese Grundhaltung auch für die nächsten 20 Jahre annehmen. Entscheidend ist aber, wieviel Bereitschaft zur ernsthaften Verwirklichung in diesem Bekenntnis steckt.

Kann die Schweizer Armee auch in Zukunft ihren Auftrag erfüllen?

Der Auftrag der Schweizer Armee ist seit einiger Zeit klar umschrieben. Im Bericht des Bundesrates über die Sicherheitspolitik der Schweiz aus dem Jahre 1973 wird betont, daß ihre erste Aufgabe darin bestehe, durch ihre Bereitschaft zur Kriegsverhinderung beizutragen. Sie müsse jedem potentiellen Gegner bereits im Frieden deutlich machen, daß er bei einem militärischen Angriff auf die Schweiz mit hohen Ausfällen an Menschen und Material, mit Zerstörungen und einem großen Zeitbedarf rechnen müßte. Sofern es dennoch zum Krieg komme, habe die Armee das schweizerische Staatsgebiet von der Grenze weg zu verteidigen, dem Gegner das Erreichen seiner operativen Ziele zu verwehren und mindestens einen Teil unseres Landes unter schweizerischer Hoheit zu bewahren.

Dieser anspruchsvolle Auftrag muß selbstverständlich im Lichte jenes Kriegspotentials beurteilt werden, das ein modern bewaffneter Gegner gegen uns zum Einsatz bringen könnte. Hiezu sind einige weitere Überlegungen notwendig:

Jedermann weiß, daß die Supermächte und sogar einige mittlere Staaten seit einiger Zeit über Fernwaffen und Massenvernichtungsmittel verfügen, die auch gegen unser Land eingesetzt werden könnten, ohne daß wir die Möglichkeit des Zurückschlagens haben. Diese sehr ernste Bedrohungslage, die wir übrigens mit der großen Mehrheit aller Staaten der Welt teilen, wird gemildert durch zwei Tatsachen: Einmal profitieren wir vom sogenannten Gleichgewicht des Schreckens, der Tatsache also, daß jede Supermacht die Bevölkerung der andern Supermacht als Geisel dafür hält, daß sie mit Massenvernichtungsmitteln nicht angegriffen wird; denn beide sind so stark, daß sie noch beim Zurückschlagen den Gegner praktisch auslöschen könnten. Ob nun noch gigantischere und komplizierte Waffen auf dieser strategischen Ebene eingeführt werden oder nicht, spielt für uns weit weniger eine Rolle als der Umstand, daß beide Seiten immer wieder etwa auf dem gleichen Stand stehen. Trifft dies zu, ist ein «großer Atomkrieg», von dem wir zwangsläufig ebenfalls betroffen würden, wenig wahrscheinlich.

Zum zweiten sind wir mit unseren Abwehrmaßnahmen auch für diesen Fall nicht untätig geblieben, ja wir haben hier mehr getan als manches andere Land. Unser Zivilschutz wurde in den letzten Jahren sehr gefördert. Das Ziel, einen unterirdischen Schutzplatz für jeden Einwohner der Schweiz zu schaffen, ist bereits zu rund 90 Prozent erreicht. Und obwohl sich in diesem Zusammenhang noch viele, schwierige Probleme stellen, ist ein beträchtlicher Schutzgrad erreicht, der in den nächsten Jahren noch erhöht werden soll. Mit Recht, vermag doch der Zivilschutz die Bevölkerung auch vor der sogenannten konventionellen Waffenwirkung zu schützen.

Flugkörper aller Art, Panzer- und Luftlandetruppen – modernste Waffensysteme prägen das Bedrohungsbild von morgen ebenso wie hochqualifizierte Kämpfer.

Allerdings geht auch auf der unteren strategischen Ebene die kriegstechnische Entwicklung rasch weiter. Die Beweglichkeit moderner Armeen nimmt ständig zu. Panzer und Schützenpanzer sorgen dafür, daß man operative Stöße durch die gegnerische Abwehr nach wie vor für möglich hält. Luftlandetruppen, vor allem Helikopterverbände, eignen sich, um Schlüsselgelände hinter der feindlichen Front zu besetzen und den vorrückenden Kolonnen den Weg zu öffnen.

Auch die Feuerkraft ist ständig im Zunehmen begriffen. Nicht nur gibt es Atom-

Die Vision vom soldatenlosen Schlachtfeld, auf dem sich technische Systeme bekämpfen. Der Westen könnte versuchen, sie zu verwirklichen.

und Neutronenwaffen, die sich einsetzen lassen, die Treffgenauigkeit und die Zerstörungswirkung von Waffen mit herkömmlichen Sprengstoffen werden ebenfalls laufend verbessert. Kampfflugzeuge, weitreichende Geschosse und Raketen werden das Vorgehen gepanzerter Kräfte immer wirksamer unterstützen.

Glücklicherweise begünstigt die moderne Rüstungstechnik aber nicht nur den Angreifer. Abgesehen davon, daß sich zahlreiche Waffen sowohl für Angriff wie für Verteidigung eignen, können moderne Panzerabwehr- und Fliegerabwehrwaffen die Wucht der geschilderten Vorstöße durchaus brechen. Voraussetzung ist allerdings, daß sie in genügender Anzahl vorhanden sind und optimal eingesetzt werden.

Vorläufig ist kaum anzunehmen, daß eine dieser Kampfformen, der Angriff oder die Abwehr, endgültig obenaus schwingt. Es wird einer geschickten Heerführung immer wieder möglich sein, militärische Erfolge in beiden Sparten zu erringen. Was aber mehr und mehr Wirklichkeit werden könnte, ist der Kampf praktisch ausschließlich mittels Elektronik und Maschinen, mittels riesigem Materialaufwand und einer ausgeklügelten logistischen Organisation, die den Nachschub und dadurch die Dauer des Kampfes sicherstellt. Bereits zur Zeit des Vietnamkriegs strebten amerikanische Generäle das «soldatenlose Schlachtfeld» an, auf dem sich die Rolle des Menschen weitgehend darauf beschränken sollte, nach dem verheerenden Beschuß die Wirkung der eigenen Waffen festzustellen.

Wir müssen also damit rechnen, daß uns ein allfälliger Gegner materiell stark überlegen sein wird. Auch bei größter Anstrengung könnten wir nicht auf allen Gebieten gleichziehen. Dennoch gibt es keinen Grund, die Flinte ins Korn zu werfen. Gegen Fernbeschuß und Bombardierungen vermögen wir uns einigermaßen zu schützen, und wenn der Gegner die Schweiz wirklich erobern möchte, kann er keine unendlich großen Kräfte gegen uns bereitstellen. Unser Land faßt nur eine bestimmte Zahl von Divisionen, Panzern und Artillerie. Im weiteren werden sie durch die wenigen Vormarschachsen kanalisiert, die zudem mit buchstäblich Tausenden von Sprengobjekten immer wieder unbenützbar gemacht werden können.

Wichtig ist, daß wir uns genau ins Bild setzen, womit, mit welchen Mannschaftsstärken und mit welchen Waffenarten wir angegriffen werden könnten. Wir dürfen uns hierüber keine Illusionen machen, aber

Rechts oben: Mitte 1979 kündigten die Amerikaner den Bau von 200 mobilen MX-Raketengeschützen an. Jede MX kann zehn nukleare Sprengköpfe tragen.

Rechts: Der Krieg von morgen, wenn es ihn geben sollte, würde nicht mehr nur auf dem Schlachtfeld entschieden, sondern weitgehend auch durch Sabotageaktionen.

wir müssen ebenso realistisch feststellen, welches Potential mutmaßlich gegen uns eingesetzt würde. Wo können wir die Absichten des Gegners durchkreuzen? Wo können wir ihn packen? Wo seine Kräfte zerschlagen? Wo läßt er sich abnützen, wo sogar aufhalten? Mit andern Worten: Wo ist der Gegner besonders verwundbar? Wo sind seine Schwächen, wo unsere Stärken? Denn eines ist sicher: Zur Eroberung muß er letztlich auch mit Truppen in unser Land eindringen, die wir unsererseits anfallen und zurückwerfen können.

Selbstverständlich müssen alle Bedrohungen, die heutigen und die absehbaren, auf diese Weise untersucht werden. Nicht nur der zu Lande vorstoßende Gegner ist gefährlich, auch der Gegner aus der Luft ist es oder der in kleinen Gruppen operierende, aus dem Hinterhalt zuschlagende Terrorist. Wir müssen uns also immer wieder etwas einfallen lassen, um alten und neuen Bedrohungen Herr zu werden. Gute Waffen sind zwar wichtig, ebenso wichtig sind aber gut ausgebildete, verbissen kämpfende Truppen und eine ihrer Aufgabe gewachsene kühne Führung.

Wie wird die Schweizer Armee der Zukunft aussehen?

Die Schweizer Armee der Zukunft muß sich somit sozusagen maßgeschneidert auf drei Punkte ausrichten:

- auf unsere Zielsetzung (Kriegsverhinderung durch Verteidigungsbereitschaft oder notfalls erfolgreiche Kriegführung),
- auf die möglichen feindlichen Einsatzmittel (vom Fernbeschuß über den mechanisierten Vorstoß bis zum terroristischen Einzelkämpfer)
- und schließlich auf unsere eigenen Kräfte (von der Anzahl verfügbarer Soldaten über die beschaffbaren Waffen bis zu den finanziellen Ressourcen).

Schon heute läßt sich hierzu einiges sagen. Die Zielsetzung ist klar. Sie würde sogar dann noch gelten, wenn wir uns eines hoffentlich sehr, sehr fernen Tages keine eigenständige Verteidigung mehr zutrauen und unseren Schutz nur durch den Eintritt in ein Bündnis gewährleistet sehen würden.

Über die möglichen feindlichen Einsatzmittel haben wir gesprochen. Ihre Abwehr erfordert leider etwas, das dem Kleinstaat besonders schwerfällt: zugleich Quantität und Qualität. Wir müssen an einer möglichst großen Armee festhalten. Nicht nur ist es politisch und psychologisch richtig, daß alle wehrfähigen Männer zur Verteidigung der Schweiz beitragen; es ist auch militärisch eine absolute Notwendigkeit. Ein Gegner kann unter Umständen aus mehreren Himmelsrichtungen angreifen, er kann durch die Luft kommen – immer aber muß er auf unsere Truppen stoßen, die ihn aufzuhalten vermögen. Die Schweiz besitzt heute noch die größte Soldatendichte pro

Drei Bilder zeigen den Weg, den die Schweizer Armee wird gehen müssen, um auch in der Zukunft zu bestehen: ständige Verbesserung unserer leichten Bewaffnung, z.B. mit der wirksamen Panzerabwehrwaffe «Dragon»; Beibehaltung einer ausreichenden Zahl von Hochleistungswaffen, wie Panzern und Flugzeugen, sowie Heranziehung hochkarätiger Kämpfer, die imstande sind, ihr Land verbissen zu verteidigen.

Quadratkilometer in Europa. Das ist nicht alles, aber es bedeutet viel, könnte es doch einen potentiellen Angreifer bestimmen, lieber den Weg um die Schweiz als denjenigen durch die Schweiz anzutreten.

Wir müssen deshalb der Bestandsentwicklung, die bis zum Jahre 2000 einen massiven Rückgang unserer Auszugstruppen bringt, große Beachtung schenken. Durch konsequente Bekämpfung jeglicher Art von Drückebergerei und durch Weiterentwicklung eines intelligenten Systems der differenzierten Tauglichkeit sollte dieser Einbruch bis zu einem gewissen Grade aufgefangen werden können.

Viele Soldaten brauchen aber auch viele Waffen, die zudem noch wirkungsvoll sein müssen. Panzer- und Fliegerabwehr werden ganz sicher bis Ende unseres Jahrhunderts im Vordergrund stehen. Deshalb müssen wir ebenfalls nutzen, was im Ausland unter dem Schlagwort «Neue konventionelle Waffentechnologie» Schule macht. Es gibt in beiden Sektoren Kampfmittel, die zwar nicht billig sind, aber dank einfacher Bedienung und hoher Treffsicherheit gerade für ein Milizheer rentabel sein können. Die schon heute bei uns in Einführung begriffene Panzerabwehrlenkwaffe «Dragon» ist ein Beispiel dafür.

Mit leichten Waffen allein läßt sich nun aber kein Krieg führen. Auch die Schweizer Armee wird noch auf lange Zeit hinaus den Kampf der verbundenen Waffen anstreben müssen, um Erfolg zu haben. Das heißt, daß sie weiterhin Panzer für Gegenschläge, Artillerie für Feuerkonzentrationen und Kampfflugzeuge zum Einsatz an Brennpunkten braucht. Diese sogenannten Hochleistungswaffen ziehen eine ganze Reihe weiterer Waffen und Geräte nach sich. So wird denn auch in den nächsten 20 Jahren kaum eine der heutigen Waffengattungen verschwinden. Die Infanterie wird noch kampfkräftiger, zum Teil beweglicher, eventuell mechanisiert oder lufttransportiert sein. Gelbe und rote, aber auch dunkelblaue, schwarze, weinrote und hellblaue Patten wird es weiterhin geben. Die Übermittlung wird noch rascher und noch genauer arbeiten müssen. Vielleicht kann sie mithelfen, die Führung zu vereinfachen und somit da und dort neue Gliederungen zu ermöglichen, die ein Minimum an Aufwand zugunsten eines Maximums an Wirkung mit sich bringen.

Denn wir müssen uns darüber Rechenschaft geben: Unsere Wehrtradition wird sich in den kommenden Jahren vor allem darauf beschränken müssen, weiterhin alle Männer zum Dienst heranzuziehen, die in irgendeiner Waffen- und Truppengattung oder Hilfsdienstformation etwas beizutragen imstande sind. Irgendwelche Truppenkörper nur darum aufrechtzuerhalten, weil sie eine große Vergangenheit haben, wird ein Luxus sein, den wir uns nicht werden leisten können. Wenn es in Zukunft Spezialverbände braucht, so müssen wir sie auch dann aufstellen, wenn andernorts einige Formationen eingehen.

Damit sind wir aber bereits bei der Hauptfolgerung dieses Ausblicks in die Zukunft: Unsere Armee wird allem Ermessen zufolge ihre Aufgabe auch noch gegen die Jahrhundertwende erfüllen können. Sie wird indes nur dann dazu fähig sein, wenn unser Volk das Ziel der Unabhängigkeit, das damit verfolgt wird, weiterhin als höchstes Staatsziel anerkennt. Ob wir diese oder jene Waffen anschaffen sollten, ob wir unsere Truppen im Ausland ausbilden müssen oder nicht, ob wir der terroristischen Bedrohung wegen zu neuen Kampfformen kommen oder ob es auch ohne sie geht, das alles sind Ermessensfragen, über die man diskutieren kann und die letztlich im Lichte der Bedrohung und unserer Abwehrkraft entschieden werden müssen. Es ist zu hoffen, daß die Verantwortlichen wie die Betroffenen auch zu unorthodoxen Lösungen Hand bieten, wenn diese unsere Schlagkraft erhöhen.

Über einen Punkt aber sollten bei niemandem Zweifel bestehen: Die militärische Verteidigung der Schweiz wird in Zukunft mehr finanzielle Mittel und Opfer erheischen als bisher. Die Schweiz gehört zu den wohlhabendsten Ländern. 1978 betrug ihr Bruttosozialprodukt pro Kopf der Bevölkerung 24 838 Franken. Kein europäisches Land, kein Land weltweit erreichte diesen Betrag. Dennoch stehen wir bei den Wehraufwendungen praktisch am Schwanz der Länderliste. Nur 240 Dollar pro Kopf war uns im gleichen Jahr die militärische Landesverteidigung wert, wogegen das verwöhnte Schweden immerhin 355 Dollar aufbrachte und das bedrohte Israel gar 887. Das muß zu denken geben, erfüllt uns aber auch mit Zuversicht: die Grenzen unseres Wehrwesens sind offensichtlich noch lange nicht erreicht, auch im Jahre 2000 nicht. Wenn wir nur wollen.

Das ist es, was wir auch in Zukunft brauchen: eine starke Armee. Wir werden sie haben, sofern wir uns nicht nur an Defilees zu ihr bekennen, sondern auch an der Urne.

Literaturverzeichnis

Hans Baudenbacher: Infanterie – Artillerie, Bern, 1950
Gion Bezzola: Von 20 bis 2000. Als Militärberufspilot im Überwachungsgeschwader, Kerzers, 1969
Walter Biber: Aus der Geschichte der Militärmusik in der Schweiz (Festschrift zur schweizerischen Militärmusikausstellung Luzern, 1960), Trimbach/Bern, 1960
Kurt Bolliger: Probleme unserer Armee fünfundzwanzig Jahre vor dem 21. Jahrhundert (aus der Festschrift zum 70. Geburtstag von Dr. Ing. Dr. oec. h. c. René Bühler), o. O., 1975
H. Born: Die geschichtliche Entwicklung der Fliegerabwehr, Frauenfeld, 1963
Bertold Brecht: Gesammelte Werke, Band 2, Frankfurt am Main, 1967
Albert Brunisholz/Karl Hildebrandt: Die Geschichte der Kriegsmaterialverwaltung 1850–1975, Bern, 1975
Karl Brunner: Die Landesverteidigung der Schweiz, Frauenfeld, 1966
H. von Dach: Der totale Widerstand. Kleinkriegsanleitung für jedermann, o. O., 1957
Gustav Däniker: Die Schweizer Armee der 90er Jahre (Beilage zur Allgemeinen Schweizerischen Militärzeitschrift), Zürich/Frauenfeld, 1978
D Soldate sind da! Wehrvorführung 79 in Zürich, Zürich, 1979
Erich Egg/Joseph Jobé/Henry Lachouque/Philip E. Cleator/Daniel Reichel: Kanonen. Illustrierte Geschichte der Artillerie, Bern/Lausanne, 1971
Hans Frutiger: 60 Jahre schweizerische Feldpost, Bern, 1950
25 Jahre Schweizerischer Militärischer Frauenhilfsdienst. Anfang – Entwicklung – Bewährung, Zürich, 1964
50 Jahre Schweizer Flugwaffe, Bern, 1964
Antoine Guisolan: Krieg im Äther. 25 Jahre schweizerische Militärelektronik (Vortrag), Bern, 1976
Hans Hauser: Geschichte der schweizerischen Genietruppen, Zürich, 1961
Hans Hauser: Die Entwicklung schweizerischer Pontonbrücken, Zürich, 1961
G. H. Heer/W. A. Classen: Das Buch vom Schweizer Soldaten, Zürich, 1942
Gerda Hegi: 25 Jahre Festungswachtkorps, Bern, 1967
Fritz Herdi: Haupme, Füsilier Witzig! Rorschach, 1978
Ernst Herzig (Herausgeber): Damals im Aktivdienst, Zürich, 1959
Albert Hofmeister: Input-Output-Analyse und Multiplikatortheorie als Hilfsmittel der Regionalforschung, dargestellt an der militärischen Nachfrage in der Stadt Thun, St. Gallen, 1976 (Diss.)
Jubiläumsschrift der Schweiz. Gesellschaft der Offiziere des Munitionsdienstes, o. O., 1964
Adolf Kurz: Hundert Jahre schweizerische Gebirgsartillerie, o. O., 1949
Hans Rudolf Kurz (Herausgeber): Die Schweizer Armee heute, Thun, 1971
Hans Rudolf Kurz: Wehrhafte Schweiz, Thun, 1966
Hans Rudolf Kurz: 100 Jahre Schweizer Armee, Thun, 1978
Karl Lüönd: Schweizer Soldaten im Einsatz. Die großen Manöver und Defilees der Schweizer Armee, Zürich, 1978
Herbert Maeder: In Schnee und Eis. Soldaten erleben das Hochgebirge, Frauenfeld, 1973
Karl Oechslin: Aus der Geschichte des schweizerischen Trainwesens, Pfäffikon ZH, 1955
Hans Pestalozzi: Zur Geschichte des Gewehrgriffs (in: Zürcher Taschenbuch auf das Jahr 1960), Zürich, 1959
Schweizerisches Militärkochbuch von 1900 bis heute, Bern, 1950
Hans Senn: Kann die Armee ihren Auftrag erfüllen? (Beilage zur Allgemeinen Schweizerischen Militärzeitschrift), Frauenfeld, 1979
Si vis pacem. Militärische Beobachtungen von Schweizern, Festschrift für Georg Züblin zum 60. Geburtstag, Frauenfeld, 1964
Paul Sommerhalder: Unsere Armee, Aarau, 1974
Hans Jakob Streiff: Gedanken zum Einsatz der Artillerie, Neujahrsblatt der Feuerwerker-Gesellschaft (Artillerie-Kollegium) in Zürich auf das Jahr 1979, Zürich, 1979
Lorenz Stucki: Davids Chancen gegen Goliath, Bern, 1959
Taschenbuch für schweizerische Wehrmänner, Frauenfeld, 1967
Erich Tilgenkamp: Schweizer Luftfahrt, 3 Bände, Zürich 1941–44
Fritz Utz/Eugen Wyler/Hans Trüb (Herausgeber): Die Grenzbesetzung 1914–1918, von Soldaten erzählt, Erlenbach, 1933
Max Waibel: Die Infanterie, o. O., 1955
G. Weber: Die Motorisierung der Armee, Basel, o. J.
Ernst Wetter/Fernand Rausser: Flieger und Flab im Einsatz, Olten, 1967
Rudolf Wild/Herbert Wanner: 150 Jahre Waffenplatz Thun und seine Zeit, Thun, 1969

Bildnachweis

Adj Uof Georges Stricker, Kloten
Armee-Fotodienst, Bern
Bundesamt für Flugwesen und Fliegerabwehr, Bern
Bundesamt für Militärflugplätze, Dübendorf
Bundesamt für Sanität, Bern
Bundesarchiv, Bern
Eidg. Militärbibliothek, Bern
Keystone Press, Zürich
Herbert Maeder, Rehetobel
Ueli Marti, Untersiggenthal/Baden
Militärflugdienst, Dübendorf
Fernand Rausser, Bolligen/Bern
Ringier-Dokumentationszentrum, Zürich
Ernst Saxer (†), Adligenswil
Zeughaus, Emmen

Waffenplätze

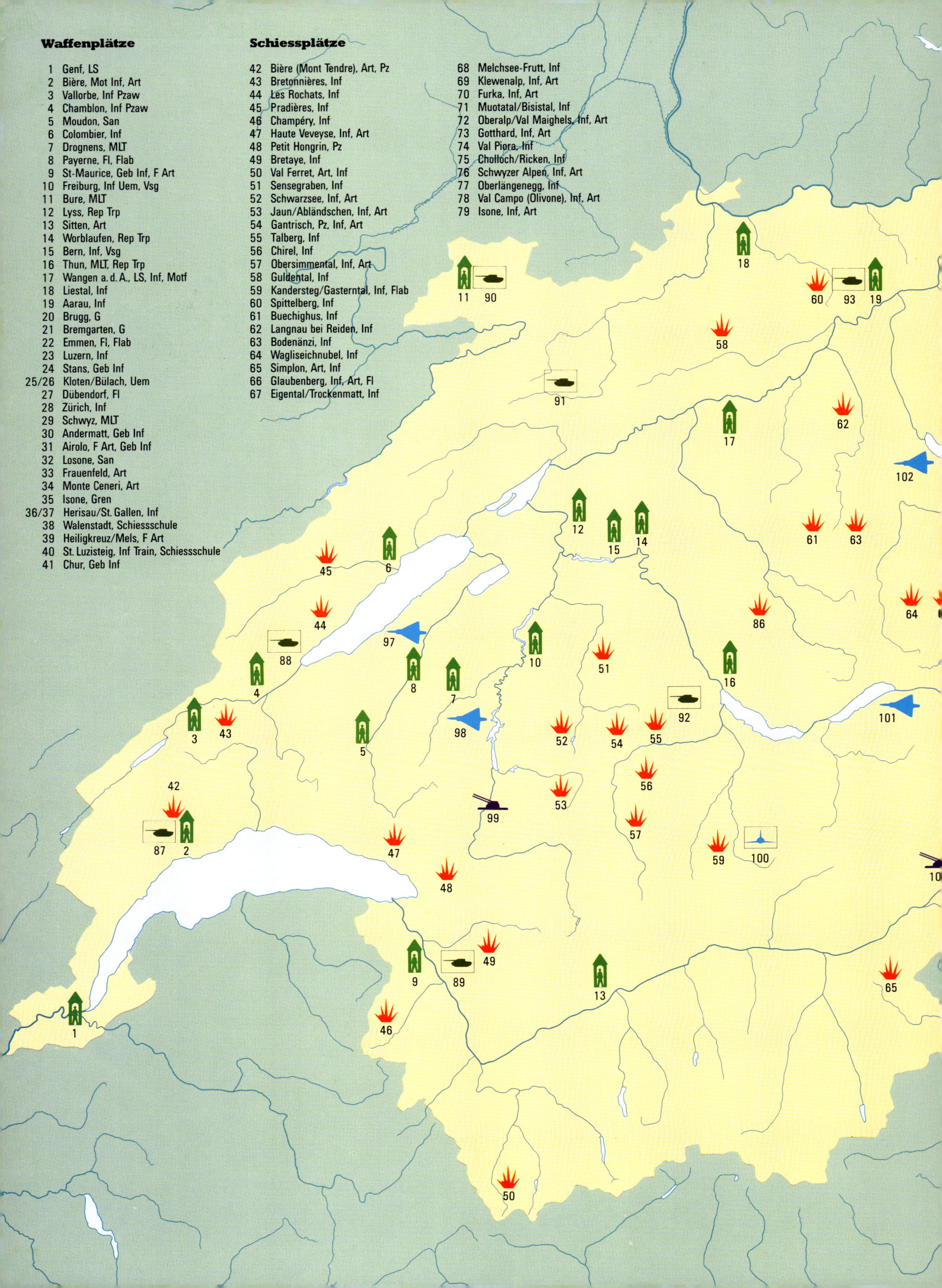

1. Genf, LS
2. Bière, Mot Inf, Art
3. Vallorbe, Inf Pzaw
4. Chamblon, Inf Pzaw
5. Moudon, San
6. Colombier, Inf
7. Drognens, MLT
8. Payerne, Fl, Flab
9. St-Maurice, Geb Inf, F Art
10. Freiburg, Inf Uem, Vsg
11. Bure, MLT
12. Lyss, Rep Trp
13. Sitten, Art
14. Worblaufen, Rep Trp
15. Bern, Inf, Vsg
16. Thun, MLT, Rep Trp
17. Wangen a. d. A., LS, Inf, Motf
18. Liestal, Inf
19. Aarau, Inf
20. Brugg, G
21. Bremgarten, G
22. Emmen, Fl, Flab
23. Luzern, Inf
24. Stans, Geb Inf
25/26. Kloten/Bülach, Uem
27. Dübendorf, Fl
28. Zürich, Inf
29. Schwyz, MLT
30. Andermatt, Geb Inf
31. Airolo, F Art, Geb Inf
32. Losone, San
33. Frauenfeld, Art
34. Monte Ceneri, Art
35. Isone, Gren
36/37. Herisau/St. Gallen, Inf
38. Walenstadt, Schiessschule
39. Heiligkreuz/Mels, F Art
40. St. Luzisteig, Inf Train, Schiessschule
41. Chur, Geb Inf

Schiessplätze

42. Bière (Mont Tendre), Art, Pz
43. Bretonnières, Inf
44. Les Rochats, Inf
45. Pradières, Inf
46. Champéry, Inf
47. Haute Veveyse, Inf, Art
48. Petit Hongrin, Pz
49. Bretaye, Inf
50. Val Ferret, Art, Inf
51. Sensegraben, Inf
52. Schwarzsee, Inf, Art
53. Jaun/Abländschen, Inf, Art
54. Gantrisch, Pz, Inf, Art
55. Talberg, Inf
56. Chirel, Inf
57. Obersimmental, Inf, Art
58. Guldental, Inf
59. Kandersteg/Gasterntal, Inf, Flab
60. Spittelberg, Inf
61. Buechighus, Inf
62. Langnau bei Reiden, Inf
63. Bodenänzi, Inf
64. Wagliseichnubel, Inf
65. Simplon, Art, Inf
66. Glaubenberg, Inf, Art, Fl
67. Eigental/Trockenmatt, Inf
68. Melchsee-Frutt, Inf
69. Klewenalp, Inf, Art
70. Furka, Inf, Art
71. Muotatal/Bisistal, Inf
72. Oberalp/Val Maighels, Inf, Art
73. Gotthard, Inf, Art
74. Val Piora, Inf
75. Chollloch/Ricken, Inf
76. Schwyzer Alpen, Inf, Art
77. Oberlängenegg, Inf
78. Val Campo (Olivone), Inf, Art
79. Isone, Inf, Art